드디어
시리즈

04

드디어 만나는
지리학 수업

돈의 흐름부터 도시의 미래까지
땅 위에서 일어나는 모든 일은 지리로 통한다

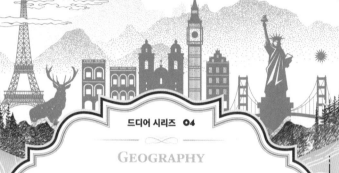

드디어 시리즈 **04**

GEOGRAPHY

드디어 만나는
지리학 수업

이동민 지음

현대
지성

추천의 글

도시에서 뜨는 '핫플레이스'는 어떻게 만들어질까? 기업체가 모이고 돈과 최신 정보가 흐르는 공간은 어디일까? 트럼프 대통령의 미국을 지리학의 관점으로 어떻게 이해할 수 있을까? 러시아-우크라이나 전쟁을 지리로 해석할 수 있을까? 이 책은 이러한 질문들에 관한 해답의 실마리를 보여준다. 지리학에 관한 책은 여태껏 많이 나왔고 앞으로도 많이 나올 테지만, 이 책은 그중에서도 단연 돋보이는 책으로 오래 남을 것 같다. 우선, 지리학으로 세상을 보는 새로운 시각과 흥미로운 지식을 얻고 싶은 초심자들에게는 아주 쉽고 친절한 입문서가 되어줄 것이다. 더불어 투자자나 사업가, 혹은 도시 관련 일을 하거나 국제 정세를 논하는 전문가에게도 최신 정보를 잘 정리한 자료집으로서 유용한 책이 될 만하다. 도시공간부터 경제와 사회, 역사, 정치, 군사까지 지리의 관점에서 세상사를 넓게 살피고 있기 때문이다. 풍부한 사례들을 담아 개념과 이론을 누구나 이해할 수 있게 설명하고, 여러 사진 자료와 지도, 도표 등으로 보는 재미 또한 놓치지 않는다. 이 책을 다 읽고 나면, 자연스레 '지리의 눈'으로 세상을 읽는 법을 익힐 수 있을 것이다. 남은 21세기에는 국내적으로, 국제적으로 극적인 변화가 끊임없이 일어날 것이다. 불안한 현재와 불확실한 미래에 현명하게 대처할 지혜를 찾는 모든 독자에게 이 책을 추천한다.

· **김시덕** | 도시문헌학자, 『한국 도시의 미래』 저자

많은 이들이 '지리'에는 관심이 있어도 지리학이라는 학문 분야에는 관심이 적다. 지리학에서 다루는 연구 내용을 잘 모르기 때문이다. 지리학과 지질학의 차이를 잘 모르는 사람도 많을 것이다. 지리학이 우리나라 사람들에게 잘 알려지지 않은 학문 분야임을 인정하지 않을 수 없다. 그간 관련 학계가 지리학의 사회적 효용성을 상아탑 바깥으로 알리는 데 소홀했기 때문일 것이다. 지리학자로서 무거운 책임감을 느낀다. 그런데 이번에 지리학이 어떤 학문인지 누구나 알 수 있도록 일목요연하게 정리한 국내 저자의 대중서가 '드디어' 나왔다.

사실 지리학은 20세기 중반부터 학문의 세분화 경향에 밀려 사회적으로 매력을 잃고 그 중요성이 간과되어왔다. 지리학은 광범위한 영역을 다루는 학문으로 전문성이 떨어지는 약점을 숙명처럼 안고 있다. 그러나 모두가 알다시피 사회는 점점 복잡해지고 있다. 융합에 기반한 지리학자의 통찰력은 미래의 복잡한 사회문제를 해결해나가는 과정에서 그 쓰임새가 점차 커질 것이 틀림없다. 전체를 구성하는 개별 요소를 파악한 후 이를 종합적으로 통찰하는 능력은 지리학자만의 강점이기 때문이다. 불확실성으로 점철될 미래에 지리학의 역할은 점점 더 늘어날 것이다.

부분이 아닌 전체를 보는 지리학은 다른 사회과학이나 자연과학의 하위 학문 분야와는 연구의 접근 방식부터가 다르다. 그 방식이라는 것이 궁금하지 않은가? 이 책을 읽어보시라. 다 읽고 책을 덮는 순간 지리학의 매력에 푹 빠지리라 장담한다. 고등학교에서 배운 지리가 다가 아니라는 걸 알게 될 것이다. 복잡한 지리학을 이만큼 쉽고 재미있게 풀어 쓴 책을 만나기란 쉽지 않다.

• **박정재** | 서울대학교 지리학과 교수, 『한국인의 기원』 저자

〈지리학자〉(얀 베르메르, 1669년)

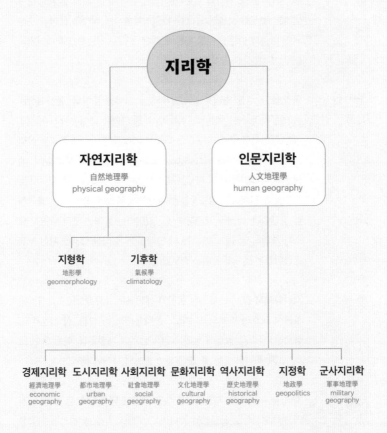

지리학

자연지리학
自然地理學
physical geography

인문지리학
人文地理學
human geography

지형학
地形學
geomorphology

기후학
氣候學
climatology

경제지리학
經濟地理學
economic
geography

도시지리학
都市地理學
urban
geography

사회지리학
社會地理學
social
geography

문화지리학
文化地理學
cultural
geography

역사지리학
歷史地理學
historical
geography

지정학
地政學
geopolitics

군사지리학
軍事地理學
military
geography

※ 이 책에서는 자연지리학의 대표 하위 분야 2가지, 인문지리학의 대표 하위 분야 7가지를 다루었다. 이 책에서 다루지 않은 분야 외에도 인문지리학에는 교통지리학, 농촌지리학 등 다양한 하위 분야가 존재한다.

땅

땅, 공간, 환경, 지역과 같은 용어들은 같은 뜻을 지닌 말을 표현만 달리한 것처럼 보일지 모르지만. 지리학에서는 각각의 용어가 구분되어 나름의 다른 의미를 지닌다. 땅은 우리가 일반적으로 이야기하는 땅, 즉 토지土地를 의미한다.

공간과 지표공간

공간空間, space은 일정한 범위를 가지는 영역을 뜻한다. 공간이라는 용어는 지리학뿐만 아니라 수학, 미술 등 다양한 분야에서 쓰이는데, 공간 중에서도 땅 위의 공간을 다루는 지리학에서는 그 특성을 살리기 위해 지표공간地表空間, geographic space이라는 용어를 주로 쓴다. 예를 들어 수학(기하학)이 다루는 공간은 보편적인 법칙성을 지니지만, 지구상에 존재하는 지표공간은 완전하게 똑같은 곳이 없는 불균질한 공간이다. 아울러 지리학에서 공간이라는 용어는 대개 주관적 요소가 개입되지 않은, 해발고도나 면적 같은 수리적 성격을 지닌 지표공간이라는 뜻으로 쓰이는 경우가 많다.

장소

지리학에서 장소場所, place는 공간과 대비되는 뜻으로 쓰인다. 공간은 주관적 요소가 배제되고 수리적 성격을 지니는 반면, 장소는 추억, 정체성, 장소감, 장소애 등의 주관적 요소가 개입된다. 예를 들어 모교, 고향, 추억이 깃든 곳, 조국 등이 장소의 사례에 해당한다.

지역

지역地域, region이란 지표공간을 일정 기준에 따라 구분한 것이다. 지역은 내부적으로 동질성을 지니며 그 지역의 바깥(외부)과는 이질성을 지닌다. 유럽 지역, 동아시아 지역, 미국 서부 지역 등이 지역의 사례에 해당한다. 지역은 절대적 기준으로 나뉘는 것이 아니라 다양한 기준에 따라 여러 형태로 구분 지을 수 있다. 예를 들어, 흔히 동남아시아 지역에 속한다고 여기는 베트남이 문화적으로는 동아시아 지역으로 분류되기도 한다.

환경　환경環境, environment이란 지표공간 위에서 살아가는 사람들의 삶에 영향을 미치는 자연적 조건과 인문사회적 상황을 일컫는다. 자연지리적 환경에는 지형과 기후가 있고, 인문지리적 환경에는 도시와 농어촌, 교통시설과 인프라, 지정학적 위치, 자원이나 산업시설의 분포 등이 있다. 지리학은 인간이 이러한 환경과 상호작용하는 양상과 과정을 살펴보는 데 초점을 맞춘 학문이다.

스케일　스케일scale이란 범위, 규모, 척도, 저울 등의 뜻을 지닌 영어 단어로, 지리학에서는 '축척'을 뜻하는 용어로 쓰인다. 그런데 최근 들어 지리학계에서 스케일을 단순한 지리적 범위나 규모를 넘어, '인문사회적·자연적 현상이 작동하는 다양한 규모의 지리적 범위'라는 뜻으로도 사용한다. 따라서 스케일은 지리학의 중요한 인식론적 틀이기도 하다. 예를 들어, 동아시아 스케일로 한국, 중국, 일본을 인식한다면 세 나라의 공통점에 주목하겠지만, 국가 스케일로 본다면 세 나라의 차이점에 초점을 맞출 수 있다. 아울러 오늘날 지리학계에서는 어떤 지리 현상을 한두 가지 스케일에 국한하지 않고, 마을·도시·지역·국가·인접국·문화권·대륙·세계 등 다양한 스케일로 바라보며 각각의 상호 관련성에 주목해 접근하는 다중스케일적 접근multiscalar approach이 주목받고 있다.

들어가며

한국 사회는 지금 전 세계를 통틀어 유례없는 극단적인 출산율 저하를 겪고 있습니다. 저출산 현상은 이미 심각한 사회문제로 대두된 지 오래여서 아이를 낳은 사람들을 '애국자'라 추켜세우는 웃지 못할 일도 벌어지지요. 정부와 지자체는 막대한 예산을 들여 다양한 출산 장려 정책을 실시하고, 방송과 언론 지면에서는 아이를 낳고 기르는 일의 기쁨과 보람을 설파하는 캠페인을 벌이고 있습니다.

그런데 아이러니하게도 지구 전체로 스케일을 넓혀서 보면, 인류 문명은 저출산이 아니라 인구 증가 때문에 위기에 봉착해 있습니다. 2024년 세계 인구는 무려 80억 명을 넘어섰습니다. 1987년에 세계 인구가 50억 명을 돌파했으니 37년 만에 무려 30억 명 이상이 증가한 셈이지요. 너무 많은 인구는 식량과 자원의 부족, 환경 파괴를 가속하며 인류 문명의 존속을 위협하고 있습니다. 한국이라는 지리적 범위 안에서는 저출산이 나라의 미래를 가로막는 재난이지만, 세계라는 더 큰 공간에서는 지나치게 많은 인구가 인류의 지속 가능성을 위협하는 재난인 것이지요.

우리나라의 극단적인 저출산 문제는 자기중심적이고 힘든 일을 기피하는 '요즘 젊은이'나, 반려동물을 기르며 혼자 살기를 택한 여성 탓이 절대로 아닙니다. 한국 사회의 극저출산 현상에는 여러 원인이 있지만, 그중에서도 지나친 수도권 과밀화와 그로 인한 지역 간 양극화라는 한국의 인문지리적 배경이 강력한 원인으로 작용하고 있습니다.[1] 따라서 비수도권의 농어촌이나 소도시는 인구 유출, 특히 청년층 인구의 유출이 날이 갈수록 늘어 극심한 고령화와 지방 소멸의 위기를 맞았습니다. 반면 서울과 수도권은 지나치게 높은 집값과 생활비 때문에 결혼은 엄두도 못 내는 악순환이 이어지고 있지요. 이렇게 '지리'라는 렌즈를 끼고 보면 한국의 극저출산 현상은 당연한 결과처럼 보일 정도입니다.

극저출산 문제가 우리나라의 미래에 먹구름을 드리우고 있다면, 기후위기 문제는 인류 사회 전체의 미래를 위협하고 있습니다. 기후위기 역시 지구 전역을 아우르는 '지리적인' 문제입니다. '기후'라는 현상 자체가 세계 여러 지역에 걸친 대기와 해수 순환의 산물이기 때문입니다. 기후는 지구상에 존재하는 드넓은 땅의 모습을 다양하게 만들어내고. 그러한 지역들을 구분하는 기준으로도 쓰이지요. 기후학이 지리학의 하위 분야인 까닭도 여기에 있습니다.

기후위기의 피해를 막고 대책을 세우기 위해서는 다양한 지역과 공간을 아우르며 통찰할 수 있는 '지리의 눈'이 필요합니다. 저위도 지역에 집중되는 기후 재난, 지구의 허파라 불리는 아마존 열대우림의 파괴, 지구 전체 온실가스 배출량의 절반이 미국과 중국이라는 두 경제 대국에서 배출된다는 사실 등은 기후위기가 '지리적'인 문제라는 것을 잘 보여줍니다. 미국의 대통령 도널드 트럼프는 미국 일부 지역의 한파를 근거로 기후위기가 허구이며 약간의 지구온난화 정도는 나쁘지 않다는 발언을 해서 논란이 된 적이 있습니다.[2] 트럼프를 비롯한 기후위기 부정론자들은 기후위기 문제를 지리적으로 이해하지 못할 때 빠지는 함정을 잘 보여주지요.

기후위기뿐만 아니라 이 세상의 다양한 문제를 올바르게 바라보고 이해하기 위해서는 인간과 인간이 살아가는 공간적 배경인 땅 사이의 상호작용을 읽는 안목이 필요합니다. 즉, 지리학을 바탕으로 한 통찰력이 필요하지요. 이 책에서는 이것을 '지리의 눈'이라고 부르고자 합니다. 우리가 발 딛고 서 있는 곳이 지구 위에서 구체적으로 어떠한 지점인지, 그곳의 자연환경은 어떠한지, 그 땅은 어떤 용도로 쓰이고 어떤 사람들이 살아가고 있는지, 주변의 여러 장소 및 지역과 어떻게 연결되는지를 제대로 이해하는 것이 중요합니다. 그 땅에서 우리가 어떻게 살고 있는가를 제대로 파악할 때, 우리는 비로소 우리의 삶과 우리가 살아가는 세상을 더 깊고 넓게 이해할 수 있을 것입니다.

이 책에서는 인간의 삶을 영위하는 토대인 땅과 공간, 그리고 인간 사이의 상호작용을 다루는 지리학이라는 학문을 소개합니다. 1부에서는 세상을 지리적으로 살피고 성찰하는 안목, 즉 '지리의 눈'을 다룹니다. 그리고 인간의 삶이 이루어지는 가장 근원적인 토대인 자연지리도 알아보며 지리의 기본 개념을 다집니다. 2부에서는 지리학의 역사와 함께 지도와 지리정보기술에 대해 다룹니다. 지리학의 계보를 되짚고 지리의 눈을 통해 땅과 공간, 장소를 지리적으로 바라보는 구체적인 방법과 방향을 안내하는 데 초점을 맞췄습니다. 마지막 3부에서는 경제·도시·역사·문화·군사·지정학 등 우리가 사는 세상을 인문지리의 관점으로 살펴봄으로써 인류의 어제와 오늘, 내일을 통찰하는 데 주안점을 두었습니다.

이 책을 펼친 여러분이 앞으로 지리의 눈으로 세상을 바라보며 삶을 한층 더 풍요롭게 꾸려나갈 수 있길 바랍니다.

2025년 2월 신안동 연구실에서
이동민

차례

3부 지리 위에서 펼쳐지는 인류의 삶

1부

지리의 눈으로 보면
다른 세상이 열린다

"흙에서 만물이 생성되고 모두 다시 흙으로 돌아간다."

영화 〈파묘〉의 주인공인 지관地官 김상덕의 대사입니다. 이 대사는 땅과 사람이 밀접하게 서로 관련된다는 지리학의 핵심 정신을 잘 드러냅니다. 오늘날 풍수지리風水地理는 미신이나 전근대의 비합리적인 믿음 정도로 치부되지만, 사실은 살기 좋은 장소를 찾기 위해 우리 조상들이 나름의 과학적 원리로 만들어낸 일종의 지리학이었습니다. 풍수지리에서 그토록 강조하는 길지吉地와 명당明堂은 단순히 조상 덕을 보기 위해 호화로운 분묘를 만드는 묫자리가 아닙니다. 사람이 살기 좋고, 나라를 세우고 다스리기에 적합한 자연환경을 지닌 장소를 일컫는 전근대의 지리학적 개념이었지요.[3]

사람은 땅 위에서 살아갑니다. 땅의 모습은 천의 얼굴을 가졌다고 해도 될 정도로 각양각색입니다. 극심한 추위와 눈보라가 몰아치는 땅이 있는가 하면 일 년 내내 무더운 곳도 있습니다. 넓은 평야가 펼쳐진 지역이 있는가 하면 험준한 산맥이 구름을 뚫고 서 있는 지역도 있으며, 울창한 밀림 사이로 거대한 강이 휘돌아 가는 곳이 있는가 하면 일 년 내내 건조한 사막도 있습니다. 사람이 살아가려면 당연히 살기 좋은 환경을 지닌 땅을 찾아야 합니다. 토양이 기름지고 자원이 풍부하며 교통이 편리한 땅은 사람들이 살아가고 문명이 번성하는 데 큰 도움을 주는 반면, 환경이 극단적이거나 자연재해에 취약한 땅은 생존에 치명적인 위협을 줄 수 있습니다.

따지고 보면, 살기 좋은 곳을 찾기 위해 지리를 파악하는 눈은 문명의 조짐조차 찾기 어려웠을 수만 년 전, 아니 그보다도 더 전인 태곳적부터 인류에게 절대적으로 필요한 역량이었을 겁니다. 생존하기 위해서는 먹거리와 물, 땔감이 풍부하고, 맹수나 자연재해로부터 안전한 장소를 찾아야만 했을 테니까요. 구석기·신석기 유적이 발굴되는 곳만 봐도 알 수 있지요. 그 유적들은 주로 물과 먹거리를 구하기 쉬우면서도 하천의 범람이나 파랑 등 자연의 위협으로부터 안전한 곳에서 발견됩니다. 지리의 눈은 선사시대부터 이미 인류의 삶에 필수 불가결한 역량이었습니다. 문명의 탄생 역시 빙하기의 종식이라는 거대한 기후변화와 그에 따른 땅의 변화가 있었기에 이루어질 수 있었습니다.[4]

한편으로 인류는 다른 동식물과 달리 땅과 자연환경에 적응할 뿐만 아니라 되레 이를 바꿔내기도 했습니다. 불과 도구를 사용했기 때문이지요. 문명이 시작되면서 인류의 힘은 더한층 커졌습니다. 땅을 개간하고, 하천의 물을 끌어오거나 저수지를 만들어 농사를 짓고, 가축을 기르고, 길을 닦고 건물과 성곽을 쌓아 도시를 만들면서 인류 문명은 더욱 거대해지고 체계적으로 변해갔습니다. 인간이 지구상 드넓고 다양한 모습의 땅에 여러 방식으로 적응하면서 그 땅을 일정 부분 바꿔냈고, 그로 인해 인류 문명의 발전 속도는 눈에 띄게 빨라질 수 있었습니다.

이처럼 땅과 그 위에 존재하는 자연환경, 즉 지표공간은 인류의 생존과 문명의 형성 및 발전에 반드시 영향을 미칩니다. 조금 과장해서 말하자면, 인류 역사는 인류가 지표공간에 적응하고 이와 상호작용해온 시간이라고도 말할 수 있지요. 그런 점에서 자연환경을 파악하고 땅과 인간 사이의 관계를 읽는 지리의 눈은 지리학자에게만 요구되는 자질이 아닙니다. 땅 위에 발 딛고 서서 자연과 긴밀한 관계를 맺으며 살아가는 우리 모두에게 요구되는 자질이지요.

1장

지리의 눈으로
세상 읽기

살아가면서 '지리'라는 단어를 들어본 적이 한 번도 없는 사람은 없으리라 믿습니다. 어렵게 생각할 필요도 없지요. "지리에 익숙해서 눈 감고도 길을 찾을 수 있다"라든가 "이사 온 지 얼마 안 되어서 이곳 지리를 아직 잘 모른다"와 같은 말은 일상에서 흔히 들을 수 있으니까요. 학창 시절 '한국지리'나 '세계지리'와 같은 지리 교과목을 공부한 분들도 많으리라고 생각합니다. 지리교육은 세계 여러 나라의 공교육에서 이루어지고 있는데, 특히 영국에서는 지리가 주요 과목으로 자리매김해 있습니다. 요즘에는 지리학의 한 분야인 지정학이 큰 주목을 받는 듯합니다.

그렇다면 지리란 도대체 무엇일까요? 학교에서는 왜 지리를 가르칠까요? 지리를 공부해야 하는 이유는 무엇이며, 지리 공부에는 어떤 가치가 있을까요? 지리의 눈으로 세상을 본다는 것은 무엇을 의미하며, 우리에게 지리의 눈은 왜 필요한지 좀 더 자세히 알아보겠습니다.

지리학이란 무엇인가

지리는 한자로 땅 지地와 이치 리理를 쓰며, 영어로는 '땅에 대해 기술하다'라는 뜻을 지닌 geography로 표기합니다. 한자로 보나 영어 단어로 보나 지리는 땅에 관해서 연구하는 학문 분야임을 알 수 있지요. 조금 더 정확히 표현하자면, 땅 중에서도 지구의 겉 부분인 지표공간을 다루는 학문이 바로 지리학입니다. 지리학의 한 분야인 지형학에서는 맨틀이나 핵 같은 지구 내부도 다루기는 하지만, 이 역시도 어디까지나 지형학의 주된 관심사는 아닙니다. 땅을 다루는 또 다른 학문인 지질학, 지구과학과 차별화되는 지리학의 대표적인 특징이기도 하지요.

지표공간을 다루는 지리학은 크게 두 가지 분야, 즉 자연지리와 인문지리로 나뉩니다. 자연지리는 인간과 사회·문화에 중대한 영향을 미치는 지표공간의 '자연스러운' 모습과 구조를 다룹니다. 인문지리는 도시나 촌락, 기업체의 입지와 분포, 국가의 지정학적 입지 조건 등 '인간이 만들어낸' 지표공간의 모습과 구조를 다루지요. 지리학자들은 다양한 자연지리·인문지리적 요인과 현상을 분석하면서 인간이 지표공간과 어떤 관계를 맺어왔고 맺고 있는가를 살펴보는 일을 합니다. 인문지리학은 지리학의 양대 축을 이루는 분야인 반면에 인문지질학이나 인문지구과학이라는 말은 없지요. 이러한 사실은 지리학이 땅과 지질, 지표만을 보는 학문이 아니라 지표공간과 인간 사이의 관계와 상호작용을 탐구하는 학문임을 잘 보여줍니다.

드넓고 다양한 지표공간 위에서 살아가는 사람들

***

그렇다면 지리학은 왜 지표공간을 다룰까요? 우리는 왜 지리를 알아야 할까요? 그 까닭은 우리가 지표공간에서 살아가기 때문입니다. 상식적으로 생각해봅시다. 땅, 즉 지표공간 위에서 살지 않는 사람은 이 세상에 없습니다. 그리고 지표공간은 균일하지 못한 공간입니다.

공간을 다루는 학문 분야에는 지리학 외에도 수학이 있지요. 수학 중에서도 기하학은 공간을 다루는 대표적인 분야입니다. 그런데 기하학에서 다루는 공간은 위치나 크기에 차이가 있을 뿐 보편적이고 균질합니다. 예를 들어, 둘레와 지름이 원주율을 이루지 않는 원은 존재하지 않습니다. 내각의 합이 180도가 아닌 삼각형도 있을 수 없지요. 이를 절대공간이라고 부릅니다.[5] 하지만 지표공간은 다릅니다. 세상에 똑같은 지표공간은 존재하지 않습니다. 지구상에 존재하는 수많은 산맥과 하천, 촌락과 도시, 사막과 열대우림은 기본적인 속성을 공유할 뿐, 서로 다른 공간입니다. 지표공간은 거리에 따라 자연환경이 달라지고, 나아가 인문환경까지도 달라지는 불균질한 공간입니다.[6]

사람은 이처럼 서로 다른 지표공간 위에서 살아갑니다. 그러다 보니 지표공간에 따라 사람들이 살아가는 모습도 달라지지요. 그렇게 달라진 삶의 방식으로 사람들은 지표공간을 새롭게 바꿔내고, 그렇게 바뀐 지표공간이 또다시 인간 삶에 영향을 미칩니다. 이런 순환을 거쳐 지구 위에 서로 다른 언어와 풍습, 전통을 지닌 수많은 민족집단이 탄생했고, 다양한 문명과 국가, 사회가 세워졌습니다. 그들은 서로 교류하는 동시에 분쟁하고 충돌하기도 하며 인류 역사를 그려왔지요. 이처럼 다양한 인류 문명과 역동적인 세계사가 펼쳐질 수 있었던 것은 바로 인류가 광대하고 불균질한 지표공간에서 살아왔기 때문이라고 해도 틀린 말이 아닙니다.

'산은 산이요 물은 물이로다山是山水是水'라는 유명한 법어法語가 있습니다. 중국 당나라의 승려 황벽희운黃檗希運의 저서 『완릉록宛陵錄』에 처음 등장한 이래 한국 불교를 대표하는 고승 성철을 비롯한 여러 고승이 이 법어를 중요하게 언급해왔습니다. 세상의 뭇 중생이 불성佛性을 지니고 있다는 불교의 교리를 매우 훌

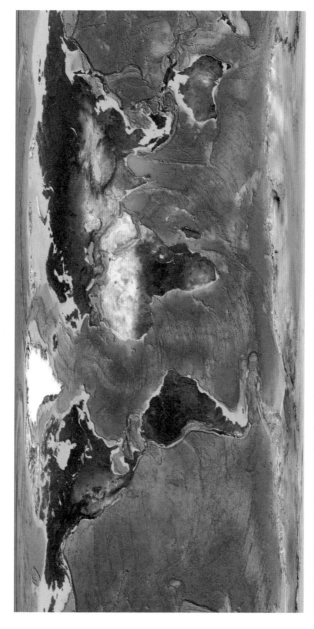

지구상에 똑같은 지표공간은 존재하지 않는다. 거대하게 솟은 산맥과 고원이 있는가 하면 드넓게 펼쳐지는 평지도 있다. 사시사철 얼어붙은 땅이 있는가 하면, 일 년 내내 무더운 날씨가 이어지는 땅도 있다.

류하게 표현한 문장이지요.[7] 저는 불교의 교리나 철학을 잘 알지 못하지만, 이 법어는 평등과 포용이라는, 시대를 뛰어넘는 훌륭한 가르침을 담아낸 명문이라 생각합니다.

하지만 지리학에서 산은 다 같은 산이 아니고, 물은 다 같은 물이 아닙니다. 지구상에 존재하는 수많은 공간과 장소와 지역은 서로 다른 모습을 하고 있습니다. 사람들은 서로 다른 모습의 땅에 다양한 방식으로 적응해왔습니다. 아프리카나 몽골, 인도, 중앙아시아 등지에서 살아가는 사람들이 우리와 다른 문화를 지닌 까닭은 그곳의 지리적 환경이 우리가 살아온 곳과 다르기 때문입니다. 한국과 지리적 환경이 비교적 비슷해 보이는 일본이나 중국 북동부 역시, 사람들이 살아가는 모습에는 큰 차이가 있습니다. 땅이 다르니 사회도 문화도 다르게 형성된 까닭입니다. 인류사는 이처럼 서로 다른 수많은 문명과 문화가 지표 공간을 가로지르며 서로 교류하고 영향을 주고받으면서 발전해왔습니다.[8]

인간은 누구나 평등하고 존엄합니다. 적어도 민주주의 사회에서 이 말을 부정할 사람은 아무도 없겠지요. 하지만 어떠한 환경을 지닌 곳에 사느냐에 따라서 개인이 존재하는 방식과 양상은 아주 다양하게 나타납니다. 국가나 문명 같은 거대한 집단도 마찬가지입니다. 인간과 사회, 문화를 올바르게 이해하려면, 인간의 평등과 존엄성이라는 보편적 가치는 물론이고 다양성에 대한 존중과 이해도 반드시 전제되어야 합니다. 다양성을 이해하기 위해서는 그 바탕이 된 지리의 다양성을 이해하는 것이 중요하겠지요. 드넓고도 불균질한 지표공간 위에서 사람들이 다양한 환경에 어떻게 적응하고 그 환경을 어떻게 재구성하는가를 다루는 학문, 지표공간과 인간 사이의 상호작용을 탐구하는 학문이 바로 지리학입니다.

땅이 바뀌면 사람이 바뀌고, 사람이 바뀌면 세상이 바뀐다

맹자의 어머니가 자녀 교육을 위해 세 번 이사했다는 데서 유래한 '맹모삼천지교孟母三遷之敎'는 우리에게도 익숙한 고사성어입니다. 묘지 근처에 살던 어린 맹자가 공부는 하지 않고 장례 지내는 모습을 흉내 내기만 하니 맹자의 어머니는 고심 끝에 시장 근처로 이사를 합니다. 덕분에 어린 맹자는 장례 흉내를 내는 버릇은 고쳤지만, 대신 흥정하고 싸움하는 모습을 흉내 내는 새로운 버릇을 들입니다. 결국 맹자의 어머니는 서당 근처로 집을 옮겼고, 그러자 맹자는 비로소 글공부에 재미를 붙여 훗날 위대한 사상가로 성장했다는 이야기이지요.

맹모삼천지교 이야기를 잘 살펴보면, 살아가는 장소가 맹자의 삶을 바꿨다는 사실을 알 수 있습니다. 묘지 근처에 살든, 시장 주변에 살든, 서당 옆에 살든, 맹자는 맹자입니다. 하지만 어떤 장소에서 살아가는가는 맹자의 행동에 중대한 영향을 미쳤습니다. 공부하기에 유리한 서당 근처라는 장소는 맹자를 유교를 대표하는 성현聖賢으로 자라나도록 만들었습니다.

맹자뿐만이 아닙니다. 사람들이 생각하고 살아가는 방식, 사회와 문화의 특징, 정치와 경제가 움직이는 방향 등도 공간과 장소에 크게 영향을 받습니다. 당장 의식주만 보더라도 지역에 따라 달라지는 경우가 많습니다. 요즘에는 한국인의 식생활이 많이 서구화되었지만, 여전히 밥을 주식으로 생각하고 빵은 간식 정도로만 여기는 사람이 대부분이지요. 그런데 지구상에는 한국과 달리 밀을 주식으로 삼는 지역이 아주 많습니다. 서양이나 중앙아시아는 물론이고, 중국 북부만 해도 쌀 대신 밀을 주식으로 삼습니다. 한반도는 벼를 재배하기에 적합한 땅이어서 쌀 중심의 식문화가 발달했지만, 지구상에는 밀 재배에 더 적합한 땅이 넓게 퍼져 있습니다. 벼는 인구 부양력이 높지만, 물이 많이 필요하고 노동력도 많이 드는 작물입니다. 유럽이나 중앙아시아 사람들이 밀가루 음식을 주식으로 삼는 까닭은 입맛이 우리와 다르기 때문이 아니라, 밀을 키우기에 적합한 땅에 살아왔기 때문입니다. 수천 년이 넘게 밀을 주식으로 삼아온 사람들은 밀가루 음식을 자연스레 맛있는 음식으로 여기겠지요.

우리 조상들의 과학의 결정체라 할 수 있는 한옥 또한 한반도의 자연환경에 적응한 결과입니다. 한옥의 처마, 대청, 온돌 등은 연교차가 매우 큰 데다 강수량의 70~80퍼센트가 장마철에 집중되는 한반도의 기후에 적응하기 위해 발전시킨 과학의

김좌근 고택(경기도 민속문화재 제12호). 처마와 대청마루, 온돌(아궁이) 등과 같은 한옥 구조의 특징이 잘 드러난다. 한옥의 큰 처마는 장맛비와 뜨거운 햇볕을 막아주고, 대청마루는 한여름의 무더위를, 아궁이는 한겨울의 혹한을 견디게 해준다.

산물이지요. 바다 건너 일본인이 온돌 대신 방바닥에 다다미를 깔고, 지중해 연안 사람들이 처마가 거의 없는 집에 사는 것 역시 한반도와는 현저히 다른 기후 조건에 따른 결과입니다.

공간과 장소의 차이는 인간집단의 의식주를 비롯해 생각과 신념, 철학과 종교에도 많은 영향을 미칩니다. 한국 문화가 흔히 '유불선儒佛仙'이라 불리는 유교, 대승불교, 도교의 영향을 크게 받은 까닭 또한 한반도의 지리적 위치에서 찾을 수 있습니다. 한반도는 지리적으로 동아시아에 위치하며 다른 동아시아 국가들과 교류하기에 유리한 입지 조건을 가지고 있지요. 그러한 덕분에 인접한 중국, 일본, 베트남 같은 국가들의 문화와 공통점이 많습니다. 그러면서도 다른 국가들과 분명 차별화되는

점도 있는데, 역시 주변국들과 엄연히 다른 땅을 가졌기 때문이
지요. 그리스도교가 적포도주를 그리스도의 신성한 피로 여기
고, 이슬람교가 돼지고기와 술을 금기시하며, 힌두교가 소를 신
성시하는 것도 모두 종교의 발원지가 지닌 지리적 환경과 밀접
한 관련이 있습니다.

사람이 바꾼 땅 위에서
일어나는 변화

지표공간에서 살아가는 존재는 사람만이 아닙니다. 동식물 역시 지표공간에서 살아갑니다. 새나 날개 달린 곤충은 하늘을 날지만 이들도 땅 위의 둥지에서 알을 낳고 잠을 잡니다. 물고기가 살아가는 바다와 하천, 호수 역시 지표면 위에 물이 차서 만들어졌지요. 즉, 동식물 역시 지표공간이 없다면 존재할 수 없고, 지표공간에 따라서 그 생태도 달라지지요. 열대 지역에 사는 북극곰이나 사막에서 무성하게 자라나는 물풀이 존재할 수 없는 것처럼 말입니다.

사람도 동물도 식물도 모두 지표공간의 영향 아래 살아가는 존재입니다. 하지만 사람에게는 다른 동식물과 다른 점이 한 가지 있습니다. 지표공간의 영향을 받으면서도 다른 한편으로는 문화의 힘을 통해 지표공간에 다양한 방법으로 적응할 뿐만 아니라 지표공간을 바꾸기도 한다는 것입니다. 사람보다 월등히 크고 강한 북극곰은 열대우림에서 살 수 없고, 백수의 왕이라 불리는 사자도 사막에서는 살아가지 못합니다. 인간을 제외한 동식물은 그들이 서식할 수 있는 환경에서만 살아갈 수 있으며, 환경이 바뀌면 제아무리 크고 강한 동식물이라도 살아남기 힘듭니다. 빙하기에 지구를 주름잡았던 매머드와 검치호가 그랬고, 지금보다 훨씬 더웠던 중생대의 지구를 지배한 공룡이 그랬듯이 말이지요.

하지만 '털 없는 유인원'이라 불리는 인류는 뛰어난 두뇌와 손으로 도구와 불을 사용해 다양한 환경에 적응하는 데 성공합니다. 20만여 년 전 아프리카 남부에서 출현한 현생인류는 불을 피우고 돌을 가공해 연장을 만들었고, 동물의 털가죽과 섬유를 다듬어 옷을 만들어 입었습니다. 그렇게 발상지와는 환경이 크게 다른 지구 곳곳으로 퍼져 나갈 수 있었지요. 그렇게 지구 각지에 뿌리내린 현생인류는 마지막 빙하기가 막을 내린 1만여 년 전에 이르러 농경과 목축으로 식량을 생산하기 시작합니다.

그로부터 인류는 자연환경을 살아가기에 유리한 방향으로 바꾸는 능력을 터득합니다. 땅을 갈아 논밭을 일구고 수로와 저수지를 만들어 농업용수를 확보하는 한편 야생동물을 길들여 가축으로 삼기까지 하지요. 생존에 필요한 수준 이상의 식량을 생산할 수 있게 된 인류는 씨족과 부족, 도시와 국가로 이어지는 문명의 발전을 이룩합니다.[9] 요컨대 인류는 동식물과 달리 지표공간이 제공하는 자연환경을 바꾸고 이용해 만물의 영장으로 자리매김한 것입니다.

인간의 힘으로 재구성한 지표공간은 자연환경과 더불어 인류 문명에 중요한 영향을 미쳐왔습니다. 경작지와 목축지, 요새와 성채, 다양한 용도와 기능을 지닌 건물들로 이루어진 촌락과 도시는 인간집단이 재화의 축적을 이루고, 더 크고 체계적인 조직으로 거듭날 수 있도록 하는 물리적 환경이 되어주었지요. 도로와 항만, 시장은 사람과 재화의 이동과 교류를 촉진하며 문명의 발전 속도를 올렸습니다. 이처럼 사람 손으로 만든 장소와 구조물, 인프라는 지표공간의 의미를 더한층 복잡하게 만듭니다. '목 좋은 곳'을 차지하는 것은 인간집단의 성패에 결정적인 영향을 미치게 되었습니다. 가치 있는 공간이나 장소를 점유하는 일은 유사 이래 인류 사회와 문명의 숙명처럼 여겨졌고, 수많은 갈등과 대립, 이합집산을 낳았습니다.

여기서 주목할 점은 인간이 지표공간을 바꿀 힘을 가졌다는 말이 인간이 자연을 완전히 극복하거나 정복했음을 의미하지는 않는다는 사실입니다. 문명의 역사는 어디까지나 지표공간의 힘과 인간의 힘이 서로 얽히고설키며 이루어진 과정입니다. 자연 앞에서 장대한 문명을 세운 인류의 업적 역시 지표공간이 그러한 업적을 이룰 여건을 마련해줬을 때에야 비로소 빛을 발할 수 있었지요.

일례로 서구 문명의 바탕을 이룬 고대 로마 문명은 온난한 기후 덕분에 농업 생산성이 비약적으로 늘어나면서 세계 제국

1636년 이탈리아의 항구도시 베네치아의 조감도. 베네치아는 5세기 서로마제국이 멸망하자 로마인이 게르만족의 침공을 피해 해안가의 석호(만의 입구나 하천의 하구 등이 막히면서 생겨난 호수) 안에 세운 인공 섬이다. 지중해 무역항으로 안성맞춤인 입지 조건이었기에 중세 중기에서 근대 초기에 걸쳐 유럽 최강의 해상무역 중심지로 서양사에 중대한 영향력을 행사했다. 오늘날 베네치아는 세계적인 관광지이자 문화유산이며, 동시에 기후위기로 수몰 위험에 직면한 지역이기도 하다. 베네치아의 어제와 오늘은 인간이 지표공간을 바꾸고 그렇게 바뀐 지표공간이 또다시 인간에게 영향을 미치는 지리학의 논리를 잘 보여준다.

으로 발돋움할 수 있었습니다. 이후 대서양의 해류 순환 변동으로 기후가 한랭해지면서 서유럽 땅은 황폐해졌고, 로마는 동서로 분열하여 서로마는 동로마보다 무려 천 년이나 앞서 멸망하고 말았습니다.[10] 천연자원이 풍부하거나 기후가 온화한 곳은 그렇지 못한 곳에 비해서 훨씬 살기 좋을 뿐 아니라 수많은 혁신을 가능케 합니다. 그러한 혁신이 곧 문명의 흥망성쇠와 인류사의 굴곡에 중대한 영향을 미쳤다는 사실은 부인하기 어렵지요.[11] 과학기술이 눈부실 정도로 발달한 오늘날, 자연환경의 중요성은 다시금 주목받고 있습니다. 인류가 배출한 온실가스로 인해 기후변화가 자연이 통제할 수 있는 수준을 넘어서면서 인류 문명을 위협하는 중대한 위기가 되었기 때문입니다.[12]

인간은 지표공간에 본능적으로 순응하는 대신 다양한 방식으로 적응하면서 문명과 문화를 발전시켰습니다. 인간이 땅과 자연환경에 능동적으로 적응한 결과가 바로 문화와 문명이라고 볼 수 있지요. 그런 점에서 지리는 지표공간 위에서 존재하며 지표공간과 긴밀한 상호작용을 이어온 인간과 사회, 문명, 문화를 이해하는 데 필수적인 학문이라고 할 수 있습니다.

지리의 눈으로
세상을 바라본다는 것

이제까지 살펴본 바와 같이, 땅이 바뀌면 사람이 바뀌고 그렇게 바뀐 사람이 또다시 땅을 바꿔가면서 인류 문명의 발전이 이어졌습니다. 그러므로 우리는 인간 사회와 문화를 한층 깊이 있게 이해하기 위해서 지리의 눈으로 세상을 볼 필요가 있지요. 그렇다면 지리의 눈으로 본다는 것은 구체적으로 어떤 의미일까요?

앞서 지표공간은 균질한 공간이 아니라 광대하면서도 불균질한 공간이고, 위치한 땅이 달라지면 인간과 사회, 문명도 달라진다고 이야기했습니다. 따라서 지표공간 위에서 어떤 위치에 자리를 잡는가(입지하는가)는 개인이나 사회와 국가 같은 인간집단에게 매우 중요한 문제입니다. 맹모삼천지교 이야기는 이러한 입지의 중요성을 잘 보여주지요. 사람들이 시끌벅적하게 장사하는 시장과 학생들이 모여 공부하는 서당의 주변 환경이 다르듯이, 어떤 입지 조건을 가졌는가에 따라 어떤 사람들이 모이고 어떤 일을 하는가가 달라집니다. 그에 따라 그 장소나 지역의 의미와 특색도 달라지지요.

맹자의 어머니처럼, 사람들은 다양한 곳을 오가며 이주하고 교류합니다. 그러므로 지표공간의 의미와 성격, 기능도 계속해서 변화하지요. 남북아메리카와 호주 대륙이 서구 문화의 영향을 강하게 받고, 석굴암 불상에 고대 헬레니즘 미술 기법이 반영된 것도 바로 지리적 이동과 교류의 결과입니다.

유리한 지리적 위치를 찾아내고, 다양한 장소와 지역을 이동하며 교류하기 위해서는 무엇이 필요할까요? 바로 지도입니다. 지도는 길을 찾는 데 꼭 필요한 도구입니다. 하지만 지도의 힘은 그뿐만이 아닙니다. 지도를 보면 우리가 발 딛고 서 있는 지표공간의 모습과 구조, 그 아래 깔린 다양한 이념이나 체제 등을 파악할 수 있습니다. 그러므로 지리학자들에게 지도의 의미와 중요성은 생물학자의 현미경이나 군인의 소총, 화가의 붓과도 같지요. 최근에는 GPS, GIS, 원격탐사와 같이 컴퓨터를 통해서 지표공간을 다양하게 재현하고 분석하는 장비인 지리정보기술이 지리학계의 중요한 화두로 떠오르고 있습니다.

1984년 미국지리교육협회와 미국지리학회[13]에서는 지리학과 지리교육의 5대 주제를 위치, 장소, 인간-환경 상호작용, 이동, 지역으로 규정했습니다.[14] 즉, 인간과 사물이 지표공간의 어디에 존재하고 분포하며(위치), 그곳이 어떤 의미나 특징을 가진 곳인가(장소), 그리고 인간이 어떻게 자연·인문 환경과 서로 영향을 주고받고(인간-환경 상호작용), 다양한 장소를 오가며 문화를 형성·전파·발전하는가(이동), 마지막으로 외부와 차별화되면서 내적으로 강한 동질성을 띠는 다양한 지역을 어떻게 이해할 것인가(지역)가 지리학의 핵심 문제입니다.

물론 이것은 어디까지나 지리학이란 무엇인가에 대한 하나의 관점일 뿐입니다. 하지만 학문적 관점에 약간의 차이는 있을지언정, 지리학이 지표공간의 다양한 위치와 장소, 지역을 다루고, 인간이 지표공간 위에서 적응·활동하며 환경과 상호작용하는 양상을 다루는 학문이라는 사실에는 지리학자 대부분이 동의합니다.[15,16,17]

아울러 최근에는 환경문제와 기후위기가 인류의 존망을 좌우하는 중대한 문제로 떠오름에 따라 지표공간을 생태와 환경이라는 관점에서 바라보며 대안을 모색하는 일도 지리학의 주요 과제가 되었습니다.[18,19] 환경문제는 전 지구에 걸친 문제인 만큼 지리의 눈으로 세상을 바라보는 일은 기후위기 시대에 특히 필요하고 중요하다고 할 수 있습니다.[20] 예를 들어, 특정 지역에 한파가 불어닥쳤다는 이유로 지구온난화를 부정하는 주장을 반박하기 위해서는 지리적으로 문제를 파악해야 합니다. 지구온난화가 해수의 수온과 해류의 순환을 교란하면 특정 지역에서는 한파가 일시적으로 되레 심해질 수 있으니까요.[21]

지리의 눈이란 인간과 세상을 땅, 즉 지표공간이라는 측면에서 바라보는 안목입니다. 위치별로 다양한 모습과 환경을 지닌 지표공간이 인간에게 어떤 영향을 미치는지, 그리고 인간이 그러한 지표공간의 환경에 어떻게 적응하고 상호작용하는지를 공간의 측면에서 살피고 이해하는 것이 바로 지리의 눈입니다.

2장

하늘과 땅을 알면
보이는 것들

자연지리는 지표공간에서 인간의 삶에 중대한 영향을 미치는 자연환경을 다룹니다. 자연지리를 대표하는 두 가지 분야는 지형학과 기후학입니다. 지형학은 산맥·하천·평야·해안 등 사람들이 발 딛고 살아가는 지표공간의 지형을 다룹니다. 기후학은 기후의 지리적 분포와 변동을 다룹니다.

지형학이 지리학, 그중에서도 자연지리학의 대표 분야라는 사실에는 대개 수긍하지만, 기후학이 지리학에 속한다는 사실은 잘 모르는 분들도 있을 듯합니다. 지표공간의 다양한 모습, 특히 사람이 살기 좋은 장소와 그렇지 않은 장소의 차이를 만들어내는 데는 기후가 큰 영향을 미칩니다. 따라서 기후는 지리학에서도 아주 중요한 위상을 차지하지요. 기후의 다양성이 지구를 열대·온대·한대·건조지대 등으로 나누고, 그에 따라 동식물의 생태와 인간 문명의 양상이 다양하게 펼쳐집니다.

지형과 기후는 지표공간의 모습을 원초적으로 규정하는 자연의 힘입니다. 인간은 자연환경에 일방적으로 순응하기만 하는 존재는 아니지만, 인간이 살아가는 방식 역시 자연환경에 많은 영향을 받을 수밖에 없습니다. 예를 들어, 인간은 옷을 입음으로써 다양한 기후에 적응했지만, 그 옷의 재료나 형태는 대부분 그 지역의 기후나 지형에 따라 결정됩니다. 무더운 열대에서 두꺼운 방한복을 입는다든지, 위도나 해발고도가 높은 지역에서 겨울철에 바람이 잘 통하고 얇은 옷을 입는 일을 상상하기는 어려울 테니까요.

현대의 과학기술로도 자연환경을 완전히 극복하기는 어렵습니다. KTX 경강선과 서울-양양 고속국도가 건설되면서 영동 지역의 교통이 눈에 띄게 편리해졌지만, 태백산맥을 완전히 없애기란 불가능합니다.

이처럼 인간이 지표공간의 다양한 자연환경에 적응해온 방식이야말로 지리학의 출발점이자 인류 문명의 출발점이라고 해도 틀린 말은 아닐 테지요.

지형: 자연이 땅 위에 그린 그림

과거에는 산악인이 에베레스트산과 같은 고봉의 등정에 성공하면 언론에서 그 산을 '정복했다'라는 표현을 자주 썼습니다. 우리나라가 아직 경제적으로 넉넉지 않았던 1970년대에 에베레스트산을 국내 최초로 '정복'한 산악인 고상돈은 언론의 대대적인 조명을 받으며 국민 영웅으로 떠오르기도 했었지요. 한편 언제부턴가 고봉을 '정복했다'라는 표현이 적절치 않다는 비판이 나왔습니다. 자연을 정복의 대상으로만 여기는 인간 중심적 사고방식이라는 지적이었지요. 그래서인지 요즘에는 '정복'이라는 표현 대신 '등정'이라는 표현을 쓰는 경우가 많습니다.

그런데 어렵게 고봉을 등정한 산악인들은 그곳에 오래 머무르지 못하고 하산해야 합니다. 왜일까요? 그러고 보면 에베레스트, 아콩카과, 킬리만자로, 아라라트, 매킨리 같은 이름만 대면 알 만한 고봉과 명산 주변에는 도시나 큰 마을이 발달하는 경우를 찾기 어렵습니다. 우리 민족의 영산靈山이라 불리는 백두산도 조선시대에는 그 주변이 유배지로 쓰였을 정도로 험준한 오지이지요. 험산과 준령, 고봉은 보기에는 웅장하고 멋있을지 모르지만, 사람들이 집을 짓고 땅을 일구며 살기에는 적합하지 않습니다. 큰 도시는 더더욱 들어서기 어렵지요.

지구상에는 높고 험준한 산맥부터 광활한 평야, 한반도 면적보다도 넓은 카스피해와 오대호 같은 호수,[22] 고대 문명이 싹튼 세계 4대 강 같은 큰 하천 등 다양한 지형이 존재합니다. 이러한 지형의 형태와 분포는 인간의 삶과 활동, 문명의 형성·발전에 크나큰 영향을 미쳐왔지요. 너무 험준한 지형에서는 사람이 모여 살거나 이동하기가 힘들기에, 도시나 문명은 그런 지형을 피해 자리를 잡았습니다. 적당히 험준한 지형은 종종 군사적 요지나 요새로 활용되었습니다. 큰 도시 또한 넓은 평지와 풍부한 물이 있다면 외적의 침입을 막기에 유리한 적당히 험준한 지형을 끼고 발달한 경우가 많습니다.

세상을 지리의 눈으로 보기 위해서는 지형을 파악하는 것이 가장 기본이 되어야 합니다. 인간이 발 딛고 선 지표공간과 지리적 환경을 이루는 토대가 바로 지형이기 때문이지요. 이러한 지형의 형성과 변화, 특징과 유형을 연구하는 지리학의 분야가 바로 지형학입니다.

지형은 어떻게 만들어질까?

***

고려 말기에서 조선 초기까지 활동했던 유학자 길재는 "산천은 의구하되 인걸은 간데없고"라는 명문장을 남겼습니다. 풀어 쓰면 '산과 강은 옛날 그대로 변함없는데, 뛰어난 인재들은 세월이 지나 사라지고 없다'라는 뜻이지요. 하지만 옛 모습 그대로를 간직한 듯한 산천도 알고 보면 변합니다. 짧게는 수백 년에서 길게는 수억 년이 넘는 시간을 거치면서 변화하지요. 인간의 기준에서는 의구해 보일지도 모를 산천의 모습은 사실 오랜 시간 동안 변화를 거치며 만들어졌습니다. 그렇다면 산천과 같은 지형은 어떻게 만들어지고, 어떤 과정을 거쳐 변할까요?

지형을 만들고 바꾸는 힘은 크게 내적 작용과 외적 작용으로 구분할 수 있습니다. 내적 작용은 맨틀이나 마그마와 같이 지각 아래에 있는 지질 구조에 의한 힘을 말합니다. 지각은 맨틀 위에 떠 있기 때문에 맨틀의 흐름에 따라 지각의 융기·침강·이동이 일어납니다. 그로 인해 험준한 산맥이나 거대한 분지가 만들어지고, 대륙의 이동이나 분리, 결합이 일어나지요. 한편 외적 작용은 물이나 바람, 얼음, 기온 등에 의해서 풍화·침식·운반·퇴적이 일어나는 것을 말하며, 이는 기후와 관계가 깊습니다. 지구상에 존재하는 다양한 지형은 내적 작용과 외적 작용의 합작품이지요.

예를 하나 들어볼까요? 울산바위는 설악산을 대표하는 명승

울산바위는 지각 밑의 마그마가 식어서 만들어진 화강암을 지표면으로 융기시킨 내적 작용, 드러난 화강암에 풍화를 일으킨 외적 작용으로 만들어졌다.

지입니다. 금강산을 빚으려 전국의 멋진 바위들을 불러 모은 조물주의 부름에 응해 울산에서 금강산으로 향하던 거대한 바위가 설악산에 눌러앉아 만들어졌다는 전설로도 유명하지요. 멋진 자태를 자랑하는 울산바위는 거대한 화강암입니다. 울산바위의 절경은 화강암을 만들어낸 내적 작용과 그 모습을 다듬은 외적 작용이 함께 만들어낸 합작품입니다.

　화강암은 마그마가 땅속에서 오랜 기간에 걸쳐 천천히 식어 만들어진 바위입니다. 땅속에 커다란 암괴(바윗덩어리)로 묻혀 있던 화강암은 지하수나 지열 등에 의해 쪼개지고 갈라집니다.

천천히 식는 과정에서 규소, 석영 등 다양한 광물의 입자가 그대로 남으면서 화강암의 독특한 무늬를 이루지요. 화강암은 구성 입자들이 열이나 물과 반응하는 속도가 서로 달라서 단단해 보이는 겉모습과 달리 풍화와 침식에 약한 편입니다.

울산바위 역시 땅속에 묻혀 있던 화강암이었을 겁니다. 지각이 융기하면서 화강암은 지표면으로 모습을 드러냅니다. 쪼개지고 갈라진 화강암 가운데 큰 덩어리는 바위로 남고, 잘게 바스러진 조각들은 흙먼지로 흩어집니다. 풍화와 침식, 퇴적이 계속되면서 화강암 덩어리들의 모습은 조금씩 다듬어졌겠지요. 그 결과 우리가 아는 울산바위의 모습이 만들어진 것입니다.

실크로드에 이름을 붙인 현대 지형학의 선구자
***

페르디난트 폰 리히트호펜.

지형학은 얼핏 생각해서는 지질학과 무슨 차이가 있나 싶기도 합니다. 울산바위가 만들어지는 과정은 어찌 보면 지질학에서 다룰 만한 내용처럼 보이기도 하지요. 그렇다면 지질학과 지형학은 어떻게 구분할 수 있을까요? 이에 대한 답변은 지형학자 페르디난트 폰 리히트호펜 Ferdinand von Richthofen의 업적을 살펴보면서 찾아가고자 합니다.[23]

리히트호펜은 프로이센의 귀족 가문에서 태어났습니다. 군장교나 관료 집단으로 진출한 집안사람들과 달리, 일찍부터 학문에 뜻을 두었던 그는 지리학과 지질학을 공부합니다. 리히트호펜이 학업에 매진하던 19세기 중·후반은 제국주의 시대였습니다. 식민지 확보와 부국강병에 열을 올리던 유럽 각국에서는 지리학 연구가 활발하게 이루어지고 있었습니다. 특히 유럽에서도 손꼽히는 군사 강국이었던 프로이센은 군사력을 강화하기 위해 국가 주도로 지리학 연구와 교육에 많은 투자를 했습니다.

1860년에는 리히트호펜에게 인생의 전환점이 다가왔습니다. 프로이센 정부는 중국에서의 이권 쟁탈전에서 영국, 프랑스와 같은 경쟁국에 뒤지지 않기 위해 탐사대를 보내고자 했습니다. 외교관이었던 백부의 연줄 덕분에 리히트호펜은 중국 탐사대에 선발되었지요. 탐사대는 1862년 임무를 마치고 귀국하지만, 중국 지리 연구를 더 하고 싶었던 리히트호펜은 미국으로 건너가 금광 개발에 참여하며 지리학자로서 경력을 더 쌓은 다음, 미국 지리학계의 지원을 받아 1868년 중국으로 돌아옵니다. 그는 1872년까지 중국을 답사하며 중국의 지형과 자연환경이 각 지역의 사회·문화와 어떻게 관계되고 상호작용하는지 연구합니다. 그리고 자신의 연구 성과를 1877년에서 1885년에 걸쳐 『중국지리Atlas von China』라는 방대한 저서로 발표하지요. 이 저서로 그는 독일 최고의 지리학자로 자리매김합니다.

리히트호펜은 수많은 제자를 훌륭한 지리학자로 길러냈을 뿐만 아니라 하천지형, 해안지형, 빙하지형 등으로 이루어지는 현대 지형학의 학문적 구조의 토대를 만들었습니다. 아울러 고대부터 유럽과 아시아를 이어온 중앙아시아의 무역로에 '비단길 Seidenstraße', 즉 실크로드Silk road라는 이름을 붙였습니다. 중국에서 유럽으로의 비단 수출이 이루어진 교역로였다는 점에 착안한 이름입니다.

리히트호펜의 연구와 『중국지리』는 지형학이 어떤 학문인지, 무엇을 위해 지형과 지질을 연구하는지, 지질학과는 어떻게 다른지를 잘 보여줍니다. 중국의 지질 구조 자체가 아니라 그 지질 구조와 지형이 중국인과 중국의 사회·문화에 어떻게 영향을 미치고 상호작용하는지에 주목한 것이 그의 연구의 핵심이었습니다. 지형과 인간의 상호작용을 연구했기에 리히트호펜은 그 중요성에 비해 외면받던 동서 교역로에 실크로드라는 멋진 이름을 붙여줄 수 있었습니다. 오늘날의 지형학자들 역시 리히트호펜이 그랬던 것처럼 인간과 사회, 문화를 이해하기 위해서 지형을 연구합니다. 대구의 하천과 평야가 대구의 시가지 형성과 변천에 어떤 영향을 미쳤는지 분석한 지형학 연구의 사례에서 볼 수 있듯이 말이지요.[24]

지형의 밑그림을 그리는 지구 내부의 힘

***

지각 아래에 존재하는 맨틀, 마그마 등으로 인한 내적 작용은 대류와 산맥 같은 지표공간의 거대한 구조를 만듭니다. 그래서 내적 작용으로 형성된 지형을 구조지형structural geomorphology이라고 부릅니다.

　오늘날 지구상에 분포하는 대류의 모습은 기본적으로 맨틀 대류가 만든 것입니다. 지각은 여러 개의 판으로 쪼개진 채 맨틀 대류를 따라 조금씩 이동합니다. 그리고 판과 판이 부딪치는 경계면에서 다양한 구조지형이 형성되지요. 판과 판이 부딪치는 수렴형 경계에서는 한쪽 판이 다른 쪽 판 아래로 침강하기도 하고(섭입형 경계), 두 판이 맞부딪치면서 습곡산맥이 만들어

대체로 판의 경계면에 조산대가 위치하고, 판의 경계에서 멀리 떨어진 곳에 순상지가 분포하는 패턴이 나타난다.

지기도 합니다(충돌형 경계). 판이 부딪치니 화산과 지진도 자주 일어나지요. 판과 판이 어긋나며 평행을 이루는 보존형 경계에서는 수렴형 경계만큼 화산과 지진이 자주 일어나지는 않지만, 마찰열로 인해 지진이 일어나기도 합니다. 맨틀 대류가 솟아오르면 지각이 서로 다른 방향으로 갈라져 새로운 판으로 나뉘기도 합니다(발산형 경계).

지구상에 존재하는 수많은 산맥은 맨틀 대류에 의해 형성된 지형입니다. 알프스산맥과 피레네산맥, 아틀라스산맥은 5,000만여 년 전부터 시작된 아프리카판과 유라시아판의 충돌이 빚어낸 결과물입니다.[25] 로키산맥과 안데스산맥 역시 판의 경계로 이루어진 환태평양조산대를 따라 분포합니다. 환태평양조산대에서는 전 세계 지진의 90퍼센트가 일어나지요. 반면 판의 경계에서 떨어진 곳에는 순상지楯狀地라는 지형이 분포합니다. 방패盾를 눕힌 모양을 닮았다고 하여 이름 붙여진 순상지는 고생대 이래 지각변동을 거의 겪지 않은 채 오랫동안 풍화와 침식을 받으며 평탄해진 지형입니다. 순상지는 지각변동이 적다 보니 지각을 구성하는 성분이 온전히 보전되어 천연자원이 풍부한 경우가 많습니다.

화산활동 또한 구조지형이 형성되는 데 많은 영향을 미칩니다. 화산이 한 번 폭발하면 산이나 섬이 하나 생기니까요. 화산활동으로 생겨난 대표적인 지형이 바로 제주도입니다. 제주도는 120만 년 전부터 2만 5,000년 전까지 네 단계에 걸친 대규모

제주도 중문 대포해안의 주상절리. 화산 폭발로 분출된 용암이 빠른 속도로 식는 과정에서 현무암이 수축하며 육각형 기둥 모양으로 갈라진 화산지형을 주상절리라 한다.

화산활동을 거치면서 지금의 형태가 되었습니다.[26] 인간의 기준에서 보면 아주 오래전에 만들어진 섬이지만, 지형학의 관점에서는 매우 짧은 시간이지요. 제주도에서는 그 뒤에도 11세기 무렵까지 화산활동이 이어졌고, 그렇게 오늘날 우리가 볼 수 있는 제주도의 다양한 지형들이 만들어졌습니다. 현무암, 주상절리 등은 제주도에서 볼 수 있는 대표적인 화산지형입니다.

화산에서 분출된 용암이나 화산재 등의 쇄설물(부스러기나 파편) 또한 지형을 만들고 바꾸는 데 영향을 미칩니다. 대량의 용암이 대지를 덮으면 용암대지라는 지형이 만들어집니다. 개마고원이나 철원 평야가 대표적인 용암대지이지요. 세계적인 관광지로 유명한 튀르키예의 카파도키아는 화산재가 퇴적되어 형성된 암석인 응회암이 환상적인 경관을 만들어냅니다.

굽이쳐 흐르는 강물이 그리는 땅

***

물은 사람이 살아가는 데 꼭 필요한 자원일 뿐만 아니라 다양한 지형을 만들어내는 외적 작용을 일으킵니다. 물방울이 모이면 실개천을 이루고, 개천이 모이면 크고 작은 하천이 되지요. 낙숫물이 댓돌을 뚫는다는 속담처럼 하천의 흐름은 다양한 지형을 만들어냅니다. 흐르는 물 자체는 땅을 깎아내는 힘이 미약하지만, 물을 따라 흐르는 흙이나 모래, 자갈이 지표면과 바위에 부딪히고 마찰하면서 지표면을 침식해 지형이 변하고 새로운 지형이 생기지요.[27] 하천은 인간에게 필요한 물과 기름진 토양을 선사합니다. 하지만 한편으로는 인간의 삶터를 하루아침에 휩쓸어버리는 무시무시한 재난을 일으키기도 하지요. 따라서 하천지형은 인간의 삶터가 되는 취락의 입지와 밀접한 관계가 있습니다.

강물을 흔히 '굽이쳐 흐른다'라고 표현하지요. 지형학적으로도 맞는 말입니다. 하천이 굽이쳐 흐르는 성질을 곡류曲流라고 합니다. 지반이 무른 평야에서 자유롭게 굽이쳐 흐르는 곡류를 자유곡류, 단단한 기반암으로 이루어진 산지를 따라 굽이쳐 흐르는 하천을 감입곡류라 부릅니다. 자유곡류 하천은 한번 범람하면 큰 홍수를 내기 쉽고, 감입곡류 하천 역시 물이 불어나면 범람해서 홍수를 일으키기도 합니다. 하천의 범람으로 인해 퇴적된 물질이 쌓여 형성된 평야를 범람원이라 부릅니다.

하천의 범람과 함께 땅으로 밀려온 각종 양분과 무기염류는 땅을 기름지게 하지만, 범람한 물은 사람들의 삶터를 모조리 휩쓸어버릴 수 있습니다. 그러므로 범람원에는 치수공사로 방비를 해야만 건물을 짓거나 농사를 지을 수 있지요. 나일강과 황허강은 주기적으로 범람해 주변의 땅을 기름지게 만들었지만, 홍수는 너무나 무서운 재난이었기에 고대 이집트와 황허 문명 사람들은 치수 작업에 엄청난 공을 들였습니다. 범람원의 기름진 땅 덕분에 나일강 하구와 황허강 중류에는 찬란한 고대 문명이 꽃필 수 있었지요.

우리 조상들도 강물이 흐르는 곳에 마을을 이뤘습니다. 다만 장마철에 하천이 범람하는 것을 막기 위해서 치수공사를 하거나, 범람을 피할 수 있는 하안단구(하천이 하방침식, 즉 아래쪽으로 파고드는 침식을 하는 과정에서 옛 유로의 흔적이 계단처럼 만들어진 지형) 혹은 자연제방(하천에 연해서 불룩하게 솟은 지형)에 집을 지어야 했습니다.

여름철 피서지로 많이 찾는 계곡 또한 하천의 침식작용이 만든 지형입니다. 계곡이 침식으로 계속 커지면 무엇이 될까요?

충북 단양군 영춘면 하안단구의 경관. 남한강을 따라 높은 둔덕처럼 자리잡은 하안단구 위에 취락과 농경지가 입지하고 있다.

산에 둘러싸인 평지인 분지가 됩니다. 정확히 말해서 분지에는 지각운동의 결과로 생겨난 구조분지가 있고, 하천의 침식으로 만들어진 침식분지가 있습니다. 침식분지는 침식에 비교적 약한 기반암이 하천에 더 많이 침식되어(차별침식) 평야를 이루고, 더 단단한 기반암이 덜 침식되어 주변의 산지로 남은 것입니다.

  침식분지는 하천의 침식작용으로 생겨난 만큼 큰 하천이 흘러 물이 풍부합니다. 하천이 지표면을 침식하고 무기염류와 유기물을 퇴적하는 과정이 이어져서 땅도 비옥하지요. 하천이 땅을 파고들며 침식하다 보니 장마철 홍수로부터도 비교적 안전합니다. 게다가 분지 주변의 산지는 추운 겨울에 땔감을 제공하고, 유사시에는 외적을 방어할 요새 구실도 합니다. 연교차가 크고 특히 여름이 무덥다는 단점도 있지만. 그럼에도 수많은 지리적 이점이 있기에 한반도의 오랜 취락이나 도시는 대부분 분지에 있습니다.

파괴하고 건설하는 파도의 힘

***

한반도는 삼면이 바다로 둘러싸인 반도 지형입니다. 지구상에는 바다를 접하지 않는 내륙 국가도 많지만, 바다에 면한 나라가 훨씬 더 많습니다. 해안에는 파도, 즉 파랑이 밀려옵니다. 해수가 순환한 끝에 해안으로 밀려오면서 일어나는 파랑은 그 자체의 에너지도 강하거니와 모래, 자갈, 조개껍데기 등 다양한 물질을 운반해 오기도 하지요. 파랑은 해안으로 밀려와 부서지면서 해안지형을 침식하고 파괴하는 한편(파괴파랑), 입자나 물질을 해안으로 운반해 지형을 만들기도 합니다(건설파랑).

파랑의 침식은 해안에 다양한 지형을 형성합니다. 해안가에서 파괴파랑이 많이 충돌하는 지점은 침식이 빠르게 일어나고, 그렇지 않은 지점은 느리게 일어납니다. 이러한 차별침식은 해식애, 해식동, 시스택, 시아치 등 다양한 유형의 해안지형을 만들어내지요. 일출 명소로 유명한 강원도 동해시의 추암 촛대바위 역시 파랑의 차별침식이 만들어낸 시스택입니다. 추암은 원

강원도 동해시 추암해수욕장의 촛대바위. 촛대바위와 같이 파괴파랑의 차별침식으로 만들어진 굴뚝 모양의 지형을 시스택이라 한다.

래 큰 바위였지만, 파랑의 침식을 많이 받은 부분은 깎여나가고 침식을 덜 받은 부분은 촛대처럼 남아 오늘날의 모습이 되었습니다.

건설파랑으로 만들어진 해안지형으로는 해빈海濱이 있습니다. 흔히 모래사장 또는 백사장이라 부르지만, 엄밀히 말해 해빈은 모래만으로 이루어진 지형이 아닙니다. 해빈 중에는 자갈로 이루어진 해빈도 있고, 잘게 부스러진 조개껍데기인 패사貝沙나 홍조류가 석회 성분을 흡수해서 만들어진 홍조단괴 해빈도 있습니다. 모래로 이루어진 해빈, 즉 사빈沙濱 또한 구성 성분에 따라 색깔이 달라집니다. 석영, 규소 등 밝거나 투명한 색을 가

제주도 삼양해수욕장의 모래는 규소 성분의 함량이 낮거나 없어 어두운 빛깔을 띤다.

진 성분의 모래가 퇴적되면 백사장이 되고, 색이 어두운 퇴적암이나 현무암이 풍화되어 만들어진 모래가 퇴적되면 흑사장이 됩니다. 제주도는 기반암인 현무암이 풍화된 검은 모래가 퇴적되어 나타나는 흑사장 해수욕장이 여럿 있습니다.

조수간만의 차도 해안지형의 형성과 변화에 영향을 미칩니다. 대표적인 사례가 바로 갯벌이지요. 조수간만의 차가 크면 갯벌이 발달합니다. 과거에는 갯벌을 쓸모없는 땅이라 여겨 매립하고 간척하는 경우가 많았습니다. 하지만 최근에는 갯벌이 생태와 환경에서 차지하는 중요성이 알려진 데다 갯벌에서 얻을 수 있는 자원의 경제적 가치도 높아졌습니다. 그러다 보니 이미 메운 간척지를 갯벌로 되돌리려는 역간척 사업을 하기도 하지요.

조수간만의 차는 해빈의 형성에도 영향을 미칩니다. 조수간만의 차가 적을수록 퇴적물이 해안에 잘 퇴적되므로 해빈의 발달에 유리합니다. 서해안보다 동해안의 해수욕장이 대체로 규모가 더 큰 것도 동해안이 조수간만의 차가 더 적기 때문이지요.

한 걸음 더 읽기

지리학과 해양학

지표면 위에 물이 차서 형성된 바다는 지표공간을 다루는 지리학과 접점이 많습니다. 지리학자들은 해안지형뿐만 아니라 해류의 순환, 해수 온도의 변화 등도 중요하게 다룹니다. 하지만 해안이 아닌 바다 자체는 지리학보다는 해양학에서 주로 다루는 영역입니다. 해양학은 19세기 중반 무렵부터 지리학, 지질학, 생물학 등을 모태로 등장한 뒤, 19세기 후반에서 20세기 초반에 접어들며 독자적인 학문 영역으로 발전했습니다.[28]

거대한 빙하가 지표면에 남긴 흔적
***

빙하는 오늘날에는 극지대나 고산지대에서만 볼 수 있지만, 지금으로부터 1만~1만 2,000년 전만 하더라도 지표공간의 대부분이 빙하에 덮여 있었습니다. 빙하는 거대하고 무거운 얼음덩

뉴질랜드 남섬의 관광 명소 와카티푸호수.

어리 혹은 그 덩어리가 느린 속도로 움직이는 흐름을 말합니다. 그 규모가 우리의 상상을 초월할 정도로 워낙 큰 데다 무게도 대단해서 빙하가 지나간 자리에는 거대한 흔적이 남게 마련입니다.

 빙하가 만든 지형으로는 대표적으로 빙하호가 있습니다. 빙하기에 거대한 빙하가 있던 땅이 눌려서 파이면 빙하기가 끝난 뒤에 그곳에 물이 고여 호수가 생기는데, 이것이 빙하호입니다. 지구상에 존재하는 규모가 큰 호수들은 빙하호인 경우가 많습니다. 빙하호인 미국의 오대호는 한반도 전체 면적보다도 더 넓습니다. 뉴질랜드의 관광 명소인 와카티푸호수 역시 빙하호입니다. 환상적인 절경을 자랑하며 번지점프의 메카로도 유명한 이 호수는 총길이가 무려 80킬로미터에 달해 관광용 증기선을 운행할 정도이지요.

바람이 깎아내고 쌓은 풍경

***

바람 역시 지형의 형성과 변화에 영향을 미칩니다. 여기서 주의할 점은 지형을 만들고 바꾸는 것은 바람 자체가 아닌 바람에 의해 운반되는 각종 물질이라는 사실입니다. 바람에 날려온 모래나 먼지는 지형지물에 부딪혀 풍화와 침식을 일으키고, 땅에 퇴적됩니다.

바람에 날려오는 입자의 양은 생각 이상으로 많습니다. 퇴적되면 새로운 지형이 만들어질 정도이지요. 해안지대나 사막 등지의 모래언덕, 즉 사구沙丘가 그 대표적인 사례입니다. 사구는

충남 서천군 다사리 사구. 바람에 운반된 모래가 사구를 형성했고, 그 위에 방풍림이 조성되어 있다.

바람이 운반한 모래가 퇴적되어 형성됩니다. 사막에도 사구가 있지만, 해안에 형성되는 사구도 있으며, 이러한 해안사구에는 사막과 달리 풀이나 나무가 자라기도 합니다. 해안사구는 건조한 기후 때문에 형성된 것이 아니기 때문이지요.

우리나라의 대표적인 해안사구는 신두리 사구인데, 다행히도 보전이 잘된 편입니다. 동해안 등지의 해안사구에는 조림 작업이 이루어져 원형을 알아보기 어려운 경우가 많습니다. 언젠가 여행사에서 일본의 사막 체험을 관광 상품으로 파는 것을 보았는데, 엄밀히 말해 일본의 사막은 사막이 아니라 돗토리현 등지에 형성된 해안사구입니다. 관광이야 즐거우면 그만이지만, 지리학자가 보기에는 황당한 일이기도 하지요.

바람에 날려온 먼지가 쌓여 변질된 황색의 퇴적물을 뢰스löss라 부릅니다. 먼지가 쌓였다고 하니 조금 하찮게 보일지 모르지만, 이래 봬도 굉장히 비옥한 토양입니다. 우리말로는 '황토'라고 부르는 그것입니다. 뢰스가 대량으로 퇴적된 곳이 바로 중국 황허강 중류의 황투고원입니다. 황투고원은 땅이 기름진 데다 황허강을 끼고 있어서 고대 중국 문명의 중심지 역할을 했습니다. 옛적에 장안이라 불리며 여러 중국 왕조의 도읍지로 영광을 누렸던 중국 시안시 역시, 황투고원 일대에 자리해 있습니다.

기후: 땅 위를 물들이는 하늘의 힘

한옥과 온돌, 김장, 한복…… 이것들은 모두 우리 조상의 수준 높은 과학과 지혜가 반영된 소중한 전통문화입니다. 그런데 왜 우리 조상들은 이런 문화를 발달시켰을까요? 다른 무엇도 아닌 한옥과 온돌, 김장과 한복이 우리의 전통문화가 된 이유가 있을까요?

그 이유는 기후와 관계가 깊습니다. 우리 조상들은 사계절의 변화가 뚜렷한 한반도의 기후에 적응하며 문화를 발전시켰습니다. 겨울에는 혹한이 불어닥치고, 강수량 대부분이 장마철에 집중되며, 여름에는 무더위가 찾아오는 사계절에 적응해야 했지요. 특히 길고 추운 겨울은 전근대 사람들에는 매우 가혹한 시기였습니다. 농사를 짓기 어려워 신선한 식재료를 구하기 힘들고, 혹한에 목숨을 잃을 수도 있었지요. 한반도의 겨울을 견디기 위해 조상들은 난방 효율을 높일 수 있게 비교적 좁은 방에서 살면서 온돌로 난방을 하고 두꺼운 솜옷을 입으며 김장하는 문화를 발달시켰습니다. 겨울철 혹한에 비할 바는 아닐지라도 한여름의 무더위 역시 만만찮았기에 조상들은 뙤약볕을 막고 더위를 식힐 수 있게 집에 큰 처마와 대청마루를 설치하고, 바람이 잘 통하는 삼베옷을 입었습니다. 요컨대 한옥과 김장, 한복은 한반도의 기후에 적응하며 살아가기에 적합하게 발달한 과학적인 산물입니다.

외국의 전통문화가 한반도의 전통문화와 다른 까닭도 기후의 차이에서 비롯된 면이 큽니다. 일본의 주택에는 뗐다 붙였다 할 수 있는 벽과 문짝을 달고, 두꺼운 돗자리처럼 생긴 다다미를 바닥에 깝니다. 일본인이 이런 식의 집을 짓는 것은 지진이 자주 발생하기 때문입니다. 붙이고 뗄 수 있는 벽과 문짝은 얇고 가볍습니다. 그리고 바닥의 다다미는 두껍고 푹신하지요. 이런 집은 지진이 일어났을 때 상대적으로 덜 위험합니다. 이러한 일본의 전통 가옥 구조는 겨울이 상대적으로 덜 추운 데다 여름이 극도로 고온다습한 기후환경에 적응하기에도 유리합니다. 일본의 여름철에는 무더위와 습기를 이겨내는 일이 무엇보다 중요했기에 바람이 잘 통할 수 있게 얇은 벽과 문을 붙였다 뗄 수 있게 만들었고, 바닥도 습도 조절에 도움이 되는 다다미를 깔았지요.

지구상에는 다양한 기후가 존재합니다. 기후는 지형의 형태에 영향을 주지만, 동식물의 생육에도 영향을 미치지요. 따라서 지표공간의 자연환경은 기후에 따라 다양한 형태로 나타납니다. 인간의 삶과 사회·문화의 양상 또한 기후와 자연환경의 영향을 받아 다양하게 나뉘지요. 그래서 지리학자들은 기후의 다양성이 인간과 주고받는 상호작용에 큰 관심을 두고 연구하고 있습니다.

기후를 나누는 기준이 되는 식물의 생태

***

열대·온대·한대·건조 기후와 같은 용어는 아마 여러분도 익숙하시리라 믿습니다. 일상에서도 널리 쓰이는 이런 용어는 기후학이라는 학문 분야에 쓰이는 기본 개념이기도 합니다. 그렇다면 이런 식으로 기후를 구분하는 기준은 무엇일까요? 한반도의 여름은 어지간한 아열대 지역보다 무덥고, 한반도 북동부의 겨울은 온대 지방의 겨울이라 보기 어려울 정도로 추운데도 한반도는 대개 온대기후에 속하는 지역으로 구분합니다. 그 까닭은 무엇일까요?

지구상에 복잡하고 다양한 기후 체계를 만드는 근본적인 요인은 태양에너지와 대기 그리고 물입니다. 태양에너지는 지구에 도달해 지표면과 대기 그리고 바닷물을 데웁니다. 지구는 둥근 데다 자전축이 기울어져 있으므로 위도에 따라 태양에너지가 도달하는 정도에 차이가 나지요. 그리고 지구의 대기는 태양에너지가 금세 빠져나가지 않게 잡아두는 역할을 합니다. 태양에너지를 흡수한 대기는 위도에 따라 온도의 차이가 나므로 일정한 패턴에 따라 순환하게 됩니다. 바다와 호수, 하천에 존재하는 물 역시 태양열을 받아 증발해 구름이 되고, 눈이나 비가되어 다시 지표면으로 떨어집니다. 태양에너지와 대기 순환의 영향을 받은 바닷물은 해류가 되어 흐르고, 해류는 또다시 대기 순환과 기온에 영향을 미칩니다. 그러면서 지구에는 다양한 기후가 생겨나지요. 한반도보다 훨씬 위도가 높은 서유럽의 겨울은 한반도의 개마고원만큼 겨울이 혹독하지 않습니다. 그 이유는 연해주 해류 등 한류의 영향을 받는 한반도와 달리, 서유럽은 세계 최대의 난류인 멕시코만류의 영향을 강하게 받기 때문이지요.

오늘날 기후학의 바탕을 이루는 기후구분 체계는 독일계 러시아인 지리학자 블라디미르 쾨펜Wladimir Köppen의 작품입니다. 쾨펜은 기후에 따라 식생이 달라지는 데 주목했습니다. 식생植生, vegetation이란 지표면에 생육하고 있는 식물의 집단을 말합니다. 침엽수림, 활엽수림, 열대우림, 사바나 등이 그 예지요. 식물은 기후에 민감합니다. 동물도 기후에 민감하기는 하지만, 식물과 달리 이동할 수 있습니다. 반면 식물은 움직이지 못하고 한곳에서만 서식하기 때문에 삼림이나 초원과 같이 지표면에 드러나는 면적이 큰 군집을 이룹니다. 따라서 동물의 생태보다는 식생을 관찰하는 편이 기후를 구분하는 데 훨씬 효과적이고 유

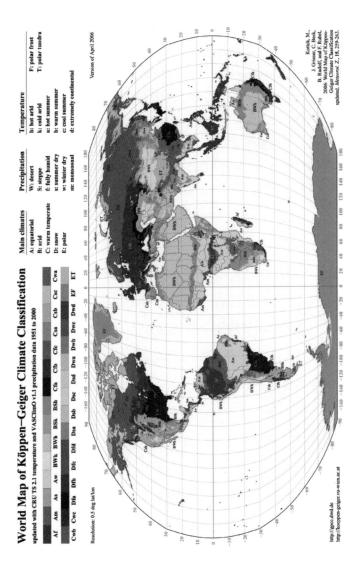

World Map of Köppen–Geiger Climate Classification

updated with CRU TS 2.1 temperature and VASClimO v1.1 precipitation data 1951 to 2000

Main climates	Precipitation	Temperature	
A: equatorial	W: desert	h: hot arid	F: polar frost
B: arid	S: steppe	k: cold arid	T: polar tundra
C: warm temperate	f: fully humid	a: hot summer	
D: snow	s: summer dry	b: warm summer	
E: polar	w: winter dry	c: cool summer	
	m: monsoonal	d: extremely continental	

Af Am As Aw BWk BWh BSk BSh Cfa Cfb Cfc Csa Csb Csc Cwa
Cwb Cwc Dfa Dfb Dfc Dfd Dsa Dsb Dsc Dsd Dwa Dwb Dwc Dwd EF ET

Resolution: 0.5 deg lat/lon

Version of April 2006

http://gpcc.dwd.de
http://koeppen-geiger.vu-wien.ac.at

Kottek, M.,
J. Grieser, C. Beck,
B. Rudolf, and F. Rubel,
2006: World Map of Köppen-
Geiger Climate Classification
updated. Meteorol. Z, 15, 259-263.

쾨펜의 기후구분 체계에 따른 전 세계 기후 분포도.

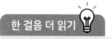

기후학과 기상학

날씨와 기후를 다루는 학문에는 기후학 외에도 기상학이 있습니다. 기후나 기상이나 비슷하게 들리지만 두 학문 분야는 분명하게 구분됩니다. 기후학은 장기간(대개 30년 기준)에 걸친 지표공간의 기후 분포 및 변화 패턴을 연구하는 학문으로, 통계학에 기반을 두는 면이 큽니다. 반면 기상학은 물리학 이론에 토대를 두며, 국지적이고 즉각적인 기상 현상을 분석하고 예측하는 데 주안점을 둡니다.

용합니다.

쾨펜은 일 년 중 가장 기온이 낮은 달인 최한월과 가장 기온이 높은 달인 최난월의 평균기온과 연평균 강수량을 기후를 구분하는 기준으로 사용했습니다. 최한월·최난월 평균기온과 연평균 강수량은 식물의 생장과 식생의 분포에 결정적인 영향을 미치기 때문에 기후를 구분하는 기준으로 삼기에 적합하지요. 식생과 기후는 동물의 생육과 농축산업에도 밀접한 관련이 있기 때문에 지표공간에 존재하는 인간과 문명을 이해하는 데도 중요합니다.

쾨펜의 기후구분 체계는 크게 열대·건조·온대·냉대·한대의 다섯 가지 유형으로 구성되며, 그 외에 고산지대에서 특징적으로 나타나는 고산기후도 있습니다. 다섯 가지 기후 유형은 또다시 기온과 강수의 세부적인 패턴에 따라 여러 하위 유형으로 나뉩니다.

열대기후: 생태계의 보고이자 인류의 고향

***

저위도 지역은 태양에너지를 많이 받기 때문에 지표면의 온도와 기온이 높습니다. 쾨펜은 최한월 평균기온이 섭씨 18도 이상인 기후를 열대기후라 분류하는데, 열대기후 지역은 주로 저위도에 분포하지요. 2023년 기준으로 대한민국의 5월 평균기온이 17도가 조금 넘으니[29] 열대기후는 가장 추운 시기의 날씨가 우리나라의 5월 정도인 셈입니다.

열대기후 가운데 일 년 내내 많은 비가 내리는 유형을 열대우림기후라 부릅니다. 연평균 강수량이 2,000밀리미터가 넘고, 매월 고르게 많은 비가 내립니다. 연 강수량이 1,300~1,500밀리미터이고, 그중 대부분이 장마철에 집중해 내리는 우리나라와 비교해보면 열대우림기후가 얼마나 비가 많이 내리고 습한지 가늠할 수 있습니다. 열대우림기후는 대개 저위도 지역 중에서도 습기가 매우 많은 기단이 지나는 곳에 발달합니다. TV 다큐멘터리에 종종 나오곤 하는 아마존강 유역의 모습에 열대우림기후의 특징이 잘 담겨 있지요.

열대우림기후는 사람이 살기에 그다지 적합한 환경이 아닙니다. 너무 무더운 데다 비가 많이 내려서 빗물에 토양의 영양분이 씻겨 내려가 농사를 짓기도 어렵습니다. 그래서 열대우림에 사는 사람들은 대개 소규모 씨족이나 부족을 이루어 수렵·채집을 하거나 화전을 일구며 살아가지요. 물론 오늘날에는 싱가포르처럼 현대의 과학기술에 힘입어 열대우림기후 지역에 도시가 발달하는 경우도 있습니다.

열대우림기후는 수많은 동식물이 살아가는 생명의 터전이자 생태계의 보고입니다. 특히 열대우림에서는 그 기후에 적합한 식물의 광대한 군집이 광합성을 하며 이산화탄소를 흡수하고 산소를 내뿜지요. 아마존과 아프리카의 열대우림은 지구의 허파라고 불립니다.

열대우림기후와 달리 습한 기단과 건조한 기단이 계절별로 이동하면서 건기와 우기가 뚜렷하게 나뉘는 기후를 사바나기후라 부릅니다. 사바나기후는 우기에는 습윤하지만 건기가 길게 이어지기 때문에 바오바브나무와 같이 건기를 잘 견디는 나무와 초원이 혼재하는 경관이 나타납니다. 사자와 기린, 영양이 뛰노는 사바나의 경관은 동물 다큐멘터리의 상징과도 같지요. 사바나 역시 지구 생태계에 아주 중요합니다.

여담으로 현생인류의 발원지는 사바나기후에 가까운 환경이었다고 합니다. 이 때문에 사바나 기후대에서 주로 나타나는 경관을 많은 사람이 선호하고 편안하게 느끼는 경향이 있다고도 하지요. 이를 사바나 가설이라고 합니다.[30] 물론 최근에는 이 가설을 비판하고 반박하는 연구도 이루어지고 있습니다.[31]

동남아시아와 브라질 북동부 등지에는 열대 계절풍, 즉 몬순 monsoon의 영향을 받는 열대몬순기후가 나타납니다. 계절풍은 대륙과 바다의 온도 차로 인해 일어나는 바람으로, 한 해를 주기로 풍향이 일정한 패턴을 이루며 바뀝니다. 열대몬순기후에서도 우기와 건기가 존재하지만, 강수량의 차이는 사바나기후보다는 적은 편입니다.

열대몬순 기후대에서도 열대우림이 나타나는 경우가 많습니다. 강수량이 열대우림기후 못지않게 많고, 건기가 있지만 열대우림이 자라기 힘들 정도로 건조하지는 않기 때문입니다. 열대몬순기후가 나타나는 지역은 많은 인구를 품고 있기도 합니다. 베트남이나 방글라데시 등지의 삼각주는 토양이 매우 비옥하고, 강수량이 풍부해 인구부양력이 높은 세계적인 곡창지대입니다.

건조기후: 나무와 작물이 자라지 않는 땅

***

건조기후는 기온이 아니라 강수량으로 구분합니다. 수분의 증발량이 너무 많거나, 지형 때문에 비구름이 도달하기 어렵거나, 기온이 너무 낮아서 수분의 증발과 강수 자체가 일어나기 어려운 환경에서 주로 나타나지요.

쾨펜은 연평균 강수량이 500밀리미터 미만인 경우를 건조기후로 분류하는데, 그중에서도 연평균 강수량이 250밀리미터도 되지 않는 극심한 건조기후를 사막기후라 부릅니다. 사하라사막은 뜨겁고 건조한 기단의 영향으로 수분의 증발이 매우 활발한데 비도 거의 내리지 않아 형성된 사막입니다. 고비사막이나 타클라마칸사막은 워낙 내륙 깊숙이 자리 잡은 데다 험준한 산맥까지 가로막고 있어 비구름이나 습한 기단이 제대로 닿지 못해서 만들어졌습니다. 칠레의 아타카마사막은 칠레 앞바다에 흐르는 한류 때문에 바닷물의 증발량이 적어 비구름이 충분히 만들어지지 못해서 사막이 된 경우입니다.

의외로 남극이나 그린란드 같은 한대기후에 속하는 지역도 사막입니다. 일 년 내내 얼음으로 덮여 있지만, 기온이 너무 낮아 수분의 증발과 강수가 일어나지 않으므로 영구 빙설 사막이라 분류하지요. 사막은 강수량을 기준으로 하기 때문에 반드시 뜨겁고 메마른 지역만을 의미하지 않습니다. 우리가 흔히 떠올리는 모래사막 외에 암석사막 같은 다른 형태의 사막도 얼마든지 존재합니다.

극히 건조하고 척박한 사막에서는 소수의 동식물만이 생존할 수 있습니다. 사하라사막은 워낙 거대해서 사하라 이남의 아프리카를 다른 외부 세계와 교류할 수 없게 차단하는 역할을 해서 문명 발달 속도를 오랫동안 늦추기도 할 정도였습니다. 다만 사막에서도 지하수가 솟는 오아시스 주변에는 취락이나 도시가 형성됩니다. 고비사막과 타클라마칸사막의 오아시스 주변에는 고대부터 실크로드의 교역 도시가 발달했지요. 이슬람교의 성지인 사우디아라비아의 메카 역시 사막의 오아시스에 발달한 교역 도시가 종교의 성지로 거듭난 경우입니다.

건조하지만 사막보다는 조금 더 습윤한 기후를 스텝기후라 부릅니다. 스텝기후는 연평균 강수량이 250~500밀리미터입니다. 나무가 제대로 자라지 못할 정도로 건조하고 척박하기 때문에 본격적인 농사나 목축을 하기는 힘듭니다. 하지만 사막보다는 습윤한 덕택에 드넓은 초원이 발달하지요. 애초에 스텝steppe이라는 용어 자체가 초원을 뜻하는 러시아어 '스쩨쁘степь'에서 온 말입니다. 초원 덕분에 스텝에서는 예로부터 가축을 몰고 다니며 목초지를 찾아 주기적으로 주거지를 옮기는 유목이 발달했습니다.

스텝기후는 세계 각지에 분포하지만, 몽골 일대와 흑해 연안을 잇는 유라시아 스텝이 가장 면적이 넓습니다. 척박해 보이는 이 땅은 인류 문명사에 거대한 영향을 미친 지역입니다. 유라시아 스텝은 사하라사막과 달리 사람이 오갈 수 있는 환경이었기 때문이지요. 게다가 이곳은 말의 조상인 에쿠스 페루스equus ferus가 서식하는 땅이었고, 유라시아 스텝의 유목민은 이 동물을 가축으로 길들여 말로 만드는 데 성공했습니다. 말 덕분에 유라시아 스텝은 유라시아를 잇는 교역로 실크로드로 거듭날 수 있었고, 이곳에서 이루어진 문명 교류 덕택에 유라시아는 다른 대륙보다 월등히 빠른 속도로 문명을 발달시킬 수 있었습니다.[32] 아울러 스키타이, 흉노, 튀르크, 몽골 등 유라시아 스텝의 기마 유목민은 주기적으로 거대한 제국을 세우면서 인류사에 엄청난 영향을 미치기도 했습니다.

온대기후: 서구 문명을 꽃피운 살기 좋은 땅

***

온대기후는 최한월 평균기온이 영하 3도에서 영상 18도, 최난월 평균기온이 영상 10도 이상인 기후입니다. 이는 즉 따뜻하거나 더운 여름이 있다는 말이고, 겨울이 있어도 추위가 심하지는 않다는 뜻입니다.

지중해 연안이나 미국 캘리포니아주 일대에서 나타나는 지중해성기후는 일 년 내내 날씨가 따뜻하며 강수량이 많습니다. 여름은 고온 건조하고 겨울도 비교적 따뜻하지요. 여름에 장마철이 있고 겨울이 춥고 건조한 한반도와는 아주 상반되는 기후이기도 합니다. 지중해성 기후대에서는 고온 건조한 여름을 견딜 수 있는 두껍고 뺀질뺀질한 잎을 가진 식물(경엽식물)이나 줄기나 잎에 두꺼운 껍질을 가진 지중해성 식물이 자랍니다. 손으로 껍질을 벗길 수 있는 감귤과 달리 오렌지 껍질은 칼로 잘라야 할 정도로 두껍지요. 코르크나무의 속껍질은 여러 공예품 재료로 쓸 수 있을 만큼 두껍고 탄력 있습니다. 이처럼 지중해성 기후대에서 자생하는 식물들은 고온 건조한 여름에 수분을 빼앗겨 말라 죽지 않기 위해 껍질이 두껍게 발달했습니다.

지중해성기후는 맑은 날씨와 무덥지 않은 여름, 비교적 온화한 겨울 덕분에 휴양지나 관광지로 인기가 많습니다. 한마디로 사람이 살기에 매우 쾌청한 기후라고 할 수 있지요. 고대 그리스·로마 문명이 탄생한 지역 역시 지중해성기후입니다.

알프스산맥 이북 서유럽에서 주로 나타나는 유형의 온대기후를 서안해양성기후라 부릅니다. 앞서 살펴봤듯, 서유럽은 멕시코만류의 영향을 받아 위도에 비해 온난하고, 연중 비가 고르게 내립니다. 연교차가 비교적 적고 강수량도 고른 편이라 인간이 살기에 적합하지만, 비가 조금씩 자주 내리는 탓에 일조량이 부족한 편입니다. 갑작스레 내리는 비를 막아줄 모자나 외투, 우산이 서구에 발달한 까닭도 이러한 기후의 특징 때문이지요. 서안해양성기후 역시 유럽 문명이 발전하는 데 좋은 토대가 되었습니다.

냉대기후: 혹한의 겨울과 최소한의 여름
***

냉대기후의 '냉冷'은 '서늘하다'라는 뜻이지만, 한대기후와는 분명히 다릅니다. 서늘한冷 기후와 추운寒 기후의 차이는 무엇일까요? 그 답은 바로 여름의 유무입니다. 냉대기후는 최한월 평균기온이 영하 3도 미만이되, 최난월 평균기온이 영상 10도 이상입니다. 쉽게 말해서 온대기후보다 겨울이 확실히 춥지만, 길든 짧든 여름이 있는 기후가 바로 냉대기후입니다.

여름이 있다는 사실은 식물의 생태와 인류 문명의 발달에 주요한 영향을 미칩니다. 나무의 생장과 농업은 여름이 있어야 이루어질 수 있으니까요. 예를 들어, 러시아의 모스크바와 상트페테르부르크는 겨울의 혹한으로 유명합니다. 그 막강했던 나폴레옹 군대와 나치 독일군조차도 러시아의 겨울을 이기지 못하고 참패했을 정도이지요. 하지만 두 도시는 모두 유서 깊은 대도시로 각각 러시아의 옛 수도와 현 수도입니다. 혹한이 떠오르는 인상과 달리, 러시아 중·북부의 도시들은 여름이 있어서 대도시로 발전할 수 있었습니다.

겨울이 춥고 길지만, 여름이 온난하고 짧지 않은 냉대습윤기후 지역에는 많은 도시가 분포합니다. 미국과 캐나다, 북유럽과 러시아 동부의 대도시들이 이 기후대에 속하지요. '습윤'이라는 명칭에서 알 수 있듯이, 냉대습윤기후는 농사가 잘되는 곳이 많습니다. 세계적인 곡창지대인 우크라이나 서부의 농업지대, 캐나다 중·서부의 농업·목축지대 역시 냉대습윤기후에 속합니다.

냉대습윤기후보다 최한월 기온이 더 낮고 여름이 매우 짧은 형태의 냉대기후를 아극기후라 부릅니다. 아극기후는 평균기온이 영상 10도를 넘는 따뜻한 기간이 1~3개월 남짓으로, 짧은 여름이 끝나면 곧바로 겨울로 접어듭니다. 아극기후의 겨울은 최한월 평균기온이 영하 40도 이하로 내려갈 정도로 극심한 혹한이 불어닥칩니다. 심지어 러시아 북동부의 베르호얀스크는 1892년 2월 영하 67.7도를 기록한 적도 있습니다. 냉대습윤기후와 달리 아극기후는 도시가 발달하기에 적합하지 않습니다.

하지만 아극기후 역시 짧은 여름이 있으므로 나무가 자랄 수 있습니다. 이곳에는 타이가taiga라고 불리는 냉대성 침엽수림이 분포하지요. 광대한 침엽수림과 혹한으로 유명한 시베리아가 대표적인 아극기후 지역입니다.

한대기후: 순록의 땅 툰드라와 영구동토의 남북극
***
한대기후는 최난월 기온이 영상 10도에 미치지 못하는 기후입니다. 한마디로 여름다운 여름이 없는, 일 년 내내 추운 기후입니다.

한대기후 중에서도 최난월 평균기온이 영상인 기후가 툰드라기후입니다. 툰드라기후는 짧은 여름조차 없으므로 침엽수도 자라지 못합니다. 하지만 기온이 영상으로 올라가는 날이 있기 때문에 땅이 녹으며 지의류, 즉 이끼 종류의 식물이 자랍니다. 툰드라 기후대에서는 농사를 짓거나 큰 마을과 도시를 세우기 어렵지만, 지의류를 먹는 순록을 길들여 유목 생활을 할 수 있습니다. 산타클로스의 썰매를 끄는 루돌프는 사실 사슴이 아니라 툰드라의 순록입니다. 그러니 아마도 산타클로스는 툰드라의 유목민과 닮았을지도 모르지요. 최근에는 현대 기술을 활용해 툰드라에 온실을 짓고 약초나 특용작물 등을 재배하기도 합니다.

일 년 내내 평균기온이 영하인 기후는 극기후 또는 빙설기후라 부릅니다. '극기후'라는 용어에서 알 수 있듯이, 남극과 북극을 이르는 극지대 영구동토의 기후가 이에 속합니다. 극기후는 너무 추워서 소수의 연구 인력을 제외하면 그곳에서 살아가는 사람은 없습니다. 우리가 흔히 북극에 산다고 떠올릴 법한 이누이트도 정확히 말하면 툰드라기후나 아극기후에서 살아갑니다.

고산기후: 잉카 문명을 꽃피운 고원

***

해발 2,000미터가 넘는 고산지대에서는 독특한 기후가 나타납니다. 위도에 비해 기온이 낮고, 기압도 낮기 때문이지요. 높은 해발고도와 낮은 기압 때문에 사람이 살기 어려울 거라고 생각할 수 있지만, 오히려 그 덕분에 취락과 문명이 발달하기도 합니다. 잉카 문명은 해발 2,000~4,000미터에 달하는 지역에서 발달했습니다. 면적이 한반도보다도 넓은 알티플라노고원 덕분에 평지가 펼쳐져 있고, 강수량은 적지만 주변의 안데스산맥 빙하에서 물을 끌어올 수 있습니다. 게다가 저위도 지역인데도 고산기후 덕분에 기온이 비교적 온화해서 낮은 기압에만 적응하면 저지대보다 오히려 살기 좋은 환경이지요. 옛 잉카제국의 땅인 페루와 볼리비아의 대도시들 역시 대부분 알티플라노고원에 자리 잡고 있습니다.

2부

역사를 만들고
미래를 상상하는 지리의 힘

먼 옛날 사람들이 알던 세계는 오늘날 우리가 알고 있는 세계보다 훨씬 더 좁았습니다. 자기가 사는 곳에서 멀리 떨어진 장소나 지역에 대한 이해 수준 역시 현대인이 보기에는 크게 부족하거나 때론 기가 막힐 정도로 왜곡된 경우도 많았지요. 예를 들어, 고대 중국의 선구적인 지리책『산해경山海經』에서는 황허강 유역에서 멀리 떨어진 지역을 용과 봉황 등 온갖 상상 속의 생물과 괴물, 요괴가 있는 땅으로 묘사합니다. 이러한 인식은 제한된 교통과 과학기술 수준으로 그곳에 직접 가거나 소식을 들을 수 없었기 때문이기도 했지요.

호메로스의『오디세이아Odysseia』역시 고대 그리스인이 얼마나 세계를 제한적으로 이해하고 있었는지를 잘 보여줍니다.『오디세이아』이야기의 지리적 배경은 지중해입니다. 지중해에는『오디세이아』에 등장하는 외눈박이 거인 키클롭스라든가 노랫소리로 뱃사람을 홀리는 요괴 세이렌 같은 존재가 당연히 없습니다. 현대인의 관점에서 보면 대양도 아니고 물결도 잔잔한 편인 지중해를 무려 10년 동안 표류한 모험담이 잘 와닿지 않을 법합니다. 하지만 고대 그리스인에게 알려진 세계는 지중해 일대 정도에 불과했으니 지중해가 얼마나 크게 느껴졌을지 짐작할 수 있지요.

고대부터 사람들은 살기 좋은 장소를 찾기 위해, 돈을 벌기 위해 머나먼 곳으로 떠나 미지의 땅을 개척하는 시도를 계속해 왔습니다. 세상을 더 정확하고 폭넓게 보려는 노력 역시 끊임없이 이루어졌지요. 호메로스가 직접 읊은 『오디세이아』를 들었을지도 모를 고대 그리스인과 로마인도 지중해를 오가며 지도와 지리 지식을 발전시켰습니다.

유라시아를 동서로 이은 몽골제국의 등장, 그리고 15세기 말부터 유럽에 의해 이루어진 신항로 개척은 지리학 발전의 중대한 전환점이었습니다. 두 사건을 기점으로 세계지도는 눈에 띄게 정확해졌고, 인류의 지리 지식 역시 전에 없이 빠른 속도로 확장되었습니다. 먼 곳까지 안전하게 가는 길을 알려주는 지도 기술의 발달 덕분에 인류는 세계를 이전보다도 한층 넓고 자세하게 볼 수 있게 되었습니다. 이처럼 지리 지식의 축적은 인류 역사와 그 맥을 같이했고, 지리학의 발전은 인류 문명을 한 단계 더 높은 수준으로 이끌었습니다.

세계가 하나의 네트워크처럼 서로 이어지고 의존하게 된 오늘날의 세계화 시대에는 세계의 다양한 장소와 지역에 대한 이해, 그리고 다양한 정치·경제·사회·문화적 배경을 가진 주체들 간의 효과적인 의사소통이 필요해졌습니다. 그로 인해 지리학의 중요성도 더욱 커지고 있지요. 땅을 읽어내는 도구인 지도는 정보통신기술과 인공위성 기술의 발전과 결합해 지리정보기술로 이어졌고, 지리학의 또 다른 혁신을 이어나가고 있습니다. 2부에서는 선사시대 암벽화부터 스마트폰의 지도 어플리케이션까지, 지리학이 발전해온 역사를 톺아보고, 지리학의 가장 중요한 도구인 지도에 관해 알아보겠습니다.

3장

처음 공부를 위한
최소한의 지리학사

인류는 태생적으로 지리적 존재입니다. 선사시대부터 인류는 지표공간에서 지름길이나 식량을 구하기 쉬운 곳, 따듯하고 살기 좋은 곳, 적이나 맹수 혹은 자연재해를 피하기 쉬운 곳을 찾아다니며 살았습니다. 아마존 열대우림이나 뉴기니섬에 사는 원주민의 지능은 선진국 대도시에 사는 고학력자와 비교해도 절대 뒤떨어지지 않습니다.[33] 현대 문명의 혜택을 받지 못하니 오히려 생존을 위해서 항상 긴장을 풀지 않고 두뇌를 적극적으로 사용해야 했기 때문이지요. 안전한 장소와 위험한 장소를 구분하고, 지름길을 찾아내는 '원초적인' 지리의 눈은 어쩌면 선사시대 인류가 현대인보다 더 나았을지도 모릅니다. 이미 신석기 시대부터 육로와 바닷길을 통한 장거리 무역이 이루어졌다고 합니다.[34] 하지만 고대인의 지리 지식 수준은 당연히 현대인보다 훨씬 얕고 부정확했습니다. 그들의 '원초적인' 지리적 역량은 현대인보다 뛰어났을지 모르나, 축적된 지식이나 지표공간을 파악하는 도구는 훨씬 조악했으니까요.

  인류는 아득히 먼 옛날부터 지표공간에서 길과 쉼터를 찾고 위험을 피하며 살아왔지만, 지표공간을 체계적인 과학의 눈으로 바라보게 된 시기는 20만 년에 달하는 현생인류의 역사와 비교하면 매우 짧습니다. 이번 장에서는 그 짧지만 눈부신 역사를 살펴보겠습니다.

지리학의 기반이 된
역사와 수학

호메로스의 『일리아스』에서는 헤라, 아테나, 아프로디테 세 여
신의 미모 경쟁이 트로이전쟁을 불러왔다는 이야기가 있습니
다. 『일리아스』가 묘사하는 트로이전쟁의 과정에서는 영웅들의
용맹과 지략보다도 신들의 뜻이 앞섭니다. 전투가 벌어지면 신
의 가호를 받은 측이 승리를 거두고, 양쪽 다 신의 도움을 받을
때는 더 강하고 유능한 신이 편든 진영이 이기는 식입니다. 용
맹하지만 지혜롭지 못한 군신 아레스가 트로이 편을 들다가 용
맹과 지략을 겸비한 또 다른 군신 아테나의 도움을 받은 그리
스 용사 디오메데스가 휘두른 창을 맞고 도망가기도 하지요. 이
런 식의 서술은 문학적으로는 위대할지 몰라도 역사라고는 볼
수 없습니다. 어디까지나 문학이자 설화, 신화일 뿐이지요. 고
대 이전에는 동서고금을 막론하고 역사를 엄격한 사실에 바탕
해 기록하는 대신, 『일리아스』나 『오디세이아』처럼 신화나 구
비문학 형태로 전승했습니다.

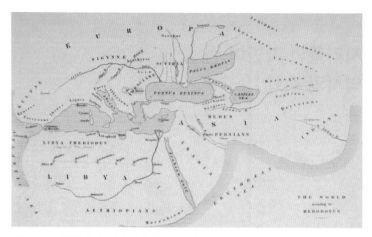

헤로도토스의 『역사』 속 지리 관련 내용을 바탕으로, 영국의 법조인이자 정치가였던 에드워드 번버리 경Sir Edward Bunbury이 1879년 제작한 지도.

　서구 역사학의 시조라 불리는 헤로도토스Herodotus의 『역사Historiae』는 역사의 전승 방식을 획기적으로 바꾸며 근대 역사학의 기초를 확립합니다. 『역사』는 신화나 비현실적인 요소를 배제하고 방대한 자료의 수집, 구체적인 자료 출처의 명시, 의문스러운 전승에 대한 교차검증을 통해 고대 페르시아전쟁을 정확하고 신빙성 있게 기록했습니다. 과거에 대한 기록을 신화나 전설 같은 이야기가 아니라 역사학의 수준으로 끌어올린 것이지요.

　헤로도토스는 『역사』를 저술하는 과정에서 다양한 장소와 지역에 대한 사실적인 자료를 대거 수집합니다. 그 범위는 그리스와 페르시아뿐만 아니라 페르시아 북동쪽의 스텝지대에 살던 스키타이족의 영역에까지 이르렀습니다. 가볼 수 있는 장소에는 직접 답사를 다녀오기도 했지요. 페르시아전쟁을 사실적으로 서술하려면 마라톤이나 살라미스해협, 테르모필라이와 같은 주요한 전쟁터뿐만 아니라 그리스와 페르시아의 지리적 환경이 어떠한지 제대로 알 필요가 있었으니까요.

그 덕분에 『역사』는 고대 서구 세계의 지리를 당대로써는 매우 정확하고 체계적으로 기술한 훌륭한 지리책이기도 합니다. 단순히 지형지물이나 도시, 지역 등을 사실적으로 재현한 수준을 넘어, 인간과 지표공간의 상호작용이라는 오늘날 지리학이 추구하는 관점도 많이 반영되었습니다.[35] 예를 들면, 이집트 지역이나 스텝지대의 자연환경이 그곳에 사는 사람들의 관습·문화와 어떤 관련이 있는지를 집중적으로 서술했지요. 그러다 보니 『역사』는 오늘날의 지리학자들에게도 중요한 연구 주제로 다루어지고 있습니다. 헤로도토스는 서구 역사학뿐만 아니라 지리학의 시조로도 여겨집니다.[36]

고대 그리스·로마의 수학 역시 지리학의 정립과 발전에 중요한 영향을 미쳤습니다. 지구와 지표공간의 형태를 정확히 파악하고 이를 바탕으로 정밀한 지도를 만들기 위해서는 수학 지식이 필수이니까요. 피타고라스의 정리로 유명한 고대 그리스의 철학자이자 수학자 피타고라스Pythagoras는 기하학적 탐구를 통해 지구를 기울어진 자전축을 가진 구형球形의 천체라는 논의를 제시합니다.[37] 에라토스테네스Eratosthenes는 수학과 천문학 지식을 바탕으로 역사상 최초로 지구의 둘레를 수학적으로 계산했을 뿐만 아니라, 지도의 바탕을 이루는 경위도 좌표체계를 고안하기도 했습니다.[38]

고대 로마의 자연과학자 클라우디오스 프톨레마이오스 Claudius Ptolemaeos는 지형지물의 거리와 각도 등을 정밀하게 계산했습니다. 특히 당대 로마의 영역이었던 지중해 일대를 상당히 정밀하게 재현할 수 있는 투영법投影法, projection이라는 수준 높은 지도 제작법을 고안했습니다.[39] 프톨레마이오스는 이집트 알렉산드리아의 우물에 드리운 태양의 그림자를 정밀하게 계산하고 분석해 태양을 비롯한 우주의 천체가 지구를 중심으로 공전한다는 천동설을 주장한 인물이기도 합니다. 오늘날에야 천동설을 옳다고 여길 사람은 없겠지만, 고대 수준에서는 매우 논리적이고 체계적인 학설이었고, 17세기까지 서구 세계에서 천문학과 지리학 지식을 이루는 근간이 되었습니다.

비단길과 바닷길로 열린
탐험의 시대

헤로도토스가 페르시아전쟁의 지리를 답사하고, 피타고라스와
프톨레마이오스가 수학 지식으로 지구의 모습을 측정하며 지도
제작술을 고안하는 가운데 지리학은 조금씩 발전해나갔습니다.
지도와 지리 지식은 사람들의 생활은 물론 통치와 행정, 외교와
전쟁에도 매우 요긴하게 쓰였습니다.

　이쯤에서 동양으로 한 번 눈을 돌려보겠습니다. 역사서 『삼
국지三國志』의 「위서魏書」 동이전東夷傳에서는 중국과 고구려·옥
저·동예 등 중국에 인근한 다양한 지역의 지리를 상세하게 기
록했습니다. 『삼국사기』 『고려사』 그리고 조선왕조의 『실록』 등
에도 지리지地理誌가 포함되어 있지요. 고대 로마의 첫 황제인
아우구스투스Augustus와 석고상 모델로 유명한 로마의 장군 아
그리파Agrippa는 로마의 영토 확보를 위한 정복 전쟁을 수행하면
서 당대로써는 매우 정교한 지도를 제작했습니다. 비록 역사서

는 아니지만 『삼국지연의』에서는 서촉西蜀의 군벌 유장劉璋의 무
능함에 실망한 신하 장송張松이 유비劉備와 몰래 접촉해 서촉지
형도를 건네주며 서촉 정벌을 권했고, 이는 유비의 촉한 건국으
로 이어집니다. 이처럼 동서고금을 막론하고 지리 지식은 개인
의 삶에서부터 국정이나 외교, 군사에 이르기까지 중요한 역할
을 해왔다고 할 수 있습니다.

하지만 고대와 중세에는 지리학이 고급 학문이나 지배계급이
하는 일로 여겨지지는 않았습니다. 고대와 중세 서양에서는 문
법·논리학·수사학·산술·기하학·음악·천문학을 '자유 7과'라
해서 귀족이나 지식인, 교양인이 배워야 할 과목으로 중요시했
지요. 여기에 지리학은 속해 있지 않습니다. 도읍의 입지 선정
에 결정적인 영향력을 행사할 정도로 풍수지리를 중시했던 조
선에서도 지관의 위상은 그렇게까지 높지 않았습니다. 조선에
서 지관은 잡과雜科를 통해 선발했는데, 잡과 급제자는 고위직
으로 승진하는 데 법적 제약이 있었고, 문과나 무과 급제자와
달리 양반이 아닌 중인 취급을 받았습니다.

사람들은 무역과 항해, 원정, 답사, 여행 등을 통해서 지리 지
식을 축적하고, 더 정확한 지도를 만들어갔습니다. 특히 여행기
와 견문록은 먼 곳의 자연환경과 인문환경을 전하며 사람들의
지리적 지평을 넓혀주었지요. 신라의 승려 혜초의 인도 성지순
례 견문록인 『왕오천축국전往五天竺國傳』은 인도는 물론이고 혜초
가 인도 순례를 위해 지나간 동남아시아·중앙아시아·페르시

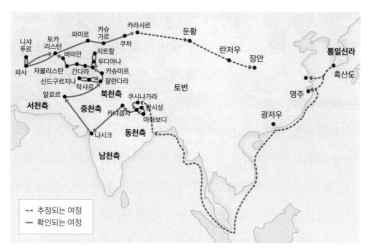

『왕오천축국전』을 집필한 혜초의 성지순례 여정.

아·동로마제국을 아우릅니다. 이 책은 불교 유적에 관한 종교
적 서술뿐만 아니라 유라시아를 잇는 문명 교류의 시공간적 맥
락, 이슬람교의 유입에 따른 중앙아시아의 지정학적 격변과 같
은 머나먼 이역의 지리에 대한 깊은 고찰을 담고 있습니다.[40]

　『서유기西遊記』의 삼장법사로 유명한 승려 현장玄奘 또한 고대
동아시아 지리학 발전에 큰 업적을 남긴 인물입니다. 현장은 세
계 제국 건설을 꿈꾸었던 당나라의 2대 황제 태종의 전폭적인
지원을 받아 불교 연구와 국제 정세 파악을 위해 여러 나라와
지역을 답사했습니다. 그 여정을 기록한 『대당서역기大唐西域記』
에서는 인도부터 중앙아시아까지 다양한 지역의 자연환경과 인
문환경을 매우 체계적으로 기술하고 분류해두었습니다.[41]

『대당서역기』가 나온 이후에 당나라는 중앙아시아에 거대한 영토를 확보하며 실크로드를 장악한 세계 제국으로 부상했습니다. 이로 미루어 생각해보면 당 태종 재위기(626~649년)에서 현종玄宗 재위기(712~756년)로 이어지는 당나라의 번영은 지리 지식의 도움을 많이 받았으리라 추측할 수 있습니다. 게다가 『대당서역기』는 천 년에 가까운 시간이 흐른 뒤인 16세기에 『서유기』 창작으로도 이어졌으니,[42] 지리의 힘은 중국 문화를 대표하는 고전문학의 창작에도 큰 영향을 미친 셈이지요.

서구에서도 답사기와 견문록은 계속 출간되었고, 이는 중세 서구인의 세계관과 지리 인식의 지평을 넓히는 데 크게 이바지했습니다. 그러던 중 유라시아를 동서로 연결하는 광대한 영토를 가진 몽골제국이 등장합니다. 몽골제국의 등장은 유라시아의 지리 지식에 혁신적인 변화와 발전을 가져왔습니다. 유목민이 세운 몽골제국은 실크로드 전역을 지배하며 무역이 안전하게 이루어질 수 있게 보호했고, 그 덕분에 실크로드 무역은 대대적으로 활성화되었습니다. 팍스 몽골리카Pax Mongolica라고 불리는 몽골제국의 전성기인 13~14세기에는 유라시아의 지역 간 교류와 답사도 활발하게 이루어지면서 인류의 지리 지식은 전에 없이 확대되었습니다.

중세 이슬람의 학자였던 이븐 바투타Ibn Battuta와 이븐 할둔Ibn Khaldun, 로마 가톨릭교회의 성직자였던 조반니 다 피안 델 카르피니Giovanni da Pian del Carpine와 빌럼 판 루브룩Willem van Rubroeck,

이탈리아 제노바의 상인 마르코 폴로Marco Polo 등은 학술 연구와 선교, 외교, 무역 등을 위해 실크로드를 따라 유라시아를 동서로 오갔습니다. 이들은 서양에 동양의 지리를, 동양에 서양의 지리를 알렸습니다. 마르코 폴로는 『동방견문록』에서 일본을 집집마다 황금으로 지붕을 만드는 곳이라고 묘사했는데, 그 내용의 진위와는 별개로 수많은 서양인이 일확천금의 환상을 품고 동양으로 향하는 계기가 되었습니다. 이는 15~16세기의 신항로 개척으로 이어지며 인류사의 거대한 전환점이 됩니다.

근현대 지리학에 비할 바는 아니지만, 신항로 개척 이전에도 학문으로서의 지리학 연구는 이루어지고 있었습니다. 알베르투스 마그누스Albertus Magnus의 저서 『자연지리서Liber de Natura Locorum』는 그 대표적인 사례입니다. 알베르투스 마그누스는 주교 직위를 역임한 로마 가톨릭교회의 고위 성직자이자 학자입니다. 중세 그리스도교 신학의 거목 토마스 아퀴나스Thomas Aquinas를 제자로 길러냈고, 자연과학 연구에 천착해 중세 유럽의 과학 발전에 크게 기여했던 사람이지요. 그러한 업적 덕분에 가톨릭교회로부터 성인으로 시성되었을 뿐만 아니라 마그누스, 즉 위대한 인물이라는 영예로운 칭호까지 얻었습니다. 그는 『자연지리서』에서 인간과 동물의 생존 여부 및 생태가 위도 차에 따른 자연환경 변화와 밀접한 관계가 있음을 밝혔고, 적도 부근에서도 사람이 살 수 있다는 사실을 발견해 서구의 고대 지리학이 범해온 오류를 바로잡았습니다.[43]

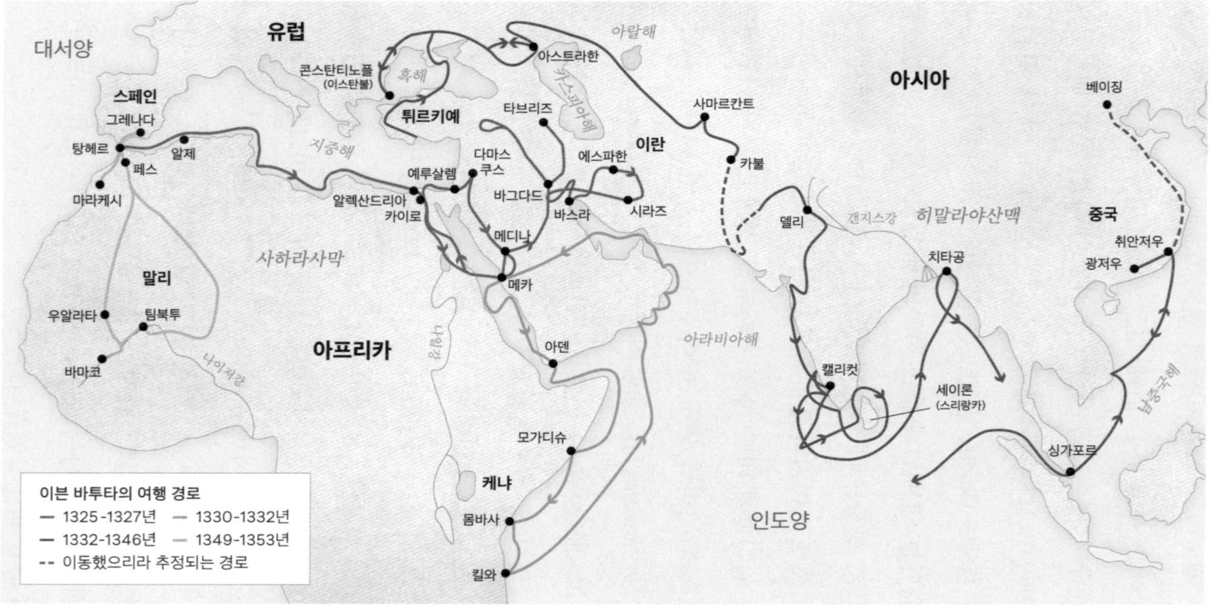
유럽
대서양
콘스탄티노플
(이스탄불)
흑해
스페인
그레나다
탕헤르
알제
페스
마라케시
지중해
튀르키예
아스트라한
아랄해
카스피아해
타브리즈
다마스
쿠스
예루살렘
알렉산드리아
카이로
바그다드
바스라
에스파한
이란
시라즈
메디나
메카
사마르칸트
카불
아시아
베이징
델리
갠지스강
히말라야산맥
중국
취안저우
광저우
치타공
사하라사막
말리
우알라타
팀북투
바마코
나이저강
아프리카
나일강
아덴
아라비아해
캘리컷
세이론
(스리랑카)
남중국해
싱가포르
모가디슈
케냐
몸바사
킬와
인도양
이븐 바투타의 여행 경로
1325-1327년
1330-1332년
1332-1346년
1349-1353년
이동했으리라 추정되는 경로

모로코 출신의 학자 이븐 바투타의 여행 경로.

지리학의 터닝포인트, 신항로 개척

***

15세기 이후 포르투갈과 스페인은 대서양과 인도양, 태평양으로 배를 띄우며 신항로 개척의 깃발을 올렸습니다. 이후 유럽인들은 인도, 동남아시아 그리고 신대륙으로 진출하면서 영토와 무역로 확보를 위한 경쟁에 열을 올리게 됩니다. 새로운 항로를 통한 무역은 그들에게 막대한 이익을 가져다주었으니까요.

그런데 신대륙이나 아시아를 오가는 원양항해는 무척 위험한 일이었습니다. 일기예보도, 첨단 통신장비도 없던 시절에 목조 범선으로 대양을 항해하는 일은 오늘날과는 비교하기 힘들 정도로 위험천만한 일이었지요. 유럽 안이야 서구인이 수천 년 넘도록 살아온 삶의 터전이었으니 길도 잘 닦아놓고 지도도 제법 잘 만들어져 있었지만, 유럽 바깥의 항로와 대륙은 달랐습니다. 대양과 신대륙, 아시아에는 미지의 영역이 훨씬 더 많았고, 지도 역시 매우 부정확했습니다. 원양항해를 하다가 뱃길을 잃거나, 난데없이 폭풍이나 암초를 만나 좌초되거나, 해적의 습격을 받아 선박이 나포·파괴되는 일은 그리 드문 일이 아니었지요.[44]

이러한 위험은 전에 없는 지리학의 발전을 이끌었습니다. 거대한 미지의 영역이었던 대양을 항해해야 할 일이 늘어나니, 정확한 지도와 뛰어난 측량 장비의 수요가 폭증했기 때문이지요. 그저 정확한 수준을 넘어 서구인들이 알고 있던 세계 바깥의 영역까지 측량하고 재현할 수 있는 고도의 지도 제작술과 측량

네덜란드 화가 얀 베르메르Jan Vermeer의 「지리학자The Geographer」. 네덜란드는 당대 유럽 지도 제작 기술의 중심지였다.

술이 절실해졌습니다.

16세기 무렵부터 유럽 각지에서 정확한 세계지도와 지구본 제작을 위한 지도 제작술의 발전과 혁신이 이어졌습니다. 특히 17세기 세계 해양 무역 네트워크를 지배했던 네덜란드는 당대 지도 제작술의 메카이기도 했습니다. 네덜란드의 지리학자 헤르하르뒤스 메르카토르Gerardus Mercator는 오늘날에도 쓰이고 있는 지도 제작 기법인 메르카토르도법을 고안해냈지요. 메르카토르도법의 발명은 네덜란드뿐만 아니라 전 세계의 지도 제작술을 획기적으로 발전시킨 지리학 역사의 대전환점이었습니다.

17~18세기에는 또 다른 신대륙인 호주가 서양인들이 만든 세계지도에 등장합니다. 17세기 초·중반 아벨 타스만Abel Tasman을 비롯한 네덜란드 항해사들은 호주 북부와 태즈메이니아섬, 뉴기니, 뉴질랜드 등 태평양에 있는 광대한 땅들을 발견합니다. 이 땅들은 17세기에는 큰 관심을 못 받았지만, 18세기 후반 이후에는 영국을 필두로 한 유럽 열강의 식민지가 됩니다. 유럽 국가들의 국력이 점차 커지면서 훨씬 더 넓은 식민지를 거느릴 여력이 생겼기 때문이지요. 특히 '캡틴 쿡'이라는 별명으로 알

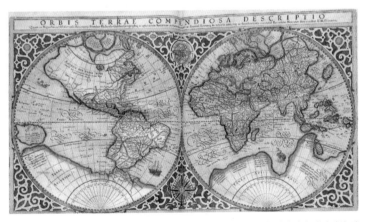

메르카토르도법으로 제작된 세계지도. 헤르하르뒤스 메르카토르의 삼남이자 아버지와 마찬가지로 지도 제작자로 명성을 떨친 루몰드 메르카토르Rumold Mercator가 1587년 제작해 1595년 발표했다.

려진 영국의 탐험가 제임스 쿡James Cook은 호주 대륙의 남동부 해안지대를 발견했고, 그곳에 유럽인들이 이주하며 호주는 또 다른 신대륙이 되었습니다. 물론 쿡의 호주 대륙 발견은 스페인의 신대륙 발견과 마찬가지로 원주민들에게는 침략과 박해·학살의 역사가 시작되는 끔찍한 순간이었지요.

이후 원양항해의 빈도와 규모는 계속해서 늘어갔고, 잇따라 측량 장비와 기술도 혁신을 거듭했습니다. 이러한 혁신을 대표하는 발명품이 바로 육분의와 크로노미터입니다. 육분의sextant는 60도 각도(원의 각도인 360도의 6분의 1)를 이루는 정밀한 측정 장치와 망원경, 거울 등의 광학 장비를 결합한 도구입니다. 태양과 달, 북극성 같은 천체의 고도를 측정하고, 이를 활용해 선박이 위치한 위도를 구할 수 있고, 거리도 측정할 수 있습니다.

천체의 고도를 측정해 구할 수 있는 위도와 달리 경도는 구하기가 좀 더 어렵습니다. 경도를 구하는 방법은 17세기에 고안됩니다. 시계가 정오를 가리킬 때의 태양 고도를 매일 육분의로 측정하면 지구의 자전으로 인해 값에 차이가 생깁니다. 그 차이를 계산해 경도를 구하는 방법이었지요. 따라서 선박의 경도상 위치를 측정하려면 정확한 시계가 필요했습니다. 18세기 중반 영국의 시계공 존 해리슨John Harrison이 선상에서 쓸 수 있는 튼튼하면서도 매우 정밀한 항해용 시계 크로노미터를 발명해냅니다. 크로노미터의 발명은 시계 기술과 위치 측정에 획기적인 혁신을 가져다주었지요.

육분의(왼쪽)와 크로노미터(오른쪽).

　육분의와 크로노미터 같은 측량 기술의 혁신으로 원양항해
는 더한층 안정적이고 활발하게 이루어졌습니다. 그 결과 세계
지도는 더욱 정확해졌고, 인류의 지리 지식 또한 한 걸음 더 진
보할 수 있었지요. 육분의와 크로노미터는 GPS가 일상적으로
쓰이는 오늘날에도 여전히 선박에 비치되고, 항해사들은 그 사
용법에 대한 훈련을 받습니다. GPS 등의 전자장비가 고장 나
는 경우에는 육분의와 크로노미터를 사용해 항해해야만 하니까
요. 근대 서구의 측량 기술 발전은 그 장비들이 오늘날까지 쓰
일 정도로 혁신적이었고, 지리학의 발전에도 큰 영향을 미쳤습
니다.

지리학의 토대를 놓은
두 명의 지리학자

19세기 초반에 이르러 지리학은 여행기나 지리지 수준을 넘어서 과학적이고 체계적인 근현대 학문으로 자리 잡습니다. 근대 지리학의 서막을 연 인물은 프로이센 출신의 알렉산더 폰 훔볼트Alexander von Humboldt와 카를 리터Carl Ritter입니다.

과학적 지리 답사의 선구자
***

훔볼트는 프로이센의 명문가 출신으로, 그의 형 빌헬름 폰 훔볼트는 베를린 대학교를 세우는 데 크게 공헌한 위대한 언어학자이자 철학자였고, 당대 프로이센의 외교를 책임지던 저명한 외교관이기도 했습니다. 식물학과 광산학을 전공한 훔볼트는 부친이 비교적 일찍 세상을 떠난 뒤, 물려받은 재산으로 1799년

남아메리카 답사를 떠납니다. 당시 남아메리카는 스페인과 포르투갈의 식민지였지만 유럽인이 지배하던 영역은 광산과 도시 부근 정도였습니다. 안데스산맥이나 아마존 열대우림 등지는 여전히 미지의 영역이었지요. 훔볼트는 식물과 광물의 표본을 얻기 위해 그러한 미지의 영역으로 향했습니다.

알렉산더 폰 훔볼트.

A 라코루냐에서 카나리아제도를 거쳐 쿠마나까지
B 오리노코강과 히우네그루강을 따라 75일간의 여정
C 누에바바르셀로나에서 아바나까지, 3개월간 쿠바 체류 후 트리니다드를 거쳐 카르타헤나까지
D 오늘날의 콜롬비아와 에콰도르, 페루를 거쳐 리마까지
E 과야킬에서 아카풀코까지, 멕시코시티에서 장기 체류 후 베라크루스를 거쳐 아바나로 귀환
F 워싱턴주 필라델피아를 거쳐 보르도까지

알렉산더 폰 훔볼트의 남아메리카 답사 경로.

사실 홈볼트 이전에도 머나먼 미지의 땅을 탐사한 사람은 적지 않았습니다. 헤로도토스부터 이븐 바투타, 이븐 할둔, 마르코 폴로, 콜럼버스 등이 있었지요. 하지만 홈볼트는 이들과 달랐습니다. 그는 당대의 최첨단 장비들을 활용해 과학적이고 체계적인 답사를 했습니다. 남아메리카의 오지를 둘러보면서 다양한 장비를 활용해 식물과 광물을 수집하고 분석했지요. 지리적 환경이 식물의 생태나 지질 구조 등과 어떠한 관련이 있는지를 체계적으로 연구했습니다. 한마디로 홈볼트는 여행기나 견문록의 수준을 벗어나 과학적인 지리 답사를 시작한 선구자였습니다.[45]

홈볼트는 안데스산맥의 해발고도가 바뀌면 그에 따라 자연환경에도 변화가 생기면서 식생 분포가 달라진다는 사실을 발견했습니다. 그리고 그때까지만 해도 신의 분노라 여기며 초자연적 현상이라 믿었던 화산 분화가 일정한 지리적 패턴을 이룬다는 사실을 파악해 '화산대火山帶'의 존재를 밝혀냈습니다. 일정한 패턴을 그리며 흐르는 페루 앞바다의 바닷물 흐름을 분석해 '홈볼트 해류'를 발견하기도 했지요. 여담으로, 홈볼트 해류가 흐르는 바다에 서식하는 몸길이 2미터가량의 오징어를 홈볼트 오징어라 부릅니다. 술집이나 슈퍼마켓에서 문어발, 가문어라 불리며 팔리는 커다란 오징어 다리가 바로 이 홈볼트 오징어 다리이지요. 가공하면 먹을 만하고 무엇보다 값이 싸서 짬뽕에 들어가는 오징어채도 홈볼트 오징어의 몸통으로 만드는 경우가

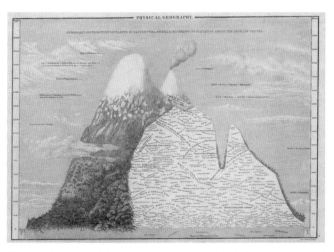

홈볼트가 남아메리카 답사를 통해 분석한 안데스산맥의 해발고도에 따른 식생의
지리적 분포 패턴.

많다고 합니다.

1804년 유럽으로 돌아온 홈볼트는 유럽 최고의 명사가 되었습니다. 학자이자 작가, 강연자로서 그가 누렸던 명성은 당시 프랑스 황제였던 나폴레옹 보나파르트와도 견줄 정도였지요.[46] 그의 강연장은 미지의 세계에 관한 이야기를 들으려는 청중으로 북새통을 이루었고, 그 덕분에 그는 5년에 걸친 답사를 하느라 소진했던 자산을 메꾸고도 남을 정도의 돈과 명예를 얻었습니다. 그는 19세기 초반 중앙아시아로 대대적인 영토 확장을 이어가던 러시아의 황제 니콜라이 1세Nikolai I의 의뢰를 받아 1829년 중앙아시아와 시베리아 남서부 탐사에 나서기도 했습니다.

대학에서 지리학을 연구한 최초의 교수

***

홈볼트의 연구 성과는 지리학의 성격
이 다분했고, 실제로 근대 지리학의 성
립에 많은 영향을 미쳤지만, 홈볼트는
어디까지나 식물학자이자 박물학자로
서 강연과 집필에 임했습니다. 그런데
그의 강연을 자주 들으러 온 사람들 중
에서는 지리학자 카를 리터도 있었습
니다.

카를 리터.

　궁정 의사의 아들로 태어난 리터는 유년기에 아버지를 여의
었고, 그로 인해 그의 가문은 가세가 기울었습니다. 불행 중 다
행으로 신학자이자 언어학자였던 크리스티안 잘츠만Christian
Salzmann이 도움을 주었고, 그가 운영하던 기숙학교인 슈네펜탈
잘츠만 학교[47]에서 리터는 학비를 내지 않고 자연과학과 역사
학, 신학을 공부하게 됩니다. 학교를 졸업한 뒤 그는 요한 하인
리히 페스탈로치Johann Heinrich Pestalozzi가 운영하던 학교에 근무했
습니다. 전인교육全人教育을 주장하고 실천한 페스탈로치는 아동
의 전인적 성장을 위해 지리교육을 강조했고, 그 영향으로 리터
또한 지리학에 심취하게 됩니다.

　이후 홈볼트의 저작과 강연을 접한 리터는 홈볼트와 학문적
으로는 물론 개인적으로도 교유하는 사이로 발전합니다. 다분

히 지리적인 연구와 답사에 일생을 바쳤지만, 지리학자라는 정체성이 비교적 약했던 훔볼트도 리터와 교류하며 지리학에 대한 시각과 사고를 체계화할 수 있었습니다.[48] 훔볼트와 그의 업적이 근대 지리학의 서막으로 이어질 수 있었던 데는 그의 학문적 발견을 지리학의 견지에서 다듬고 재발견하게 이끌어준 리터의 공이 컸던 셈이지요.

리터는 지리학 연구와 집필을 계속하며 지리학의 학문적 정체성과 체계성을 한 차원 더 높였습니다. 그의 학문적 정수가 담긴 저서가 바로 『에르트쿤데Erdkunde』라는 축약된 제목으로 잘 알려진 『자연과 인류사에 관한 지리학Die Erdkunde im Verhältniß zur Natur und zur Geschichte des Menschen』입니다. 독일어에는 영어의 geography에 대응하는 geografie라는 단어가 이미 있었지만, 리터는 파편적인 지리 지식을 나열하는 수준을 넘어 지표공간에 대한 체계적·종합적 접근과 분석을 강조하고자 했습니다. 그래서 지구, 지표를 뜻하는(영어의 earth에 대응하는) 독일어 단어 erd와 학문, 지식을 뜻하는 kunde를 조합해 erdkunde라는 단어를 만들었지요. 『에르트쿤데』의 명성 덕에 오늘날에도 독일 지리 교과서의 명칭은 'geografie'가 아닌 'erdkunde'입니다.[49] 유럽, 아프리카 등 세계 여러 지역의 지리를 다룬 『에르트쿤데』를 비롯한 여러 지리학 저서와 연구를 통해 리터는 지역이 신의 섭리가 아니라 인간집단이 자연환경과 상호작용한 결과물이며, 그렇게 형성된 지역의 특성과 다양성이 인류 역사와 문명에 영향을 미친다는 생각을 정립합니다. 그의 지리 사상은 근대 지리학의 토대가 되었습니다.

근대 지리학의 철학과 연구 방법에 획기적인 전환점을 마련한 『에르트쿤데』의 명성 덕분에 리터는 1820년부터 베를린 대학교에서 교편을 잡습니다. 아직 학교에 지리학과가 없어서 역사학과 교수로 부임하기는 했지만, 그는 역사상 최초로 대학에서 지리학을 연구·강의한 교수로 평가받습니다.[50] 『에르트쿤데』가 세계적인 명성을 얻으면서 리터의 문하에는 프랑스·미국·러시아 등 세계 각국의 유학생이 몰려들었고, 리터에게 지리학을 배운 그들은 자국의 지리학 발전에 이바지합니다.[51]

리터는 학계뿐만 아니라 당시 프로이센의 최고 실세였던 군부로부터도 주목을 받았습니다. 강력한 정예 군대를 육성해 유럽의 군소 국가에서 신흥 열강으로 부상한 프로이센은 군인, 특히 장교단의 자질을 끌어올려 군사력을 강화하는 데 많은 투자를 하고 있었지요. 그런 프로이센의 군부는 장교단의 군사지리적 역량을 키워 군사력의 혁신을 꾀했습니다. 이에 따라 『전쟁론Vom Kriege』의 저자로 근현대 군사학의 아버지라 불리는 프로이센 육군 장군 카를 폰 클라우제비츠Carl von Clausewitz는 리터에게 정예 장교단이 수업을 듣는 프로이센 전쟁대학Preußische Kriegsakademie에서 지리학 강의를 하게 했습니다. 리터는 프로이센군 수뇌부에 지리 지식과 안목을 전수했고, 이는 프로이센의 군사력 강화, 나아가 프로이센 주도의 독일 통일에도 기여했습

니다.[52]

홈볼트와 리터는 태어난 해는 11년이나 차이가 났지만, 같은 해인 1859년에 세상을 떠납니다. 근대 지리학의 선구자라 불리는 두 사람이 타계한 1859년은 여전히 근대 지리학이 온전히 자리 잡았다고 보기 어려운 시점이었습니다. 홈볼트는 근대 지리학 발전에 크나큰 공헌을 했지만 어디까지나 박물학자에 가까웠고, 그의 대표 저작인 『코스모스Cosmos』 또한 지리학 서적이라기보다는 지리학에 큰 비중을 둔 과학 일반서였지요. 리터 또한 당대의 학자 가운데 비교적 신학의 영향을 많이 벗어난 지리학 연구를 했지만, 종교적 색채를 완전히 떨치지 못해 온전한 근대 과학으로서의 지리학이라 보기는 어렵습니다.[53] 홈볼트와 리터가 뿌린 근대 지리학의 씨앗은 그들이 세상을 떠나고 나서야 비로소 온전히 싹트고 줄기를 뻗을 수 있었습니다.

강대국의 무기로 탄생한
근대 지리학

근대 지리학의 선구자인 훔볼트와 리터는 모두 독일인, 정확히 말하면 프로이센인입니다. 학문의 발전사에서 혈통이나 핏줄을 따지는 일은 의미가 없겠지만, 이 두 사람의 고국인 프로이센을 모태로 건국된 독일제국에서 가장 먼저 근대 지리학이 학문으로 정립되고, 근대적인 지리교육 또한 이루어지기 시작합니다. 근대 지리학이 왜 하필 독일제국에서 시작되었는지, 그리고 근대 지리학이 근대 국민국가의 수립에 어떠한 영향을 미쳤는지를 알아보려면 먼저 '독일'의 역사를 톺아볼 필요가 있습니다.

통일 독일제국에서 결실을 맺은 근대 지리학
***
독일이라는 지명과 민족집단을 지칭하는 이름은 이미 고대부

터 존재했습니다. 고대 로마인은 로마의 영토 밖인 중북부 유럽에 살던 게르만족 일파를 토이톤Teuton이라 불렀습니다. 토이톤은 도이치Deutsch, 즉 독일Deutschland(도이칠란트)이라는 지명으로 이어지지요.[54] 8세기 중반부터 9세기 초반까지 서유럽을 통합한 프랑크왕국은 9세기 중반 이후 상속 문제로 서프랑크, 중프랑크, 동프랑크로 삼분할됩니다. 동프랑크왕국의 하인리히 1세 Heinrich I는 국명을 독일왕국Regnum Teutonicorum으로 바꿨습니다.

이렇게 탄생한 독일왕국의 국왕 오토 1세Otto I는 955년 당대 유럽을 공포에 몰아넣었던 아시아계 유목민 마자르인의 침공을 격퇴했고,[55] 그 공적을 인정받아 962년 교황청으로부터 로마 황제로 인정받습니다. 독일을 포함한 중·동부 유럽에 걸친 광대한 신성로마제국을 다스릴 황제로 즉위한 것이지요. 중세 유럽의 종주국 신성로마제국의 황제는 예외적인 일부 시기를 제외하면 독일계 황가가 이어갑니다.

이렇게만 보면 독일은 중세 서유럽을 호령한 최강국처럼 보이겠지만 실상은 달랐습니다. 신성로마제국 황제들은 서유럽의 종주국이라는 위상을 공고히 하기 위해 분열해 있던 이탈리아로 원정을 감행했지만 어느 황제도 이탈리아 통일에 성공하지 못했습니다. 연이은 원정으로 내치에 소홀해지다 보니 봉건 제후들의 세력이 커지고 황권은 약화되어 중앙집권화에 실패하고 말았습니다. 크고 작은 제후들이 난립하던 독일은 17세기에 이르러 완전히 분열합니다.

독일이 분열하는 가운데 프로이센왕국은 18세기 중반 이후 유럽에서 손꼽히는 군사 대국으로 떠오릅니다. 유럽의 쟁쟁한 열강과의 경쟁에서 승리를 거두며 영토를 크게 확장한 프로이센은 19세기 초반 나폴레옹전쟁에서 프랑스제국을 쓰러뜨리는 데 큰 역할을 하면서 유럽의 강대국으로 확실하게 자리매김하지요. 19세기 중반에는 민족주의의 물결을 타고 오스트리아제국, 프랑스 등을 군사력으로 제압한 뒤, 1872년 마침내 독일을 통일하고 독일제국을 선포합니다.

독일제국은 세계적인 강대국으로 부상했지만, 내부적으로는 여전히 국민 통합이라는 숙제를 안고 있었습니다. 독일인들은 기본적으로 같은 민족이라는 동질감을 지녔고 말도 서로 통했지만, 수백 년 동안 다른 여러 나라로 갈라져 살았던 탓에 한 나라의 국민이라는 의식은 약했습니다. 게다가 아무리 군사력이 강한 프로이센이라 해도 독일 안의 수많은 왕국과 제후국을 모두 강제로 정복해 통일하기는 어려웠지요. 독일제국 내에는 프로이센 말고도 바이에른, 뷔르템베르크, 작센이라는 세 개의 왕국이 더 있었고, 이들은 상당한 자치권을 누렸을 뿐만 아니라 자체적으로 군대까지 보유하고 있었습니다.

이러한 상황에서 독일제국 정부는 독일을 온전히 통합할 해법을 지리학에서 찾습니다. 독일의 지리를 제대로 교육함으로써 독일제국 내의 사람들이 다 같은 땅에 사는 한 나라의 국민이라는 인식을 확실하게 심어주겠다는 발상이었지요. 그로 인해 독일의 여러 대학에 지리학과가 개설되었고, 초·중등학교에서도 지리를 가르치기 시작했습니다. 근대 지리학과 지리교육은 이렇게 국가와 국토의 완전한 통일이라는 과제를 완수하기 위해 비로소 결실을 맺기 시작합니다.

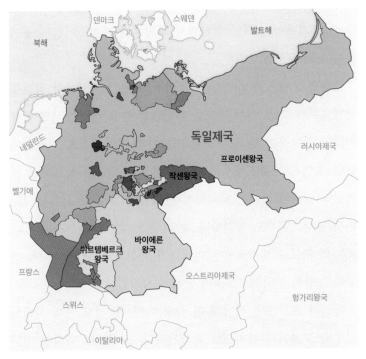

1871년 독일제국 지도. 수백 년의 분열을 수습하고 통일을 이룩한 독일제국 내부에는 제국의 핵심 세력인 프로이센왕국 외에도 바이에른, 작센, 뷔르템베르크라는 세 개의 왕국을 비롯해 자치권을 가진 제후국이 여럿 존재했다.

발전을 이어가는 근대 지리학

***

독일에 이어 근대 지리학의 중요성에 주목한 나라는 바로 프랑스였습니다. 프랑스는 중세 이래 유럽에서 가장 강한 나라였습니다. 13세기 프랑스는 서유럽에서 선구적으로 중앙집권화를 완성해 교황마저도 쥐락펴락할 정도의 국력을 자랑했지요. '짐이 곧 국가다'라는 말로 유명한 루이 14세 시절부터 나폴레옹 집권기까지 두말할 필요 없이 프랑스의 영광스러운 시대였습니다. 19세기까지는 서구의 왕실과 외교계가 프랑스어를 공용어로 사용할 정도였지요.

그랬던 프랑스가 1871년 프로이센-프랑스 전쟁에서 참패를 당했습니다. 그로 인해 막대한 배상금을 강요당했고, 산업의 요지였던 북동부의 알자스-로렌 지방까지 빼앗겼지요. 자존심이 땅에 떨어진 프랑스에서는 절치부심하여 독일에 설욕하고 잃어버린 영광과 영토를 되찾아야 한다는 여론이 커집니다. 그러면서 프랑스에서도 지리학자 폴 비달 드 라 블라슈Paul Vidal de la Blache의 주도로 대학교에 지리학과가 개설되고, 근대 지리학 연구와 교육이 본격적으로 이루어지기 시작합니다.

독일과 프랑스에 이어 유럽 각국과 미국에서도 근대 지리학 연구와 교육이 본격적으로 확산됩니다. 19세기에 역사상 최대 면적의 식민 제국을 건설한 영국도 근대 지리학의 대표주자였습니다. 세계 곳곳에 식민지를 운영하던 영국이었으니 그만큼 지리학의 수요가 클 수밖에 없었지요. 실제로 영국은 1830년 설립된 런던지리학회를 1859년 왕립지리학회로 승격하는 등 독일과 프랑스 못지않게 근대 지리학이 뿌리 내릴 토양을 이미 다진 상태였습니다. 19세기 말부터 지리는 영국 초·중등학교에서 주요 교과목으로 자리매김합니다. 오늘날에도 영국 학교 교육에서 지리 교과의 위상은 아주 높습니다.

19세기를 거치면서 비약적으로 영토를 확장하는 데 성공하며 세계에서 손꼽히는 강대국으로 거듭난 미국도 유럽 근대 지리학의 성과를 적극적으로 받아들입니다. 미국의 교양 잡지이자 교양 TV 채널인 『내셔널지오그래픽National Geographic』은 바로 이 당시 미국 지리학이 발전하는 과정에서 탄생했습니다. 『내셔널지오그래픽』은 전화기를 발명한 알렉산더 그레이엄 벨Alexander Graham Bell을 비롯한 미국의 유명인사들과 지리학 분야의 권위자들이 모여 1888년 설립한 전미지리협회National Geographic Society에서 발간하는 학술지였습니다. 오늘날에는 지리학을 넘어서 여러 분야의 교양 지식을 폭넓게 다루는 매체로 세계적인 명성을 떨치고 있지요.

『내셔널지오그래픽』 1910년 2월호
(통권 21권 2호)의 앞표지.

사람이 먼저냐, 환경이 먼저냐

***

독일 근대 지리학의 아버지 프리드리히 라첼Friedrich Ratzel은 인간 사회와 문명이 각 지역의 다양한 자연환경에 적응하는 방식을 토대로 형성되며 서로 다른 문화의 지리적 전파를 통해 변화·발전한다는 논의를 펼쳤습니다. 이를 통해 지리학의 핵심 주제인 인간과 환경 사이의 상호작용을 지리적으로 연구하는 방식을 한층 더 체계화했습니다. 인간이 환경에 적응하는 과정이 각 문화와 지역의 특성으로 이어진다는 관점은 이미 이전부터 존재해왔지만, 라첼은 문화의 전파라는 새로운 요인을 더함으로써 단순히 환경이 좋은 곳은 문명이 발달하고 그렇지 못한 곳은 문명이 덜 발달한다는 식의 단순하고 일방적인 도식을 벗어납니다. 이를 통해 지표공간에 존재하는 다양한 지역과 문화, 문명의 지리적 의미를 한층 현실적이고 깊이 있게 이해하는 길을 열었지요.[56] 나아가 그는 인구를 부양할 수 있는 지리적 영역의 확보가 국가나 민족집단의 흥망성쇠에 직결된다는 레벤스라움Lebensraum 이론을 발표했고, 이 이론은 스웨덴의 루돌프 쉘렌Rudolf Kjellén, 독일의 카를 하우스호퍼Karl Haushofer 등이 계승하여 근대 지정학의 기초가 됩니다.[57] 이러한 라첼의 이론들은 인간 활동이 자연환경에 강한 영향을 받아 결정된다는 환경결정론의 성격이 강하며, 실제로 라첼은 환경결정론적 지리학의 제창자라고 평가받습니다.

독일의 자연지리학자 오스카 페셸Oscar Peschel은 지리학이란 식생, 종교, 낭만, 예술적 상상력 등을 완전히 배제한, 철저하게 객관적인 과학이어야 한다고 주장했습니다. 따라서 물리·화학적으로 객관화할 수 있는 지형학만이 진정한 지리학이라고 보았습니다. 물론 지리학은 페셸이 주장한 대로 되지는 않았습니다. 하지만 페셸의 주장은 오늘날 자연지리학을 뜻하는 영단어가 natural(수치·계량화할 수 없는 요인이 개입할 수 있는)이 아닌 physical(물리적으로 수치·계량화해 분석할 수 있는)로 굳어지는 데 영향을 미쳤고, 나아가 지형학자 페르디난트 폰 리히트호펜이 오늘날의 지형학 체계를 정립하는 데도 영향을 주었습니다.

한편 비달 드 라 블라슈는 자연환경 조건이 동일하다고 해도 인간집단이 가진 사고방식에 따라 자연에 적응하고 이를 이용하는 방식은 달라질 수 있다고 주장합니다. 환경결정론에 반하는 환경가능론이 등장한 것이지요. 그로 인해 인간과 환경 사이의 상호작용이라는 지리학의 핵심 주제에 대한 접근도 더한층 다각화되었습니다. 아울러 19세기 후반부터 20세기 초·중반까지 프랑스 학계에서 매우 높은 지위를 누렸던 비달 드 라 블라슈의 후학들, 즉 프랑스 지리학자들은 역사·문화·경제·사회 등 다방면의 연구 주제를 지리학과 접목하며 지역지리학과 인문지리학의 발전에 크게 이바지했습니다.[58]

근대 지리학은 서구 제국주의 열강의 침략을 받았던 동아시아에서도 주목을 받았습니다. 동아시아 근대 지리학의 효시는

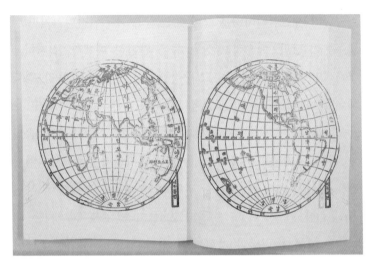

『사민필지』에 수록된 세계지도.

1844년 청나라의 학자 위원魏源이 편찬한 『해국도지海國圖志』입니다. 1840년 제1차 아편전쟁에서 패배한 청나라는 패전의 굴욕을 딛고 다시 일어서기 위해 중국 중심의 세계관에서 벗어나 세계지리를 제대로 이해할 필요가 있었습니다. 그러한 취지에서 쓰인 『해국도지』는 한반도와 일본으로 전해지면서 조선의 개화운동과 일본의 메이지유신에 큰 영향을 미쳤습니다.[59,60]

우리나라에서는 세계지리 교과서이자 최초로 간행된 근대식 한글 교과서인 『사민필지士民必知』가 있었습니다. 미국의 개신교 선교사로 우리나라 최초의 근대식 교육기관인 육영공원의 영어 교사이기도 했던 호머 헐버트Homer Hulbert가 1889년 편찬한 이 책은 세계지리 학습을 통해 제국주의의 격랑에 휩싸인 한국

인의 세계에 대한 이해를 높이고, 그들을 계몽하려는 목적으로 저술되었습니다.[61]

사민土民, 즉 사대부와 백성을 망라한 모든 사람이 반드시必 지리를 알아야知 한다는 의미를 지닌 『사민필지』는 세계지리에 대한 이해가 한국인의 민족의식을 고양할 수 있다는 이유로 일제에 의해 금서로 지정되기도 했습니다.

기술의 혁신과 함께
발전한 현대 지리학

20세기에 들어서도 지리학은 발전을 거듭합니다. 1920~1930년대에 이르러서는 지형학·기후학·지정학·도시지리학·경제지리학·문화역사지리학 등 현대 지리학의 바탕이 되는 여러 분과가 나름의 독자적인 체계를 이루며 그 틀을 갖춥니다. 아울러 국제사회에서 미국의 영향력이 커져감에 따라 지리학 연구의 중심지가 점차 독일을 필두로 한 유럽에서 미국으로 옮겨가기 시작하지요.

하츠혼과 지역지리학의 전성기
***
수많은 지리학자가 활약하던 20세기 초반이었지만, 그중에서도 가장 눈에 띄는 지리학자를 꼽으라면 바로 미국의 리처드 하

츠혼Richard Hartshorne을 들 수 있겠습니다. 하츠혼은 대표 저서인 『지리학의 본질The Nature of Geography』에서 지리학을 지역의 고유하면서도 종합적인 속성인 지역성을 규명하는 학문이라고 정의합니다. 그리고 지역성이란 그 지역에 살아가는 사람들의 집단의식을 바탕으로 구성된 속성이라고 규정하지요.[62]

1939년 간행된 『지리학의 본질』은 하츠혼을 미국 지리학의 일인자로 만들었고, 하츠혼의 지역지리학은 지리학의 표준에 가까운 위상을 얻습니다. 그는 미국에서 가장 권위 있는 지리학 학술지인 『미국지리학회지Annals of the Association of American Geographers』의 편집장을 오랫동안 연임하며 자신이 추구하는 지역지리학을 미국, 나아가 세계 지리학의 헤게모니로 만들었지요. 서구 학회에서는 학술지의 편집장이 논문의 게재 여부를 결정하는 권한을 가지는 경우가 많습니다. 그러한 자리를 연임한다는 것은 그만큼 지리학자로서 절대적인 권위를 인정받았고, 또 그 권위를 이용해 지리학 전체의 방향을 좌우할 수 있음을 의미하지요.

하지만 영원히 이어질 듯 보였던 하츠혼의 권력과 지역지리학의 위상은 1940년대 후반 이후 점차 흔들립니다. 미국에서는 아이비리그에 속하는 동부의 8개 명문 사립대학 중 다트머스대학교를 제외한 7개 대학에서 지리학과가 폐과됩니다. 지리학의 위상은 눈에 띄게 낮아지기 시작하는데, 어쩌다 이런 일이 일어났을까요?

여기에는 크게 두 가지 이유가 있었습니다. 첫째로는 지역성을 종합적으로 밝힌다는 하츠혼의 지역지리학이 학문의 유행에 뒤처졌기 때문입니다. 학문은 기본적으로 보편적인 법칙 발견을 추구합니다. 20세기 중반 이후 계산기(컴퓨터)와 통계기법이 발달하면서 이러한 경향은 더한층 강해지지요. 예전 같으면 논리학이나 수사학에 의존해야 했던 부분을 통계분석으로 풀어갈 수 있게 되면서 객관성이 어느 정도 담보되는 보편적 법칙을 발견하는 게 눈에 띄게 수월해졌기 때문입니다. 그런데 지역성의 종합적 이해를 추구하는 하츠혼의 지역지리학은 보편적 법칙을 발견하는 데 적합하지 않았습니다. 게다가 지역성도 계속해서 변화하는데, 하츠혼의 지역지리학은 그러한 변화를 포착하는 데 한계가 있었지요.

두 번째 이유는 지리학이 제2차 세계대전에서 별다른 기여를 하지 못했기 때문입니다. 제2차 세계대전 당시 연합국, 특히 미국은 여러 학문 분야의 권위자와 전문가를 군대에 고급장교나 연구위원으로 초빙해서 전쟁에 승리하는 방안을 다각적으로 모색했습니다. 그 결과 다양한 학문 분야들이 전쟁의 승리에 의미 있는 공헌을 하지요.

예를 들어, 문화인류학과 언어학 전문가들은 자살 공격에 가까운 무모한 명령을 거리낌 없이 수행하고, 불리한 상황에 내몰리면 항복 대신 집단자살을 선택하는 일본군의 행태가 실제로는 인간의 한계를 초월한 용기가 아니라 극도로 권위적이고 경직된 일본의 사회·문화가 빚어낸 부조리임을 밝혔습니다. 그 덕분에 미군은 그들의 약점을 파악하고 대처할 전술을 고안해 낼 수 있었지요. 영화 〈이미테이션 게임〉에 잘 묘사된 바와 같이, 컴퓨터과학자들은 추축국의 군사 암호를 해독하는 장치를 만들어 연합군의 승리에 결정적인 공헌을 합니다. 그에 비해 하츠혼의 지역지리학은 그러지 못했고, 이는 지리학의 위상이 저하되는 데 큰 영향을 미쳤습니다.[63] 제2차 세계대전이 끝나고 냉전체제가 확립된 1950년대에 접어들며, 하츠혼의 지역지리학은 새로운 지리학의 흐름에 자리를 내주고 맙니다.

계량혁명과 공간과학: 지리학의 새로운 패러다임
***

1950년대 초반에는 미국에서 지리학의 위상이 점차 흔들리고 있었지만, 지리학 내에서 하츠혼의 학문적 권력은 여전히 막강했습니다. 그러나 곧 미국 지리학계에서 기존 흐름을 뒤엎는 거대한 변화가 일어납니다. 지리학자 프레더릭 K. 새퍼Frederick K. Schaefer가 1953년 발표한 논문 「지리학의 예외주의: 방법론적 검토Exceptionalism in geography: A methodological examination」[64]가 바로 그 변화를 불러일으킨 신호탄이었지요. 이 논문에서 새퍼는 하츠혼의 지역지리학이 일반화할 수 있는 법칙을 발견하지 못하기 때문에 과학답지 않다고 비판했습니다. 그리고 지리학 역시 다른 과학 분야들과 마찬가지로 일반화된 법칙 발견을 지향하는 과학으로 거듭나야 한다고 주장했지요.

우여곡절을 거쳐 자신의 논문이 『미국지리학회지』에 게재된 1953년, 섀퍼는 세상을 떠났습니다. 지리학의 일인자로 군림하던 자신에게 정면으로 도전한 섀퍼의 논문에 분노한 하츠혼은 섀퍼 사후에도 6년 동안 세 번이나 그의 견해를 반박하는 논문을 발표합니다.[65] 하지만 시대의 흐름은 하츠혼의 편이 아니었습니다. 한때 하츠혼의 수업을 수강하기도 했던 젊고 야심 찬 지리학자 윌리엄 번지William Bunge는 1960년대에 하츠혼과 여러 차례 논쟁을 벌였고, 섀퍼의 주장을 옹호하며 지리학의 '과학화'를 주장했지요. 결국 하츠혼의 지리학은 서서히 퇴장하고 지리학에 새로운 패러다임이 등장합니다.[66]

1960년대에는 윌리엄 개리슨William Garrison을 필두로 한 여러 지리학자가 수학·통계학·컴퓨터 시뮬레이션·경영학 등의 방법론을 받아들여 수량·보편화할 수 있는 통계 기반의 지리학 연구에 나섰습니다. 이를 계량혁명statistical revolution이라고 부릅니다. 계량혁명으로 인해 지리학 연구는 기존의 지역성 분석에서 벗어나 데이터를 수량적으로 분석하고 이를 바탕으로 이론적 모델을 도출하는 데 초점을 맞춥니다. 요컨대 지리학이 공간과학, 지역과학의 형태로 변화한 것이지요.[67,68]

계량혁명은 지역지리학 위주의 지리학이 경제지리학·도시지리학·문화역사지리학 등의 계통지리학 위주로 변하는 계기가 되었습니다. 계통지리학은 주로 연구 주제나 관련 학문 분야에 따라 지리학의 하위 분야가 정해집니다. 오늘날 지리학자들의 세부 전공도 대개 계통지리를 따르고 있지요. 이 책의 구성 또한 계통지리를 따릅니다.

계량혁명에 불을 지핀 통계학과 계산기(컴퓨터)의 발달은 1980년대와 1990년대에 컴퓨터와 인공위성 기술로 이어지고, 그로 인해 지리학에는 기술적 대혁신이 일어납니다. 바로 지리정보기술Geographic Information System, GIS로 대표되는 공간과학이 등장한 것이지요. 인공위성으로 얻은 정확한 위치정보, 그리고 컴퓨터와 네트워크로 구현한 지리 데이터와 지도 레이어map layer를 활용해 지표공간을 아주 사실적으로 구현할 수 있게 되었습니다. 그뿐만 아니라 대량의 지리정보를 실시간으로 정확하게 분석·종합·예측할 수 있게 되었지요. 이러한 지리정보기술은 도시계획, 교통정책, 기후위기 및 환경오염 모니터링, 자연재해 및 재난 예보와 대책 마련 등 다양한 분야에서 활용하고 있습니다. 오늘날 일상에서 널리 쓰이는 모바일 지도 앱과 자동차 내비게이션 또한 지리정보기술의 산물이지요.

장소와 지역, 공간의 재발견

***

계량혁명과 공간과학의 등장은 지리학이라는 학문에 깊이를 더

했지만, 한계도 뚜렷했습니다. 공간과학만으로는 지표공간의 다양성과 복잡다단한 맥락, 역사·문화·종교 등에 따라 달라지는 인간과 환경의 상호작용 양상을 제대로 설명해내기 어려웠습니다.

실존주의가 전 세계를 매료하던 1970년대에는 인간주의 지리학이 큰 주목을 받습니다. 인간주의 지리학은 지표공간을 객관적인 실체인 공간space으로만 바라보는 것이 아니라, 경험·애착·감정·정체성과 같은 주관적인 성격도 결부된 장소place로 바라보아야 한다고 강조합니다. 장소에 대한 주관적인 감수성, 즉 장소감sense of place을 강조한 인간주의 지리학은 지표공간을 인간이 지닌 정서와 감정, 심리의 차원에서 바라보게 하여 지리학의 새로운 지평을 열었습니다.

인간주의 지리학의 대표적인 인물은 중국계 미국인 지리학자 이푸 투안Yi-Fu Tuan입니다. 투안은 개인적·집단적·문화역사적 경험과 감정이 가치중립적 공간을 가치개입적 장소로 만든다는 논의를 펼쳤습니다. 그리고 장소에 대한 애착심인 장소애場所愛, 즉 토포필리아topophilia 개념을 제안했지요. 투안에 따르면, 우리는 장소에 재현된 역사나 문화에 대한 집단적 기억과 애착 때문에 박물관을 세우고, 도시를 개발할 때도 성곽과 광장 같은 도시의 문화와 역사가 깃든 장소를 보존하려고 노력합니다. 전쟁이나 재난으로 파괴된 도시와 마을을 재건하고, 좌절을 극복하는 힘 역시 장소에 대한 전망과 의지에서 나온다고 주장했습

대기업의 자본에 잠식당한 프랜차이즈 일색의 획일적인 경관은 장소 상실의 대표적인 사례다.

니다.[69]

한편 캐나다의 지리학자 에드워드 렐프Edward Relph는 장소란 인간과 사회가 축적한 경험과 공유하는 기억, 문화, 역사가 깃든 공간적 맥락이라고 보았습니다. 그리고 자본이나 권력 등이 침투해 장소 고유의 맥락과 의미가 침식되고 그와 무관한 환경으로 변질되는 현상을 장소 상실placelessness이라고 칭했지요. 장소상실이 일어나면 장소와 인간 사이의 연결고리가 끊어지고 인간이 장소로부터 소외당하는 문제가 발생한다고 보았습니다.

자본주의의 모순과 불평등을 지리적 관점에서 재해석하고 대안을 모색하려는 움직임도 일어납니다. 대표적인 인물이 바로 데이비드 하비David Harvey이지요. 마르크스주의를 지리학에 접목한 하비는 자본주의 경제에서의 노동과 생산, 자본의 축적(자본의 1차 순환)은 토지 위에 세워진 건물, 시설, 인프라 등의 건조환경建造環境, built environment을 통해서 화폐·신용·금융 경제의 형태로 구체화(자본의 2차 순환)하며, 그러한 지리적 토대 위에서 자본주의 경제의 모순을 은폐하고 체제를 유지하는 기술 혁신과 사회적 지출이 이루어진다(자본의 3차 순환)고 설명합니다.[70, 71] 즉, 자본주의를 이해하려면 노동, 생산, 자본과 같은 추상적인 경제 요인뿐만 아니라 그것이 실제로, 그리고 구체적으로 이루어지는 공간·환경적 맥락까지 살펴야 한다는 것이지요. 아울러 자본주의 체제에 포섭되어 교환가치를 부여받은 토지와 건조환경이 그 자체로 투기 수단이 되면서 사회의 불평등을 악화하고 결국에는 부동산 거품의 붕괴에 따른 공황과 경제 위기를 불러온다고 주장하기도 했습니다.[72]

계량혁명으로 인해 퇴장하는 듯했던 지역지리학도 1980년대와 1990년대를 거치며 되살아나기 시작합니다. 지역의 지리적 특성을 백과사전식으로 나열한다거나 지역을 특정한 관점으로만 바라보며 천편일률적으로 기술하는 것은 낡은 방식이 되었지만, 지리학에서 지역을 완전히 배제하는 일은 따지고 보면 지리학의 정체성을 포기하는 것과도 같으니까요. 새로운 지역지리학은 방언이나 토착문화의 공유 여부, 교통·통신에 대한 접근성과 같은 다양한 기준을 적용하여 지역의 범위와 경계를 유연하고 다각적으로 접근해 재규정하는 데 초점을 맞춥니다. 이

러한 지역지리학의 새로운 흐름을 신지역지리학이라고도 부릅니다.[73]

지역에 대한 다각적인 접근은 포스트모더니즘postmodernism과도 관계가 있습니다. 다양성·상대주의·권력관계·소수자 등에 초점을 맞추는 포스트모더니즘은 지리학에 영향을 미쳐 지역지리의 새로운 지평을 열게 해주었지요. 20세기 이후에는 차별과 지배-피지배 관계 그리고 소수자에 초점을 맞추는 포스트모더니즘 지리학이 두각을 나타냈습니다. 포스트모더니즘 지리학은 '제3세계'에 여전히 남아 영향력을 행사하는 제국주의적 공간질서(탈식민주의 지리학), 도시공간이나 공공장소 등에 재현된 성차별(페미니즘 지리학), 이주노동자나 소수 민족 및 인종, 노숙인, 성소수자 등을 주로 다룹니다.

1990년대 이후에는 세계화로 인해 국경이 닫힌 경계에서 통과할 수 있는 경계로 바뀌고, 지역을 넘나드는 사람과 정보의 대규모 이동이 일상이 되었습니다. 따라서 다양한 지리 현상을 국가와 같은 한두 가지 고정된 스케일scale로 파악하는 게 아니라 도시·지역·인접국·문화권·대륙·세계 등 다양한 스케일을 넘나드는 상호작용이라는 관점에서 접근하는 다중스케일적 접근multiscalar approach이 주목받고 있습니다. 다국적기업의 글로벌 경영, 기후위기를 비롯한 환경문제, 테러리즘 등의 문제는 국가 단위로는 제대로 설명할 수 없고, 효과적인 대안을 모색하기도 어렵습니다. 이러한 사안들이 일상이 된 오늘날의 현실에서 다중스케일적 접근은 지표공간과 세계를 한층 다각적이면서 현실적으로 바라보고 문제에 대처할 수 있는 더욱 세련된 '지리의 눈'입니다.

러시아-우크라이나 전쟁의 다중스케일[74]

2014년 러시아는 우크라이나 영토였던 크림반도에 군대를 투입해 점령했습니다. 그런데 크림반도 주민 다수는 러시아 군대를 환영하며 주민투표에서 러시아 병합에 찬성표를 던졌습니다. 러시아의 크림반도 병합을 계기로 친러 성향이 강한 우크라이나 동부에서는 반정부 시위와 폭동이 벌어졌습니다. 동부와 달리 친서방 성향이 강한 서부에 기반을 둔 유로마이단 혁명(2013년)에 반발해 들고일어난 것이지요. 심지어 동쪽 끝의 루한스크주와 도네츠크주는 러시아의 은밀한 지원 아래 우크라이나의 친서방 정부를 상대로 반정부 분리주의 내전을 벌였고, 이러한 우크라이나의 동서 분열은 2022년 러시아-우크라이나 전쟁으로 이어집니다.

우크라이나의 동서 분열은 국내 스케일로 접근해 우크라이나 내부의 갈등으로만 이해해서는 진상을 제대로 파악하기가 어렵습니다. 러시아와 우크라이나의 복잡한 역사지리적 관계, 냉전 종식 후 유럽의 지정학적 질서 변화, 이러한 요인들이 우크라이나 국내에 미친 영향 등이 복잡하게 작용한 결과이므로 다중스케일적 접근이 필요합니다.

2014년 우크라이나 내 친러시아 분쟁 지역을 표시한 지도.

21세기, 지리학이 세계를 새롭게 밝혀야 할 시대

★★★

1990년대에 들어 학계에서는 지리학이 가까운 미래에 그 수명을 다하리라는 예측이 나오기 시작했습니다. 교통수단과 정보통신이 고도로 발달해 세계화가 되면 사람들의 교류와 소통을 제한하던 거리의 장벽이 사라지고 세계가 균질한 공간으로 변할 것입니다. 그러면 지리학의 효용 가치가 줄어들고 결국 학문으로서 존재가치를 잃어 사라질 거라고 했지요.[75]

하지만 지리학의 종말은 결과적으로 빗나간 예언이 되었습니다. 오늘날에는 세계화로 인해 세계 각지의 교류와 상호의존성이 이전과 비교할 수 없을 만큼 커졌고, 그로 인해 경제와 사회, 문화의 흐름에도 큰 변화가 일어나고 있습니다. 그러다 보니 세계의 다양한 지역과 장소, 환경과 문화를 이해하고, 창의와 혁신이 일어날 만한 지리적 환경을 찾는 일은 더욱 중요해졌지요.

다국적기업들은 해외 시장을 개척하기 위해 세계 각지의 다양한 지리적 특성과 맥락을 분석하고 있고, 창조경제와 혁신의 실현을 위해 천문학적인 규모의 지대와 임대료를 감수하면서까지 실리콘밸리와 같은 장소를 찾고 있습니다. 아울러 세계화가 지구를 네트워크 형태로 이으면서 선진국과 강대국의 대도시들은 정보와 자본, 교통과 금융의 중계지이자 결절점 역할을 맡으며 그 중요성과 의미가 국경을 초월하게 되었습니다.

한편으로 21세기에 접어들어 인류는 생존의 위기에 직면했습니다. 온실가스와 유해 물질의 배출 증가, 열대우림 벌채와 도시화 확대에 따른 생태계 파괴 등은 지구 전역의 기후와 생태계를 무너뜨리고 있습니다. 게다가 탈레반, 알카에다, ISIL 등의 극단주의 테러단체가 준동하고, 이라크 전쟁, 아프가니스탄 전쟁, 러시아-우크라이나 전쟁 등이 이어지며, 최근에는 러시아와 중국을 지리적 기반으로 삼는 신냉전 체제가 도래할 거란 우려도 나오고 있습니다.[76]

이러한 위기는 지리적으로 서로를 연결한 세계화로 인해 더한층 심각해지고 있습니다. 한 예로 기후위기에 따른 사막화의 확대는 기근과 식수 부족으로 이어지고, 이는 수자원을 장악한

ISIL 같은 테러 집단이 세력을 확장하는 결과를 낳습니다. 기후 위기가 지역과 세계의 안보와 평화를 위협하는 데까지 이어지는 것이지요.[77]

따라서 지리학을 바탕으로 한 통찰력을 기르는 것, 즉 지리의 눈을 장착하는 것은 오늘날 우리가 함양해야 할 가장 중요하면서도 효용성 있는 자질이라고 해도 틀린 말은 아닐 것입니다. 분쟁과 전쟁을 올바르게 이해하고 현명하게 대처하려면, 지표공간의 다양한 환경과 문화, 국가 및 민족집단의 영역과 경계, 세계의 지정학적 질서에 대한 깊이 있는 통찰이 반드시 필요합니다.

문명이 시작된 이래로 지리학은 인류의 활동 무대인 지표공간에 대한 지식과 이해를 넓히고, 이를 바탕으로 문명을 발전시키는 데 큰 힘이 되었습니다. 이제는 지리의 눈을 통해 지구의 미래를 살피고, 인류 문명의 지속가능성을 회복할 지혜를 모아야 할 때입니다.

4장

지도

선사시대 암벽화에서
내 손 안의 구글 맵까지

니콜라우스 코페르니쿠스Nicolaus Copernicus와 갈릴레오 갈릴레이 Galileo Galilei는 지동설地動說을 통해 인류 역사를 획기적으로 바꾼 위대한 천문학자입니다. 그런데 갈릴레이(1564~1642년)는 사실 코페르니쿠스(1473~1543년)가 세상을 떠난 지 무려 21년이나 지나서야 태어난 인물입니다. 한마디로 두 사람이 동시대에 힘을 합쳐 천동설天動說을 반박하고 지동설을 증명한 것이 아니라는 말이지요.

'코페르니쿠스적 전환'이라는 말에서 알 수 있듯이, 지동설이라는 학설 자체는 코페르니쿠스가 선구적으로 주장한 것입니다.[78] 하지만 코페르니쿠스의 지동설은 어디까지나 완전히 증명되지 않은 가설일 뿐이었지요. 하지만 갈릴레이까지 오면 이야기가 달라집니다. 사실 갈릴레이는 지동설 이전에 천체망원경을 선구적으로 개발한 인물이기도 합니다. 그는 망원경으로 천동설로는 설명할 수 없지만 지동설로는 설명할 수 있는 천체 현상들을 관찰합니다. 그렇게 얻은 자료들을 분석한 끝에 지동설이 옳음을 과학적으로 입증할 수 있었지요. 망원경이 충분히 발달하지 못했던 시대의 코페르니쿠스와는 달리, 갈릴레이는 망원경이라는 혁신적인 천체 관측장비 덕분에 지동설을 입증할 수 있었습니다.

지동설 이야기는 장비와 도구, 기술의 중요성을 잘 보여줍니다. 아무리 위대한 천문학자나 과학자라 할지라도 관측할 장비와 도구, 기술이 뒷받침되지 않으면 탁월한 업적을 이룰 수 없습니다. 이는 천문학에만 국한되는 이야기가 아닙니다. 지표공간을 제대로 관찰하고 읽을 수 있는 도구나 기술이 없다면 아무리 지리적 통찰력이 뛰어한 학자라 해도 성과를 내는 데 한계가 있겠지요.

그렇다면 지리학에서 망원경과 같은 구실을 하는 도구는 무엇일까요? 바로 지도입니다. 망원경이 없으면 정확한 천체 관측을 할 수 없듯이, 지도가 없으면 지표공간을 제대로 파악하기 어렵습니다. 뒤집어 말하면, 지도를 제대로 볼 줄만 알아도 지리에 대해 많은 것을 이해할 수 있습니다. 인류는 이미 선사시대부터 지도를 만들어 지표공간을 제대로 이해하고 활용하려고 노력해왔고, 문명이 시작된 이래 수많은 나라는 정확한 지도를 만들기 위한 노력을 아끼지 않았습니다. 좋은 지도를 통해 지표공간을 제대로 이해하는 것이 곧 부와 권력을 가져다주기도 했으니까요. 문명의 발달은 지도에 수많은 혁신을 가져왔고, 정교해진 지도는 다시금 문명의 발전을 이끌었습니다. 아울러 수많은 인공위성이 지구 궤도를 공전하고 정보통신기술이 우리 삶에 큰 영향을 미치고 있는 오늘날에는 위성 정보와 데이터화된

지리정보를 이용한 지리정보기술이 지도를 보완·대체하며 지
표공간을 해석하는 데 널리 쓰이고 있습니다.

지리의 눈을 밝히는
가장 오래된 발명품

살아가면서 지도를 전혀 사용하지 않는 사람은 거의 없으리라 생각합니다. 스마트폰에는 분명 모바일 지도 앱이 하나쯤 있을 테고, 잘 모르는 곳을 갈 때는 십중팔구 모바일 지도의 도움을 받을 테니까요. 자동차의 내비게이션도 일종의 지도입니다. 내비게이션이 보편화되기 전이었던 2000년대까지만 해도 차 안에는 두꺼운 지도책이 한두 권씩 비치되어 있었지요. 여행할 때도 지도는 늘 필수품입니다.

이처럼 길을 찾으려면 지도가 있어야 합니다. 유사 이래 인류는 머나먼 곳으로 가는 길을 정확하게 알려줄 수 있는 정밀한 지도를 만들기 위해 노력해왔습니다. 특히 수많은 화물선이 값비싼 재화를 가득 실은 채 망망대해를 건너야 했던 유럽의 신항로 개척은 근대적인 지도와 지도 제작술이 발달하는 직접적인 계기이기도 했습니다.

길 찾기는 지도의 매우 중요한 기능이기는 하지만, 그것이 지도의 유일한 쓰임새나 가치는 아닙니다. 지도는 복잡한 지표공간을 사실에 가깝게, 그러면서도 다양한 자연·인문 지리가 상세하게 드러날 수 있도록 재현representation하는 매체입니다.[79] 그러다 보니 지도를 보면 지표공간이 어떤 모습을 하고 있는지는 물론, 지도에 재현된 여러 사물이나 현상이 서로 어떤 관계를 맺으며 어떤 구조를 형성하는지도 해석할 수 있습니다. 나아가 지도를 통해서 지표공간의 구조가 우리의 삶과 정치·경제·사회·문화·역사에 어떻게 관계되는지도 해석할 수 있지요. 이처럼 지도를 보면서 지표공간을 읽어내고, 우리 삶과 사회, 세계를 지리적으로 읽어내는 능력을 도해력圖解力이라고 합니다.

예를 하나 들어보겠습니다. 다음 지도는 세계의 인구분포를 재현하고 있습니다. 지도를 보시면 중국에서 인도, 동남아시아로 이어지는 아시아 동부·남부 지역에 특히 많은 인구가 집중해 있음을 알 수 있습니다. 그 외에 유럽, 북아메리카 동부 등지에도 인구가 많이 분포합니다. 반면 시베리아와 아시아 대륙 내부, 아프리카 북서부 등지에는 인구가 매우 적게 분포함을 알 수 있지요. 호주 같은 경우에는 남동부·남서부 해안지대 정도에만 인구가 몰려 있고, 캐나다도 드넓은 국토에서 인구는 남동부에만 편중되어 있음을 알 수 있습니다. 왜 이러한 양상이 나타날까요?

하나의 지도를 더 보겠습니다. 세계 지형도를 보시면 유라시

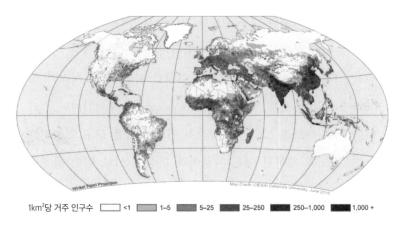

1km²당 거주 인구수 <1 1–5 5–25 25–250 250–1,000 1,000 +

2020년 세계 인구분포도. 면적 1제곱킬로미터당 거주하는 인구수를 표시한 것이다.

아 내륙에는 험준한 산지와 사막이 넓게 펼쳐져 있고, 미국에서
도 서부 내륙에는 캐나다와 알래스카로 이어지는 거대한 산맥
(로키산맥)이 있음을 알 수 있습니다. 아프리카의 북쪽에는 넓은
황색 영역이 있는데, 이곳이 바로 세계 최대의 사막인 사하라사
막입니다. 반면 인구가 밀집한 지역은 대개 평탄하거나, 기복이
있다고 해도 너무 험준하지는 않은 지역임을 알 수가 있지요.
이렇듯 인구분포는 지형과 긴밀하게 관계됩니다. 오늘날에는
기술이 발전해 거주에 지형의 영향을 덜 받기는 하지만, 여전히
사막이나 험준한 산맥에 도시나 큰 마을이 들어서기는 어렵습
니다.

그런데 지형도만으로는 설명하기 어려운 부분도 있습니다.
예를 들어 러시아 서쪽으로는 넓은 평야 지대가 존재하는데, 왜

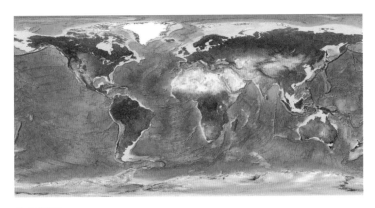

세계 지형도.

이곳에는 인구가 희박하게 분포할까요? 남아메리카대륙 북부에도 큰 하천(아마존강)이 흐르는 넓은 평지가 있는데, 이곳 역시 인구분포는 희박합니다. 아래의 세계 기후분포도는 지형도가 미처 답하지 못하는 질문에 대한 답을 줍니다.

세계 기후분포도를 보면 대체로 건조기후가 나타나는 곳은 인구분포가 희박하다는 사실을 알 수 있습니다. 기후가 건조한 지역은 아무래도 사람들이 많이 살기가 어렵겠지요. 러시아 북서부와 캐나다 북부는 냉대기후와 한대기후입니다. 냉대기후가 나타나는 곳 중에는 도시가 발달하고 인구가 많이 분포하는 지역도 있습니다. 하지만 러시아나 캐나다 북부의 냉대기후는 많은 사람이 모여 살기에는 적합하지 않은 타이가 기후(2장 참조)입니다. 그중에서도 러시아의 타이가 기후대는 시베리아인데, 상식적으로 생각해봐도 시베리아에 많은 사람이 모여 살기는

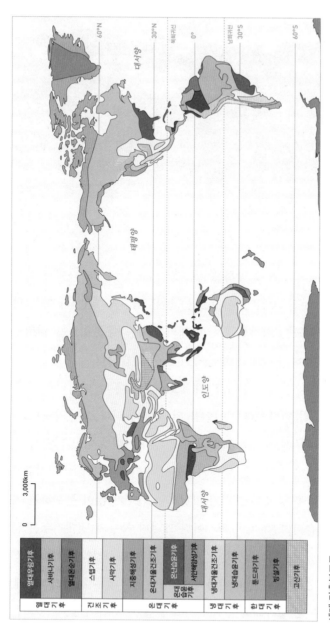

세계 기후 분포도.

열대 기후	열대우림기후
	사바나기후
	열대몬순기후
건조 기후	스텝기후
	사막기후
온대 기후	지중해성기후
	온대겨울건조기후
	온난습윤기후
	서안해양성기후
냉대 기후	냉대겨울건조기후
	냉대습윤기후
한대 기후	툰드라기후
	빙설기후
	고산기후

어렵겠지요. 러시아와 캐나다 최북단은 시베리아보다도 더 추워서 나무나 풀도 자라기 어려운 툰드라기후가 나타나는 곳입니다. 남아메리카대륙 북부의 넓은 평야는 열대우림이 우거진 아마존 분지입니다. 아마존 분지 역시 지구의 허파라 불리지만, 사람이 살기에 적합한 환경과는 거리가 멀지요.

지도를 살펴보면 인구가 지표공간의 어떤 곳에, 어떤 식으로, 왜 분포하는가를 알 수 있습니다. 다시 말해서 지도는 단순히 대륙과 섬이 어디에 위치해 있는지를 나타내는 도구가 아닙니다. 지도를 통해 보면, 지구상에서 사람이 거주하기에 적합한 지리적 환경을 갖춘 곳과 그렇지 못한 곳이 어떻게 분포해 있는가를 알 수 있고, 그에 따라 세계 인구가 왜 이렇게 불균등하게 분포하는가를 이해할 수 있지요. 이것이 바로 지도가 우리에게 선사하는, 세상을 바라보는 지리의 눈입니다.

지도의 구성 요소와
지도를 읽는 법

어린아이가 이불에 오줌을 지리면 '이불에 지도를 그렸다'라고 표현하지요. 이불 위에 묻은 오줌 자국의 모습이 지도처럼 보이기 때문입니다. 당연히 우스갯소리이지만, 어린아이의 오줌 자국만큼 단순한 지도도 때론 훌륭한 지도가 될 수 있습니다. 수첩에다 휘갈기듯 그린 약도라 해도 그것을 보고 길을 잘 찾아갈 수만 있다면 훌륭한 지도이지요. 하지만 정말로 제대로 된 지도를 그리기 위해서는 좀 더 엄격한 기준이 필요합니다. 지표공간을 '재현'하는 것이 지도의 진정한 사명이니까요.

지도의 주요 구성 요소는 축척과 방위, 기호, 등고선이 있고, 여기에 좌표체계를 더할 수 있습니다. 지도란 거대한 지표공간을 사람이 한눈에 읽을 수 있게 재현한 매체입니다. 지표공간을 정확히 재현하려면 지표공간을 정밀한 비율로 축소해야만 합니다. 지도를 그리기 위해 실제 지표공간을 축소하는 비율이 바로

'축척'입니다.

축척은 1:5,000 혹은 1:50,000과 같은 식으로 표기하고, 축척에 따라서 지도를 '1:5,000 지도', '1:50,000 지도'와 같이 부르기도 합니다. 1:5,000 축척이면 지표공간을 5,000분의 1 비율로 줄였다는 말이지요. 축척의 분모가 작을수록 대축척, 클수록 소축척입니다. 언뜻 봐서는 그 반대라고 생각할 수도 있겠습니다. 하지만 1:5,000 지도는 지표공간을 실제 크기에서 5,000분의 1만큼 줄였기 때문에 지표공간을 50,000분의 1만큼 줄인 지도보다 좁은 면적의 지표공간을 훨씬 상세하게 재현할 수 있지요. 당연히 똑같은 지형이나 건물이라 하더라도 1:50,000 지도보다 1:5,000 지도에서 훨씬 크게 재현됩니다. 물론 제한된 지면에 최대한 넓은 면적의 지표공간을 담기 위해서는 대축척보다는 소축척이 적합하겠지요.

1:50,000	$\dfrac{1}{50,000}$	0 0.5km / 0 1km
비례식으로 표현한 축척	분수식으로 표현한 축척	막대자로 표현한 축척

방위는 말 그대로 동서남북의 방향을 가리키는 말입니다. 오늘날의 지도는 특별한 설명이 없으면 북쪽이 위를 향합니다. 방위의 기준인 북극성이 북쪽에 있기 때문이지요. 지도의 상단에

숫자 4 모양이나 나침반 모양의 방위표를 표기하기도 합니다. 그런데 엄밀히 말해 지도에서 북쪽은 한 방향이 아니라 세 방향이 존재합니다. 지도가 재현하는 도북圖北, 나침반의 바늘이 가리키는 북쪽인 자북磁北, 그리고 북극점 방향인 진북眞北이 있지요. 지구상에는 자기장이 있는 데다 구체인 지구를 평면인 지도로 만들 때 오차가 생기다 보니, 도북이나 자북이 진북과 약간씩 차이가 발생합니다. 그러므로 군사작전이나 측량 등 매우 정밀한 방향 탐지가 필요한 분야에 쓰이는 지도일수록, 도북과 자북, 진북을 동시에 표기합니다. 진북과 자북 사이의 각도인 자편각, 도북과 자북 사이의 각도인 도자각, 진북과 도북 사이의 각도인 도편각을 구한 다음 나침반의 방향을 도북선에 놓고 지도를 정치定置하면 진북의 방향을 알아낼 수 있습니다.

기호는 말 그대로 지도 위에 표시하는 기호입니다. 복잡한 지형지물을 기호화하면 어떠한 지형지물이 어디에서 어떤 패턴을 이루며 분포하고, 이에 따라 지표공간이 어떤 형태와 구조를 이루는지 일목요연하게 나타낼 수 있습니다.

기호 중 하나인 등고선은 지표공간의 높이와 경사를 나타내기 위해 해발고도가 같은 지점을 연결한 선입니다. 등고선은 크게 주곡선과 계곡선으로 이루어지고, 그 외에 간곡선과 조곡선도 있습니다. 주곡선은 일정 고도를 간격으로 그려진 실선으로, 등고선의 주를 이루는 눈금과도 같습니다. 주곡선의 간격은 축척에 따라 다르고, 1:50,000 지도에서는 주곡선의 간격이 20미터입니다. 주곡선만 촘촘히 나 있으면 고도나 기복을 계산하기 힘드니, 계산을 쉽게 할 수 있게 주곡선의 5배수마다 굵게 실선을 긋는데, 이것이 바로 계곡선입니다. 1:50,000 지도의 계곡선은 100미터 단위로 그어집니다. 경사가 완만해 주곡선만으로는 경사나 고도를 정확히 재현하기 어려울 때, 주곡선 간격 사이에 파선(짧은 선을 일정한 간격을 두고 벌려 놓은) 형태로 표기하는 보조 등고선이 간곡선입니다. 간곡선으로도 재현하기 어려울 정도로 대단히 완만하고 평탄한 지형일 때 사용하는 점선 형태의 선이 조곡선입니다. 주곡선과 계곡선은 지도에서 고도와 지형의 경사를 재현하기 위해 반드시 쓰이지만, 간곡선과 조곡선은 필요할 때만 씁니다.

지도란 추상적인 기호와 등고선을 사용해 지표공간을 재현한 매체입니다. 요즘에 널리 쓰이는 인터넷·모바일 지도는 지표공간의 모습이 그대로 보이는 위성사진을 제공하지요. 이를 더 편리하게 여기는 분들도 있을 듯합니다. 하지만 위성사진이나 항공사진에도 한계는 많습니다. 토지나 건물의 분포 패턴이나 용도, 산맥의 분포나 하천의 유로流路(물이 흐르는 길) 등과 같은 지표공간의 다양한 속성과 정보를 정확하고 일목요연하게 보여주는 데는 오히려 불리하기 때문이지요. 산과 구릉의 위성사진은 등고선이 그려진 지도처럼 고도의 차이와 기복의 정도를 정확하게 보여주지도 못합니다. 인구분포도·토지피복도·도시계획도·토지이용도 등 특정 목적을 위한 지도인 주제도主題圖 역시 추상적인 기호를 활용해 그립니다. 위성사진이나 항공사진만으로 인구의 분포 패턴, 토지의 이용 양상 등을 파악할 수는 없을 테니까요.

마지막으로 지도에는 지형지물과 공간, 장소의 절대적인 위치를 나타내기 위한 좌표체계가 있습니다. 지도의 좌표체계는 두 종류의 선이 직각으로 교차하며 이루는 격자 눈금으로 이루어져 있습니다. 적도를 중심으로 지구를 가로 방향으로 이으며 남북의 위치를 나타내는 위도가 있고, 영국 그리니치 천문대가 있는 지점을 통과하는 본초자오선을 기준으로 자전축을 따라 지구를 세로 방향으로 이으며 동서의 위치를 나타내는 경도가 있지요.

위도는 지구를 남북으로 각각 90도씩 총 180도로 구분하며, 기준점인 적도는 위도 0도, 남극점과 북극점은 각각 남위·북위 90도입니다. 경도는 지구의 동서를 각각 180도씩 총 360도로 나누며, 본초자오선은 0도입니다. 경도는 위도와 달리 적도와 같은 절대적인 기준점을 찾기가 어렵습니다. 따라서 1884년 10월 13일 미국 워싱턴 D.C.에서 열린 세계자오선회의의 의결에 따라 그리니치 천문대를 본초자오선으로 삼았지요. 경도를 나타내는 경선 모두 북극점과 남극점을 지납니다.

어떤 지점의 경도와 위도를 계산하면 그 지점이 지구 위에서 정확히 어떤 곳에 위치해 있는지를 확실하게 알 수 있습니다. 모바일 지도나 내비게이션이 놀라울 정도로 위치를 정확하게 보여줄 수 있는 것도 인공위성으로부터 전송받은 정확한 위도 값과 경도 값 덕분이지요. 제가 근무하는 진주교육대학교의 위치는 동경 128도 4분 1초, 북위 35도 11분 11초 정도입니다. 한반도를 분단하는 삼팔선은 북위 38도를 기준으로 한반도를 갈랐기 때문에 붙은 명칭이지요.

지구는 자전을 하기 때문에 경도의 합인 360을 24로 나누면 경도가 15도 달라질 때마다 한 시간의 시차가 발생한다는 계산이 나옵니다. 정확히는 지구의 자전 방향으로 인해 경도가 동쪽으로 15도 옮겨지면 한 시간 빨라지고, 서쪽으로 15도 옮겨지면 한 시간 느려집니다. 동경 116도에 있는 베이징의 시간이 동경 127도에 있는 서울의 시간보다 한 시간 느린 게 바로 이 때문이지요. 물론 엄밀히 말해 서울과 베이징 사이의 경도 차이는 15도가 아닌 11도 정도이지만, 지역별 시간의 표기는 경도에 한 치의 오차도 없이 딱 맞추기보다는 현실적인 여건을 고려해서 어느 정도 타협점을 잡습니다.

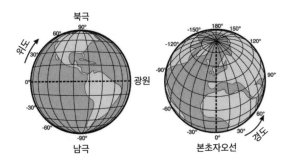

위선과 경선으로 이루어진 지구의 좌표체계.

지도를 만드는 다양한 방법

***

지도란 지표공간, 즉 구체球體인 지구의 표면을 평면에 옮겨 재현한 매체입니다. 입체인 데다 높낮이의 차이도 적지 않은 지표공간을 평면에 옮기는 것은 쉬운 일이 아닙니다. 지표공간 위의 지형지물을 평면 위에 정확히 재현하는 것은 더한층 어려운 일이지요. 예를 들어, 구체에 가까운 형태를 가진 오렌지 껍질 위에 세계지도를 그린다면 지구본과 비슷한 모습이 될 테지요. 하지만 지도가 그려진 오렌지 껍질을 벗겨낸다고 해서 사각형의 세계지도가 만들어지지는 않습니다.

지형지물을 좌표체계에 맞게끔 배열하고 배치하여 지도로 만드는 작업을 투영법projection이라고 합니다. '투영投影'과 'projection'은 모두 그림자를 비춘다는 뜻을 지닌 단어인데, 투명한 지구본에 빛을 비춘 다음 벽에 비치는 육지의 그림자를 따라 지도를 만드는 원리에서 유래한 말입니다. 하지만 실제 지도 제작은 측량한 지형지물의 위치와 거리, 면적 등을 복잡한 수학 공식을 활용해 투영법의 원리에 맞게끔 좌표체계에 배열하는 방식으로 이루어집니다. 오늘날에는 컴퓨터 소프트웨어를 활용하는 것이 보편적인 지도 제작 방식이지요.

입체인 지구를 평면인 지도로 투영하는 과정에서는 필연적으로 왜곡이 발생하는데, 그 왜곡을 목적에 맞게끔 최소화하는 과정에서 다양한 투영법이 등장합니다. 1992년 기준으로 인류가

오렌지 껍질 위에 세계지도를 그린 다음 껍질을 벗긴다고 해서 사각형의 지도가 바로 완성되지는 않는다.

개발한 투영법은 모두 265개나 된다고 합니다.[80]

이처럼 수많은 투영법은 그 원리에 따라 크게 세 가지로 구분할 수 있습니다. 바로 원통도법과 평면도법, 원뿔도법이지요. 원통도법은 지구본을 원통 안에 놓고 지구본의 내부에 광원을 둔 다음 원통에 비치는 그림자를 따라 지도를 제작하는 방법입니다. 원뿔도법은 지구본 안에 광원을 두고 지구본 위에 원뿔을 씌워 거기에 비치는 그림자를 따라 지도를 제작하는 원리입니다.

원통도법은 적도에 가까운 저위도 지역의 면적과 지도의 방향을 정확하게 재현한다는 장점이 있고, 좌표체계의 위선과 경선이 이루는 각도를 정확하게 재현하는 데도 유리합니다. 그래서 좌표체계의 각도가 정확한 정각도법 지도를 만드는 데 효과적이지요. 하지만 적도에서 멀리 떨어진 고위도 지역의 면적

평면도법

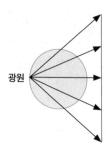

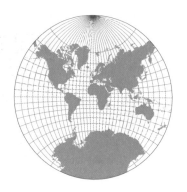

원통도법

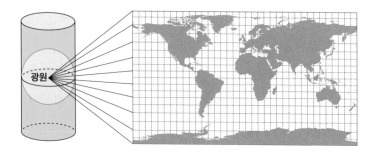

원뿔도법

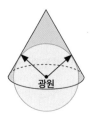

투영법의 종류.

이 왜곡된다는 단점이 있습니다. 원통의 상단과 하단(고위도 지역)으로 갈수록 빛이 이루는 각도가 커지기 때문이지요. 정각도법 지도는 좌표체계와 나침반을 사용해 항로를 찾는 항해에 적합합니다. 평면도법은 거리와 방위의 왜곡이 적다는 것이 장점입니다. 따라서 방위를 정확히 재현하는 방위도법 지도, 거리를 정확히 재현하는 정거도법 지도의 제작에 유리하지요. 방위와 거리가 정확해야 하는 항공 운항에 유용하게 쓰입니다. 원뿔도법은 면적이나 형태의 왜곡이 적어 정적도법 지도를 제작하는 데 유리하지만, 세계지도 같은 광범위한 영역을 재현하는 데는 상대적으로 불리합니다. 현실에서는 두 가지 이상의 도법을 절충해서 지도를 제작하는 경우가 많습니다.

인류 역사에서 투영법을 활용해 지도를 제작한 가장 선구적인 인물은 고대 그리스의 지리학자 티로스의 마리노스Marinus of Tyre입니다.[81] 마찬가지로 고대 그리스의 학자였던 프톨레마이오스 또한 정교한 수학적 계산과 논리를 바탕으로 당대로서는 매우 정확한 지도를 제작하는 투영법을 고안했지요.

프톨레마이오스의 투영법과 지도 제작술은 5세기 후반 서로마제국이 멸망한 뒤 명맥이 끊겼다가 15세기에 재발견되어 지도 제작에 널리 활용됩니다.[82] 서유럽에서 신항로 개척이 시작되면서 정확한 지도의 필요성이 커진 덕분이었지요. 하지만 프톨레마이오스는 고대인이었던지라 지구의 전체 모습과 규모를 잘 알지 못했습니다. 그는 복잡한 수학 계산식을 통해 원뿔도법과 비슷한 투영법 원리를 만들었지만, 지구 전체를 평면에 투영한다는 현대의 투영법 원리를 온전히 따르지 못했지요.[83] 그러다 보니 프톨레마이오스의 투영법으로는 유럽 주변은 어느 정도 정확히 재현해낼 수 있었지만, 세계지도를 온전히 만들기에는 한계가 있었습니다.

17세기 유럽 최대의 해양 대국 네덜란드의 지리학자 메르카토르는 1569년 인류사에 큰 획을 그을 업적을 이룩합니다. 오늘날 메르카토르도법이라 불리는, 원통도법을 활용한 세계지도를 발표한 것이지요. 애초에 항해를 위한 지도 제작을 목적으로 고안된 메르카토르도법은 이전의 투영법과 달리 좌표체계 위에 존재하는 지형지물의 각도를 매우 정밀하게 재현하면서도, 동시에 광대한 세계를 작고 네모난 평면 위에 보기 좋게 담을 수 있었습니다.[84] 그 덕분에 유럽의 항해사들은 메르카토르 지도를 활용해 이전보다 훨씬 안전하고 효율적으로 원양항해를 할 수 있었습니다. 탐험과 지리적 발견 또한 더한층 촉진될 수 있었지요. 오랜 시간에 걸쳐 널리 쓰인 데다 세계지도를 만들기에 적합하다는 장점 덕분에 지금도 수많은 세계지도가 메르카토르도법을 바탕으로 만들어지고 있습니다.

메르카토르도법이 비록 투영법과 지도제작술의 발전에 획기적인 혁신을 가져왔다고는 하지만, 이 역시 완벽한 투영법은 아닙니다. 고위도로 갈수록 면적의 왜곡이 심해지는 탓에 면적이 약 217제곱킬로미터인 그린란드가 세계에서 두 번째로 큰 대륙

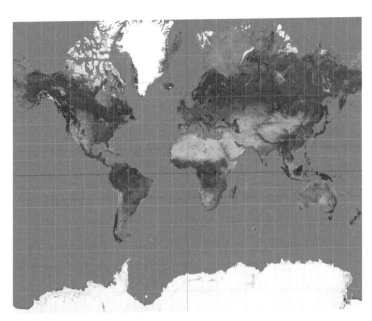

메르카토르도법으로 제작한 세계지도.

인 아프리카(면적 약 3,037만 제곱킬로미터)보다도 크게 그려져 있지요. 게다가 각도는 정밀하게 재현하지만 방위나 거리에는 왜곡이 발생하기 때문에 항해와 달리 항공기 운항에는 부적합하다는 단점도 있습니다.

오늘날에는 구드도법Goode's projection과 같이 여러 도법의 장점을 절충한 도법을 활용해 만든 지도들이 제작되어 다양한 목적에 맞게 쓰이고 있습니다. 항공기가 널리 보급된 20세기 후반에는 항공측량을 통한 지도 제작이 일반화되어 지도의 정밀성이 크게 향상되었습니다. 오늘날에는 인공위성 데이터와 지리정보기술이 보급되면서 지도의 수준이 더한층 정교해지고 세분화되며 다양해지고 있습니다.

구드도법

구드도법은 미국 시카고 대학교 교수를 지낸 지리학자 존 폴 구드 John Paul Goode가 창안한 정적도법입니다. 고위도 지역의 면적 왜곡이 적은 몰바이데도법Mollweide projection과 저위도의 면적 왜곡이 적은 시뉴소이드도법sinusoidal projection을 절충해 만들었습니다. 면적을 정확하게 재현하는 정적도법 중에서도 특히 더 정확하다는 장점이 있지요. 하지만 구드도법으로 만든 지도는 바다가 잘려 보인다는 단점도 있습니다.

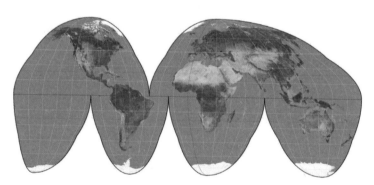

구드도법으로 제작한 세계지도.

인류의 역사와 함께해온 지도

***

지도의 역사는 사실 인간 문명의 역사보다도 깁니다. 문자의 발명은 인류가 농경과 목축을 시작하고 문명의 서막을 연 이후로 긴 시간이 지나서야 이루어졌지만, 지도는 그보다 훨씬 더 오래전에 등장했습니다. 선사시대 인류는 지금 우리가 생각하는 수준보다 훨씬 더 정확한 지도와 지리 지식이 필요했을 겁니다. 작은 무리를 이루며 먹을 수 있는 식물과 사냥감을 찾아 계속 떠돌아다니는 삶을 살았을 테니까요. 그들에게 지도와 지리 지식은 생존과 직결된 문제였습니다. 당시 인류는 동굴의 벽이나 돌조각, 동물의 뼈, 매머드의 상아 등 다양한 재료를 활용해 지도를 그렸습니다. 일례로 1962년 체코 남동부의 작은 마을인 파블로프에서는 기원전 2만 4,000년경에 만들어진 매머드 상아 지도가 발견되었고, 우크라이나 중부에 있는 메지리치 마을의 구석기 유적에서도 기원전 1만 1,000년경에 만들어진 지도가 발견되었지요.[85]

체코 파블로프에서 발견된 매머드 상아 지도.

인류가 본격적으로 문명을 건설하면서 지도의 스케일과 수준은 더욱 높아져갔습니다. 식량과 쉼터를 찾아 떠돌던 인류가 문명을 일으키고 나라를 세우니, 이제는 단순히 먹거리나 사냥감, 쉼터의 위치를 그리는 수준을 넘어 더 넓은 땅을 제대로 파악하고 이해할 필요성이 생겼습니다. 나라를 다스리고, 외적을 막거나 이민족이나 타국을 정벌해야 했던 군주에게 지도의 필요성은 특히 절실했지요. 기원후 100년 무렵에는 투영법을 활용한 지도가 만들어졌습니다. 몽골제국이 유라시아를 하나로 묶음으로써(팍스 몽골리카) 유라시아와 북아프리카를 아우르는, 카탈루냐 지도첩 같은 세계지도도 등장하기에 이르지요.

한 걸음 더 읽기

카탈루냐 지도첩

카탈루냐 지도첩은 오늘날 스페인 카탈루냐주 일대를 다스리던 아라곤왕국의 페드로 4세Pedro IV가 프랑스 국왕 샤를 5세Charles V로부터 세계지도 제작 의뢰를 받은 뒤, 아라곤왕국의 유명한 지도 제작자 아브라함 크레스케스Abraham Cresques를 총책임자로 삼아 제작한 세계지도입니다. 제작 시기는 1375년 또는 1380~1385년 무렵으로 추정됩니다. 페드로 4세가 아라곤, 즉 카탈루냐의 국왕이었고, 크레스케스가 활동했던 마요르카섬 역시 당대에는 아라곤왕국의 영토였기에 지도첩의 이름에는 '카탈루냐'라는 지명이 붙었습니다. 8첩의 지도 중 좌측의 4첩에는 유럽과 북아프리카가 비교적 정확하게 그려져 있고,

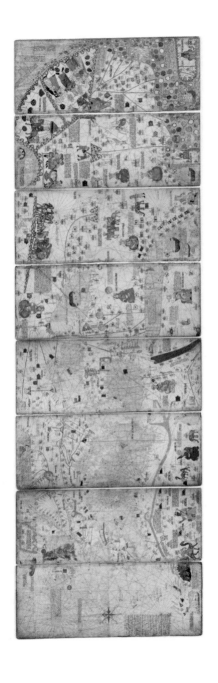

중세 유럽을 대표하는 세계지도 카탈루냐 지도첩.

우측의 4첩에는 매우 부정확하고 엉성하지만 인도와 아시아가 그려져 있습니다. 카탈루냐 지도첩은 중세 후기 유럽인이 몽골제국의 영향으로 '아시아'라는 영역을 동아시아까지 포함해 인지하기 시작했음을 보여주는 자료입니다.

학창 시절 지리 수업이나 국사 수업에서 한 번쯤은 접했을 조선시대의 고지도들 역시 조선왕조의 국가 운영과 지방통치, 안보 역량 강화를 위해 만들어진 것이었습니다. 사실 조선왕조는 당대 세계에 존재했던 여러 왕조와 국가 중에서도 수준 높은 중앙집권 구조와 지방행정 체계를 갖춘 나라였습니다. 조선시대에 다양한 지도와 지리지가 끊임없이 만들어진 데는 이유가 있었던 것이지요.

일례로, 조선 초기인 1402년(태종 2년)에는 태종의 대대적인 지원 아래 세계지도인 혼일강리역대국도지도混一疆理歷代國都之圖를 제작합니다. 건국한 지 얼마 지나지 않은 조선의 외교정책을 굳건히 하기 위해 편찬된 이 지도는 카탈루냐 지도첩과 마찬가지로 팍스 몽골리카의 영향을 받아 비록 부정확하기는 하지만 유럽과 아라비아반도, 아프리카를 재현하고 있습니다. 〈독도는 우리 땅〉이라는 노래에도 등장하는 『세종실록』의 「지리지」[86] 역시 중앙집권을 공고히 하고 지방행정을 효율적으로 운영하기 위해 편찬된 지리서라고 볼 수 있지요.

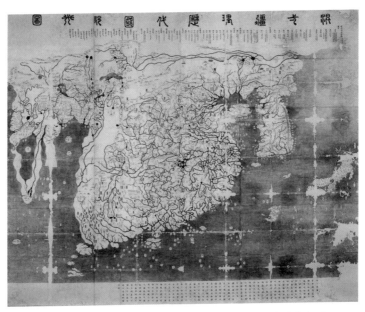

혼일강리역대국도지도는 아시아는 물론 유럽과 아프리카까지 재현한 세계지도다.

근대 이전에 만들어진 지도, 즉 고지도古地圖는 오늘날의 지도
와 비교하면 지극히 부정확하고, 방위나 면적의 왜곡도 심합니
다. 현실에 존재하지 않는 전설상의 지명이나 사물을 버젓이 재
현해둔 지도들도 적지 않지요. 하지만 이런 고지도를 엉터리라
고만 치부해서는 곤란합니다. 요즘 기준에서야 지도로 쓰기 힘
들어 보일지 모르지만, 그 시대 기준에서는 얼마든지 유용하게
쓸 수 있는 지도였습니다.

게다가 고지도를 보면 옛사람들이 세상을 어떻게 바라보고
지표공간을 어떻게 인식했는지 알 수 있습니다. 이를테면 중세

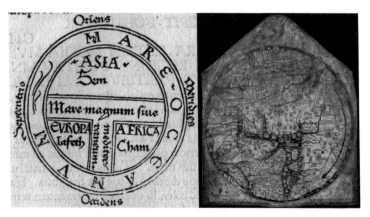

초기의 T-O 지도(왼쪽)과 1300년경 영국에서 제작된 「해러퍼드 세계지도」(오른쪽). 중세 시대의 대표적인 T-O 지도인 해러퍼드 세계지도는 가운데에 예루살렘이 있고, 최상단에 는 천국이 있으며, 노아의 방주까지 재현하고 있다.

유럽에서 편찬된 'T-O 지도'는 한눈에 봐도 지도처럼 보이지 않습니다. 북쪽이 위를 향하는 요즘 지도와 달리 위쪽에 아시 아, 왼쪽 아래에 유럽, 오른쪽 아래에 아프리카가 그려져 있지 요. 지형도 전혀 사실적으로 보이지 않습니다. T-O 지도라는 명칭은 대서양이 대륙을 O자 모양으로 둘러싸고, 지중해가 대 륙을 T자 모양으로 가르는 형태로 재현한 모습에서 비롯했습 니다. 이러한 세계의 모습부터 이미 정확성과는 거리가 멀지요. 대표적인 T-O 지도인 헤리퍼드 세계지도Hereford Mappa Mundi를 보면, 지도 가운데에 예루살렘이 있고 최상단에는 천국이 보이 며, 심지어 노아의 방주까지 재현되어 있습니다. 이 지도는 오 늘날 기준에서는 지도답지 않아 보일지 몰라도, 중세 유럽인의 그리스도교적 세계관을 잘 재현하고 있어 역사적 가치가 높은 유물입니다.

15세기 말부터 서구 세계에서는 신항로 개척이 이루어지면서 효과적이고 안전한 항해를 위한 정확한 지도의 필요성이 급증합니다. 그로 인해 메르카토르도법 같은 지도 제작술의 혁신이 일어나고, 육분의와 크로노미터 같은 측량술의 혁신도 일어나지요. 유럽인들이 원양항해와 탐사를 이어갈수록 미지의 세계가 하나둘 밝혀지고, 지도는 점점 더 정확하고 정교해져갔습니다.

20세기에 접어들며 지도에는 이전과는 또 다른 차원의 혁신이 이루어집니다. 인류의 활동 무대가 땅과 바다를 넘어 하늘과 우주로까지 뻗어간 덕분이지요. 항공기의 등장 덕분에 인류는

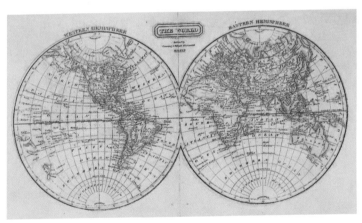

19세기 초 미국의 교육자이자 출판업자였던 제이콥 A. 커밍스Jacob A. Cummings가 제작한 세계지도. 남극대륙을 제외한 지구상의 모든 대륙을 매우 정밀한 수준으로 재현했다.

하늘에서 땅을 내려다보며 지표공간의 사진을 촬영하고 측량할 수 있게 되었습니다. 이는 지도 제작에 걸리는 시간을 눈에 띄게 단축했고, 지도의 정밀성을 더한층 끌어올렸지요. 항공기가 발달하면서 안전한 운항을 위해 필요한 새로운 형태의 지도가 필요해졌습니다. 따라서 메르카토르도법과 같은 정각도법보다는 항로의 거리를 정확히 재현하는 정거도법이 발달했지요.

1950년대에서 1960년대 이후 인류가 인공위성을 발사하고 우주로 진출하면서 인류는 지구 전역을 인공위성으로 관측·촬영·측량할 수 있게 됩니다. 게다가 수많은 인공위성이 지구를 공전하게 된 1980년대와 1990년대 이후에는 컴퓨터를 비롯한 정보통신기술의 혁신까지 이루어지지요. 인공위성이 보내준 공간정보와 정보통신기술의 조합은 혁신적이고 다양한 지도의 등장을 가능하게 했습니다. 그뿐만 아니라 지리정보기술이라는 지도와 지표공간 재현의 또 다른 지평이 열렸습니다.

종이를 벗어난
디지털 지도의 미래

오늘날의 차량에는 거의 예외 없이 내비게이션이 장착되어 있습니다. 초창기의 내비게이션은 화면에 지도와 경로를 표시해주는 정도의 기능을 제공했지만, 최근의 내비게이션은 교통상황에 따라 실시간으로 최적의 경로를 찾아줄 뿐만 아니라 운전자가 지정한 옵션에 따라서 다양한 경로를 비교해 보여주기도 합니다. 연료가 부족해지면 가까운 주유소를, 고속도로 주행 중에는 휴게소의 위치를 자동으로 안내해주기도 하지요.

과거에는 지표공간에서 자신의 위치나 이동 경로를 정확히 찾으려면 지도와 나침반을 가지고 있어야 했습니다. 하지만 요즘에는 그런 수고가 크게 줄어들었지요. 인공위성에서 전송받은 공간정보를 컴퓨터나 모바일 장치를 통해 아주 정확하게 알려주는 인터넷·모바일 지도와 내비게이션이 일상화되었으니까요. 이처럼 인공위성이 전송하는 공간정보와 정보통신기술을 이용하여 지표공간을 재현하는 기술을 지리정보기술이라고 합니다.

지리정보기술의 원류는 인공위성으로부터 전송받은 공간정보를 통해 사람이나 사물의 위치를 아주 정밀하게 재현하는 GPS입니다. 따지고 보면 인터넷·모바일 지도와 내비게이션도 GPS 기술에 그 뿌리를 두고 있지요. 교통, 토지 이용, 주거 공간의 지리적 속성, 식생 분포, 공해나 오염물질의 분포와 이동 등의 복잡하고 다양한 지리정보를 컴퓨터로 일목요연하게 처리·재현하며 다양한 유형의 지도로 만드는 전문가용 GIS 애플리케이션[87]도 마찬가지이지요.

그렇다면 GPS는 왜 개발되었을까요? GPS는 지구 궤도 위에 인공위성이 본격적으로 쏘아 올려지기 시작한 1960년대부터 개발되기 시작했습니다. 처음에는 군사적 목적으로 개발되었습니다. 인공위성이 보내는 위치정보를 활용해 아군과 적군의 위치를 정확히 파악하고, 이에 따라 적시에 적절하게 표적을 효과적으로 타격하고, 아군 부대를 기민하게 기동하도록 하는 것. 이것이 GPS 개발의 가장 기본적인 동기였습니다.

하지만 GPS는 군사 분야에서만 필요한 기술이 아니었습니다. 항해나 항공기 운항에서 GPS가 제공하는 정확한 위치정보는 군사작전에서 못지않게 중요합니다. 도시계획이나 측량에서도 마찬가지입니다. 위치정보가 정확하지 못하면 도로망과 같은 인프라 구축이 잘못될 수 있을뿐더러 행정구역의 경계 설정이나 토지문서 등에도 왜곡이 발생해 난감한 문제로 이어질 수 있습니다. 정확한 위치정보는 사건·사고나 재난을 신속하고 안전하게 처리하는 데도 결정적인 도움을 주지요. 길을 찾고 운전하는 등 일상생활에서도 GPS는 큰 도움이 됩니다.

일부 전문 분야에서만 쓰이던 GPS는 1990년대에 접어들면서 대중화되었습니다. 관련 기술이 발달함에 따라 비용은 저렴해지고, 장비도 가볍고 사용하기 편리하게 개량된 덕분이었지요. GPS의 대중화는 우리나라에서도 큰 주목을 받았습니다. 아래 인용한 기사(1992년)에서는 100미터 미만의 오차로 위치를 정확하게 알려주는 GPS 기술에 대한 경탄이 담겨 있습니다.

… 지구상 어디에 있든 현재의 자기 위치를 정확하게 파악할 수 있는 간편한 휴대용 장치가 최근 뒤를 이어 선보이고 있다. 일본과 미국 기업들이 개발한 GPS(지구 위치 파악 시스템)라는 이름의 이 장치를 가지면 미 국방성이 지구 궤도에 올린 16개의 GPS 항해용 인공위성들을 이용하여 정확하게 여행자의 위치를 알려준다. GPS 위성은 쉬지 않고 무전 메시지를 발신하면서 위성의 위치와 시간을 알려주고 있기 때문에 여러 개의 채널을 가진 GPS 수신기는 이 중에서 4개의 항해 위성에서 발신하는 정보를 동시에 수신하여 위성들과의 거리를 측정·계산하여 여행자의 현재 위도와 경도 그리고 고도를 3차원으로 알려준다. 이 장치는 또 액정 스크린 위에 여행자

의 현재 위치뿐 아니라 이동할 때마다 시시각각으로 변하는 최신의 위치를 보여주는데, 그 정확도는 100미터 안쪽이라고 한다. … GPS가 널리 이용될 21세기 초에는 출장할 때 이런 장비를 가방 속에 넣고 다니면 본사에서는 컴퓨터 스크린을 통해 출장자의 위치를 언제나 알 수 있게 되어 이런저런 업무 지시를 내릴 수도 있게 될 것이다. …[88]

지리와 공간에 관한 기술의 혁신은 GPS뿐만이 아니었습니다. 1990년대 이후 정보통신기술의 급속한 혁신이 이어지면서 위치정보 외에도 다양한 지리정보를 신속하고 정확하면서도 다양하게 획득하고 처리할 수 있는 길이 열렸습니다.

GIS는 다양한 지리정보를 주제 혹은 내용에 따라 지도 레이어map layer(지도의 층)로 만든 다음 여러 지도 레이어를 겹치는 방식을 통해서 지표공간을 다양한 목적에 맞게 체계적으로 분석하는 기능을 제공합니다.

종이로 만든 지도를 사용하던 시절에는 반투명한 트레이싱 용지에 일일이 등고선이나 행정구역 경계선, 지형지물 등을 제도용 펜으로 따라 그리고, 지도에 표기되지 않은 정보는 따로 처리하며 많은 노력과 시간을 들여야 했을 일입니다. 하지만 이제 GIS는 수작업과는 비교할 수 없을 만큼 빠른 속도로 이러한 일을 처리해주지요.

GIS는 속도는 물론 정확성에서도 수작업에 비해 훨씬 월등

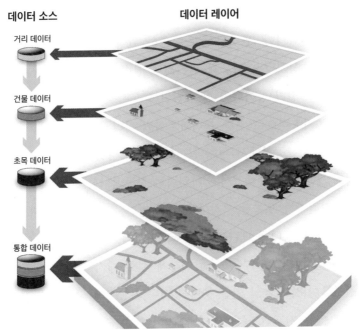

데이터 소스　　　　데이터 레이어

거리 데이터

건물 데이터

초목 데이터

통합 데이터

지도 레이어의 중첩을 통해 지표공간을 다양하게 재현하고 분석하는 GIS의 원리.

합니다. 그뿐만이 아닙니다. GIS는 각종 지리정보와 함께 통계 자료를 비롯한 각종 수치 데이터를 처리함으로써 지표공간과 관련한 다양한 통계, 즉 공간통계 작업까지도 신속하고 정확하게 처리할 수 있지요.

　지리정보기술의 혁신은 멀리 떨어진 곳을 직접 가보지 않고도 탐사할 수 있는 원격탐사를 가능하게 해주었습니다. 원격탐사는 인공위성이나 항공기, 드론 등에 탑재된 카메라 및 관측·측정 장비를 통해 확보한 대량의 정보와 데이터를 원거리에 있는 데이터 처리시설이나 연구소 등에 전송해 분석하는 방식으로 이루어집니다. 원격탐사는 단순히 위성사진이나 항공사진을 정보통신기술을 활용해 원거리로 전송하는 수준의 활동이 아닙니다. 멀리 떨어진 곳의 광범위하고 시시각각 변하는 지리정보를 지속적으로 수집·분석함으로써 지리·공간적 한계를 극복하고, 지표공간에서 일어나는 다양한 현상을 효과적으로 분석해 그에 적절한 대책까지 마련하는 활동입니다.

원격탐사는 오늘날 여러 분야에서 널리 쓰이고 있습니다. 기후와 환경, 생태계 관련 분야는 원격탐사가 특히 유용하게 활용되는 분야입니다. 기후는 전 지구에 걸친 대기와 해수 순환의 결과물이고, 오늘날 인류 문명의 지속 가능성에 중대한 위협이 되고 있는 기후위기는 그러한 대기와 해수 순환의 변화가 지구 기후 시스템을 교란하면서 일어나는 문제입니다. 즉, 기후변화를 올바르게 이해하고 이를 바탕으로 기후위기에 적절하게 대응할 방법을 모색하려면, 거대한 스케일의 대기와 해수 순환 데이터, 기후 데이터의 지속적인 수집과 분석이 필수입니다. 그러한 데이터는 태평양이나 대서양 한가운데와 같이 사람들이 상주하기 어려운 장소에서도 수집되어야 하지요. 그러므로 원격탐사는 기후위기 시대에 특히 더 유용한 활동입니다.

원격탐사는 야생 동식물의 생태 데이터를 수집·분석함으로써 생태 보전 관련 연구와 정책 수립에도 활용되고 있습니다. 도시공간의 변화와 발달 과정 역시 원격탐사와 GIS를 활용해서 체계적으로 분석할 수 있지요. 부산광역시의 도시계획은 GIS를 활용한 대표적인 사례입니다. 부산광역시는 시내의 도시 구조 및 토지 이용 양상이 어떻게 변해왔는지를 장기간에 걸쳐 촬영한 위성사진으로 파악하고(원격탐사) 이를 GIS로 분석했습니다. 그렇게 부산의 도시화 과정을 분석한 자료를 바탕으로 도시계획의 방향을 제시했지요.[89]

물론 지리정보기술이 100퍼센트 정확하다거나 완벽한 기술은 아닙니다. 종이로 만든 지도를 완전히 대체하기에는 부족한 점이 있지요. 그럼에도 지리정보기술은 오늘날 지리학 전 분야에 걸쳐 가장 핵심적인 화두입니다. 지표공간을 분석하고 이해하는 데 있어 지리정보기술이 주는 가능성이 그만큼 무궁무진하기 때문이지요. 여러분의 스마트폰 속에 모바일 지도 앱이 깔려 있고, 자동차에는 내비게이션이 장착되어 있듯이 지리정보기술은 21세기를 살아가는 우리 삶에 필수품이 되었습니다. 초창기 내비게이션과 오늘날의 내비게이션이 현격한 기능 차이를 보여주듯이, 지리정보기술은 앞으로 더욱 발전과 혁신을 거듭할 것입니다.

지리정보기술이 바꾸고 있는 세상

***

역사에서 지도의 발전이 세상이 바뀌는 데 영향을 미쳤듯이, 오늘날에는 지리정보기술이 세상을 바꾸고 있습니다.

흔히 '휴전선 155마일'이라는 표현을 씁니다. 이 표현은 한반도 분단의 아픔, 안보의 중요성, 통일에 대한 염원을 상징하는 말로도 널리 쓰이지요. '155마일(약 249.5킬로미터)'이라는 거리 자체가 휴전선, 나아가 분단 현실의 상징과 은유로 굳어진 것 같습니다.[90] 국방부에서 발행하는 신문인 『국방일보』에 실린 기사에서는 안보 견학을 통해 휴전선 155마일을 지키는 전우들에게 감사하는 마음을 전하며 군인으로서 국가관을 다지겠노라는 어느 군인의 수기가 실린 적도 있습니다.[91]

그런데 실제로 휴전선, 즉 군사분계선의 길이가 155마일일까요? 길고 짧은 것은 대봐야 안다는 속담도 있습니다만, 휴전선의 실제 길이를 측정하는 일은 생각 이상으로 어렵습니다. 실측 작업에는 큰 비용과 시간이 소요됩니다. 더구나 휴전선에는 지뢰가 묻힌 지역 등 군사적 위험까지 남아 있기에 작업이 더욱 어렵지요. 대축척 지도를 사용해도 정확한 거리를 측정하는 데는 한계가 있습니다. 휴전선은 복잡한 지형을 따라 구불구불하게 세워져 있는데, 수많은 굴곡을 하나하나 고려해가며 정확한 거리를 측정해내는 일은 아무리 축척이 큰 지도를 사용한다고 해도 쉬운 일이 아닙니다.

2007년에 발표된 비무장지대DeMilitarized Zone, DMZ의 공간적 범위에 관한 연구는 수치표고모형digital elevation model, DEM을 활용하여 정전협정문에 명시된 휴전선과 비무장지대의 공간적 규

모와 범위를 다시 측정했습니다. 그 결과, 휴전선의 실제 길이
는 통설보다 약 21킬로미터(7마일) 짧은 238칼로미터(148마일)
이며, DMZ의 범위는 약 903.8제곱킬로미터였습니다.[92] 수치표
고모형이란 위성사진, 항공사진 등을 통해 확보한 공간정보를
활용하여 수치화한 지표공간의 기복을 3D 형태로 재현하는 기
술을 말합니다. 2019년에는 해당 연구의 후속 연구가 발표됩니
다. 이 연구는 전문가용 GIS 소프트웨어인 ArcGIS를 활용해 정
전협정문에 수록된 지형도에서 정확한 위치정보와 공간정보를
추출하는 지오레퍼런싱georeferencing 기법을 바탕으로 이루어졌습
니다. 해당 연구는 정전협정문이 명기한 휴전선의 정확한 길이
는 239.42킬로미터(148.77마일)라는 결론을 내립니다.[93]

휴전선과 비무장지대는 우리나라의 안보에서 대단히 중요한
장소입니다. 따라서 휴전선과 비무장지대의 길이와 면적을 정
확하게 측정하는 것은 학문적 측면에서는 물론이고 국가안보라
는 현실적인 문제에서도 아주 중요한 일입니다. 하지만 앞서 말
했듯, 휴전선과 비무장지대의 실측은 생각 이상으로 어렵고 위
험한 일이지요. 지리정보기술은 이처럼 중요한 일임에도 실천
에 옮기기는 어려운 작업을 가능하게 해줍니다.

인류 사회의 존속과 직결된 문제인 기후위기에 대한 대처 역
시 지리정보기술에 기대는 바가 큽니다. 지구 전체에 걸친 대기
와 해수의 변화, 그리고 이에 따른 기후인자와 요인의 변화로
일어나는 기후변화를 제대로 이해하려면 극지나 대양 한가운

데, 산맥, 열대우림 등 사람이 접근하기 어려운 지점의 기후 데이터를 수집·분석해야 합니다. 더욱이 기후변화는 장기간에 걸쳐 일어나는 현상입니다. 이러한 점에서 원격탐사나 GIS와 같은 지리정보기술이 도움이 될 수 있습니다. 일례로, 2023년 국내의 한 연구진은 첨단 위치측정 레이더에 기반한 원격탐사를 통해 얻은 자료를 실측자료와 비교함으로써 여름철 북극 해빙의 두께를 기존 방법보다 훨씬 정확하게 측정하는 방법을 개발한 바 있습니다.[94] 북극의 해빙은 특히 여름철에는 다른 계절보다 훨씬 큰 폭으로 줄어들기 때문에 정확한 두께를 측정하기 어렵습니다. 하지만 원격탐사를 통해 이를 정확하게 측정한다면 기후위기에 좀 더 효과적으로 대응할 수 있겠지요.

러시아-우크라이나 전쟁 이후 전장에서 널리 활용되고 있는 군사용 드론에도 지리정보기술이 쓰입니다. 무기가 제 효과를 발휘하려면 표적에 명중해야 하고, 사정거리가 긴 무기일수록 표적의 정확한 위치를 알아내는 것이 더 중요합니다. 앞서 언급한 바와 같이, GPS나 군사위성 같은 지리정보기술의 개발이 애초에 군사 목적으로 이루어진 까닭도 여기서 찾을 수 있습니다. 정찰기나 군사위성을 통해 얻은 정보조차도 충분하지 못해 폭격기나 미사일을 유도할 특수부대를 적진 깊숙이 침투시키기도 할 정도지요.

군사용 무인 드론이 전장공간의 최전선에서부터 후방의 산업시설까지 정확하게 타격하고 파괴할 수 있는 비결은 드론에 탑재된 원격탐사 장비와 GIS 레이어 등의 지리정보기술 때문입니다. 군사용 드론을 활용하면 예전에는 온갖 무기와 장비를 동원해도 어려웠을 임무를 훨씬 비용도 저렴하고 인명손실의 위험도 적게 수행할 수 있습니다.[95] 드론이 전쟁의 양상을 바꿨다는 말이 많이 나오는데, 좀 더 정확하게는 지리정보기술이 전쟁의 양상을 바꿨다고 말할 수 있습니다.

이처럼 지리정보기술은 길을 빨리 찾게 해주는 수준을 넘어, 사회 전 분야에서 널리 활용되며 세상을 끊임없이 바꿔가고 있습니다. 머지않은 미래에 오늘날보다 훨씬 발전한 지리정보기술이 우리 삶과 세상을 또다시 바꾸어놓을 게 분명합니다. 그 변화는 군사용 드론과 같은 파괴적이고 비인도적인 방식이 아닌, 기후위기 문제 해결 같은 인류 전체의 행복에 기여하는 방식이기를 간절히 바랍니다.

3부

지리 위에서 펼쳐지는
인류의 삶

인문지리학은 경제·사회·문화·정치·군사 등 인문 분야와 관련된 내용을 다루는 지리학의 한 분야입니다. 사람들은 지표공간 위에서 다양한 활동을 하고, 그 활동으로 지표공간의 구조와 형태, 의미를 다양하게 바꿉니다. 그렇게 변화한 지표공간은 또다시 인간의 사회와 문화에 영향을 미쳐 또 다른 방향으로 변화를 이끌어가지요.

예를 들어, 국가나 민족의 분포, 국경선의 형태와 변화는 정치에 중대한 영향을 미칩니다. 이러한 문제를 다루는 인문지리학의 하위 영역이 바로 지정학입니다. 세계 10위권의 경제력과 군사력을 갖춘 대한민국이 마치 약소국처럼 여겨지는 까닭은 미국·중국·러시아 같은 강대국들에 둘러싸인 한반도의 '지정학적' 위치 때문이지요.

경제활동 역시 지리와 밀접한 관련이 있습니다. 입지 조건이 좋은 장소, 이른바 '목 좋은 곳'에 가게를 열면 장사가 잘된다는 말을 흔히 하지요. 어마어마하게 높은 땅값과 임대료를 자랑하는 실리콘밸리나 뉴욕 맨해튼에 수많은 다국적기업의 본사와 연구소가 모여 있는 까닭도 그 장소에서 얻는 경제적 이득이 비용보다 훨씬 크기 때문입니다.

앞서 살펴본 맹모삼천지교 이야기는 오늘날에도 유효합니다. 수많은 사회지리학 연구에 따르면, 공간적 빈부격차, 즉 빈민가와 부유층 주거지의 분화는 사회적 차별을 심화하며 빈부격차를 고착하고 계층 간 이동을 저해한다고 합니다.[96] 선진국과 개발도상국 간의 지리적 차이가 개발도상국에 대한 선진국의 착취와 차별로 이어지고 그 격차를 굳힌다는 논의도 있습니다.[97] 물론 빈민가에서 나고 자란 사람을 잠재적 범죄자나 사회 부적응자로 낙인찍는 것은 분명 잘못된 편견이고, 사실에도 맞지 않습니다. 개발도상국이나 최빈국은 영원히 그 단계에서 벗어날 수 없다든가, 그런 나라의 국민이 열등하고 게을러서 가난하다는 식의 편견 또한 마찬가지이지요. 하지만 열악하고 소외된 환경이 좋은 교육을 받을 기회를 갉아먹고, 바람직하지 못한 문화를 양산하며, 개인의 삶에 나쁜 영향을 미칠 가능성이 크다는 사실을 부정하기란 어렵습니다.

이처럼 지표공간의 모습과 구조는 자연의 힘뿐만 아니라 인간의 활동에 의해서도 다양한 모습으로 나타나고 변화합니다. 따라서 지표공간을 제대로 이해하기 위해서는 자연지리와 함께 인문지리를 읽는 눈도 필요합니다.

3부에서는 인문지리학의 다양한 하위 분야 중에서도 가장 대표적인 7가지 분야를 다룹니다. 경제·도시·사회·문화·역사·군사·지정학입니다. 인문지리는 지표공간에서 일어나는 인간

활동에 의한 현상을 다루는 만큼 우리가 살아가는 일상과 가까이 닿아 있는 이야기들이 많습니다. 도시는 우리 대부분이 생활하는 공간이고, 경제활동이나 사회생활을 하지 않는 사람은 없으니까요. 우리가 익히 안다고 생각하는 역사 또한 지리의 눈으로 보면 색다른 이야기들이 숨어 있습니다. 뉴스로만 접하는 해외 소식도 지리라는 렌즈를 끼면 더욱 흥미롭게 읽을 수 있지요. 인문지리로 세상을 읽으면 눈앞에 훨씬 더 폭넓고 흥미로운 세상이 펼쳐질 겁니다.

5장

경제

지리를 알면
돈의 흐름이 보인다

우리나라에서 대형할인마트가 유통과 소매업에 큰 변화를 일으키기 시작한 1996년, 세계 최대의 대형할인마트 회사인 프랑스의 까르푸가 경기도 부천 중동신도시에 한국 1호점을 열었습니다. 한국까르푸 1호점은 이제 뿌리를 내리기 시작하던 국내 대형할인마트 업체들을 긴장시키기에 충분했지요.

1990년대만 하더라도 국내 기업의 경쟁력은 미국이나 일본, 서유럽의 다국적기업을 따라가기 힘들었고, 까르푸의 위상 역시 국내 대형할인마트 업체와는 차원이 달랐습니다. 할리우드 영화에 비해 경쟁력이 약했던 우리나라 영화산업을 보호하기 위해 극장마다 일정 편수 이상의 한국 영화를 의무적으로 상영하게 했던 스크린쿼터제를 운영하던 시기였으니, 까르푸의 한국 진출이 자칫 국내 대형할인마트 산업을 크게 위축시킬 것이라고 우려할 법도 했지요.

하지만 그로부터 만 10년이 지난 2006년, 까르푸는 한국 시장에서 완전히 철수했습니다. 창고처럼 생긴 크고 투박한 매장에서 대량의 상품을 저렴한 가격에 판매하는 까르푸의 영업 방식은 아기자기한 상품 진열 방식과 친절한 고객 응대를 선호하는 우리나라 소비자들과 맞지 않았기 때문이지요. 한국 까르푸의 실패 사례는 세계적인 기업이라 할지라도 시장이 있는 그 지역만의 특징, 즉 로컬리티locality를 제대로 살피지 못하면 결국에는 사업에 실패한다는 걸 보여줍니다.

세계화가 지리의 종말과 로컬리티의 소멸을 가져오리라던 1990년대 담론과 달리, 세계화가 현실이 되면서 로컬리티는 되레 경제적으로 더 중요한 변수가 되었습니다. 전 세계를 상대로 기업활동을 하는 다국적기업은 다양한 나라와 지역의 특성을 살피지 않으면 경영이 어려워질 수밖에 없습니다. 사업체나 기업의 입지가 경제활동에 결정적인 영향을 미치는 경우는 셀 수 없이 많습니다. 경제지리학은 이처럼 지리적 입지와 로컬리티가 경제와 어떤 관련성이 있느냐에 초점을 맞춥니다.

어디에 자리를 잡고
모이느냐가 중요하다

장사를 시작할 때 이른바 '목 좋은 곳'에 가게를 열어야 한다는 사실은 이제 상식에 속한다고 해도 틀린 말은 아닐 테지요. 사람이 많이 다니는 곳에 가게를 열면 장사를 하는 데 큰 도움이 되고, 사람들의 발길이 잘 닿지 않거나 찾아가기 힘든 곳에 가게를 열면 그만큼 장사도 어려워집니다. 질 좋은 물건을 값싸게 판매하는 것이야말로 장사의 기본이겠지만, 외진 곳에 상점이 있다면 아무리 기본을 잘 지킨다고 해도 장사가 잘되기를 기대하기는 어려울 것입니다. 반대로 상점이 대단히 목 좋은 장소에 자리 잡고 있다면, 가격이 비싸거나 고객을 대하는 태도가 다소 불친절해도 그에 비해 높은 매출을 올릴 수 있겠지요.

경제학에서는 수요와 공급 법칙 같은 시공간에 구애받지 않고 적용할 수 있는 보편적인 이론이나 원리, 법칙을 중시하지요. 이는 오늘날의 거의 모든 학문 분야가 공통으로 추구하는 목표이기도 합니다. 일정한 규칙이나 법칙 없이 이랬다저랬다 하는 식으로 경제를 설명하는 것을 경제학이라 부를 수는 없겠지요.

하지만 현실의 경제는 경제학의 보편타당한 이론이나 법칙대로만 돌아가지 않습니다. 산업의 입지와 분포, 즉 가게나 공장, 사업체 등이 어디에 위치해 있는가라는 문제는 경제활동에 중대한 영향을 미칩니다. 한국 까르푸의 실패 사례에서도 볼 수 있듯이, 사업장이나 산업단지 내 공간의 구조와 배치 역시 경제활동의 성패에 큰 영향을 미칩니다. 지리적 요인이 경제학 법칙을 완전히 뒤집지는 못하겠지만, 입지 조건이 달라지면 경제활동의 효율성이나 성패에 상당 부분 변화가 생깁니다. 이것이 바로 경제지리학, 그리고 입지이론의 핵심 전제입니다.

뭉쳐야 산다! 집적의 경제

***

맛집 골목에 가면 수많은 맛집이 즐비합니다. 서로 다른 음식을 판매하는 것도 아니고 똑같은 메뉴를 파는 맛집들이 줄지어 서 있지요. 먹자골목의 수많은 맛집 중에서도 '원조' 가게나 특별하게 입소문을 잘 탄 가게만 유달리 장사진을 이루는 광경도 흔히 볼 수 있습니다. 그러면 먹자골목에 모인 음식점들은 불필요한 경쟁이 심해 잘나가는 소수의 가게 말고는 대부분이 이득을 못 보는 게 아닐까요?

모르긴 해도, 먹자골목의 가게들 사이에 경쟁 심리가 아예 없지는 않을 겁니다. 하지만 사실상 똑같은 메뉴를 취급하는 먹자골목의 수많은 가게는 실제로는 제 살 깎아 먹기 식의 무한 경쟁이 아니라 오히려 상생하고 있다고 보는 편이 합당합니다. 이런 장소는 그 자체로 손님들을 끌어모으는 힘을 가지니까요. 맛집 골목은 여러 맛집이 모여 있으니 사람들은 그곳에 가면 맛있는 음식을 먹을 수 있으리라고 기대하고, 몇 군데 특출난 가게가 손님을 끌어모으면 자연스레 주변의 다른 가게들도 손님이 많아집니다. 소문난 먹자골목은 음식 맛을 돋우는 분위기가 형성되니 장사에 한층 더 도움이 되겠지요.

게다가 같은 일에 종사하는 상인들이 모여 있다고 해서 경쟁만 하는 것이 아닙니다. 예를 들면 아주 값비싼 장비를 공동으로 구매해서 함께 사용할 수도 있고, 장사할 때의 고충을 서로 나누며 위로를 주고받을 수도 있지요. 조리나 영업의 노하우도 공유하고 전수할 수도 있을 것입니다.

이처럼 동종의 산업체나 기업체가 한곳에 집중해 있는 현상을 '집적'이라고 합니다. 그리고 같은 메뉴를 판매하는 가게들이 집적해 있는 먹자골목이 가게가 하나하나 떨어져 있을 때보다 더 많은 이윤을 창출하는 현상을 공간적 외부성spatial externality에 따른 집적경제라고 부릅니다.[98] 외부성 또는 외부효과라는 경제학 용어는 의도하지는 않았지만 결과적으로 경제 행위에 영향을 미치는 현상이나 효과를 말하지요. 경제지리학에서는 공간적 입지나 집적이 경제활동에 미치는 영향을 공간적 외부성이라고 하지요.

산업의 집적은 공간적 외부성을 통해 산업과 경제의 발전을 견인함은 물론, 집적이 이루어진 장소나 지역의 경제적·사회적 위상까지 바꾸는 경우가 많습니다. 맛집 골목만 보더라도 그저 음식 장사가 잘되는 수준을 넘어 그 지역의 상업이나 관광업에 큰 도움이 되거나 지역 정체성을 바꿔놓는 경우가 많지요.

국가산업단지나 수출자유지역 같은 경우에는 맛집 골목과는 비교하기 어려울 정도로 그 경제·사회적 파급력이 큽니다. 대규모 산업시설이나 인프라가 들어서면 막대한 경제적 이익과 고용을 창출하며 해당 지역의 인구와 산업구조, 경제 규모에 급격한 변화를 불러오고, 나아가 국가의 경제력과 산업구조에까지 중대한 영향을 미칠 수 있습니다. 예를 들어, 구미 국가산업단지, 즉 구미 공단은 전자제품 제조업체들이 집적함에 따라 경상북도 내륙의 작은 농촌이었던 구미를 인구 40만 명이 넘는 공업도시로 탈바꿈시켰지요. 구미 공단은 1970년대에서 1980년대 이후 한국의 수출 규모가 크게 늘어나는 데 한몫했고, 한국 경제가 첨단 산업 중심으로 재편되는 데도 이바지했습니다.[99]

구미시의 위상과 한국의 산업구조에 중대한 변화를 가져온 구미 국가산업단지(구미 공단)의 전경.

입지이론의 선구자 튀넨의 고립국 이론

***

지리적 입지 조건이 경제에 큰 영향을 미친다는 사실은 아마 경험을 통해 깨닫고 오래전부터 사람들 사이에서 공유되었을 겁니다. 고대에는 국제무역의 요지였던 실크로드를 비롯해 지중해의 무역로와 교역 거점을 둘러싼 각축전이 벌어졌지요. 하지만 경제와 입지의 문제를 근대 학문의 이론으로 정립한 인물은 독일의 요한 하인리히 폰 튀넨Johann Heinrich von Thünen이었습니다.

귀족 출신인 튀넨은 대학을 졸업했지만, 학자로 활동한 적은 없었습니다. 대신 27세부터 대농장을 물려받아 경영했지요. 계몽주의와 자유주의 사상에 감화되었던 튀넨은 하인이나 소작농을 인간적으로 대하고 그들이 노동한 대가에 합당한 임금을 제공했을 뿐만 아니라 그들의 건강을 위해서 농장 안에 병원까지 세워주었습니다.[100]

무엇보다 튀넨의 진가는 농장주이면서도 웬만한 학자보다 뛰어난 학문적 안목과 역량에 있었습니다. 튀넨은 농장을 운영한 경험을 바탕으로, 농업의 입지 조건은 토질과 기후 같은 자연환경뿐만이 아니라 운송비에도 영향을 받는다는 사실을 이론으로 체계화합니다. 튀넨은 자신의 이론을 정리해 1826년 『고립국 Der isolierte Staat』으로 출간합니다. 여기서 튀넨은 운송비는 거리에 비례한다는 사실, 즉 거리가 멀어질수록 운송비도 커진다는 사실로 인해 농업의 유형이 달라지고, 토지의 사용 양상도 달라진다는 모형을 제시합니다. 이것이 바로 튀넨의 고립국 이론입니다.

고립국 이론에 따르면, 시장에서 가장 가까이 입지하는 유형의 농업은 원예, 낙농, 임업입니다. 화초와 유제품은 빨리 시들거나 상하기 때문에 시장에서 멀어지면 운송비를 감당할 수 없습니다. 그래서 시장 근처에서 매우 집약적으로 이루어지지요. 튀넨이 살던 당시에는 나무를 땔감으로 썼기 때문에 일상적으로 수요가 많은 데다 무겁기도 한 나무를 생산하는 임업 역시 시장에 인접하게 분포했습니다.

그다음으로 시장에서 가까운 입지를 이루는 농업 유형은 윤재식 농업, 곡초식 농업, 삼포식 농업이 차례로 분포합니다. 이 세 가지 농업은 유럽의 전통적인 농업 형태인데, 윤재식은 윤작, 즉 여러 종류의 작물을 돌려가면서 농사지어 지력地力(농작물을 길러내는 땅의 힘)을 보존하는 영농 방식입니다. 곡초식은 작물과 목초를 번갈아 기르며 지력을 보전하는 방식, 삼포식은 농경지를 여름작물, 겨울작물, 휴경지(또는 목초지)로 삼분하여 지력을 보전하는 방식이지요. 전자에서 후자로 갈수록 조방적 농업(자본과 노동력을 적게 들이고 주로 자연력에 의존해 짓는 농업) 방식이고, 목초지나 휴경지가 생깁니다. 시장에서 멀어질수록 작물을 덜 집약적으로 경작하고, 수송비 부담도 적은 목축업 비중이 커

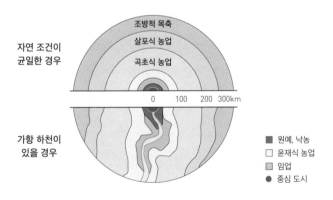

튀넨의 고립국 이론 모형.

지는 것이지요.

덧붙여 튀넨은 가항하천可航河川, 즉 화물선이 다닐 수 있는 하천이 존재할 때는 토지이용 패턴이 동심원 형태가 아니라 하천을 따라 길게 늘어지는 형태로 바뀐다고 보았습니다. 튀넨이 살던 때만 해도 선박은 매우 효율적인 운송수단이었기 때문에 가항하천이 존재한다면 하천의 줄기에 따라 생산물의 수송 효율성이 바뀌면서 농업입지의 양상 또한 변화한다고 생각했던 것이지요.

튀넨의 고립국 이론은 다분히 '이론적'입니다. 현실에서는 튀넨이 상정한 고립국이 존재할 수 없습니다. 게다가 고립국 이론은 지금으로부터 2세기 가까이 지난 이론이다 보니, 오늘날 현실에는 맞지 않는 부분이 많습니다. 가항하천의 존재 여부가 농업입지 패턴을 크게 바꾼다는 설명이나 임업이 시장에 인접한 곳에서 발달한다는 설명은 지금의 현실과는 잘 맞지 않지요. 하지만 튀넨의 고립국 이론은 농경지와 시장 사이의 거리와 이에 따른 운송비가 농업의 입지에 미치는 영향을 체계적으로 분석하고, 이를 이론적 모형으로 만들었다는 점에서 의미가 있습니다. 입지이론과 경제지리학의 선구적 사례로 지금도 중요하게 다루어지고 있지요.

현대 경제지리학의 문을 연 베버의 공업입지론

***

튀넨의 고립국 이론은 입지이론과 경제지리학의 발전에 커다란 영향을 미쳤지만 어디까지나 농업입지에 국한한 이론입니다. 19세기 초·중반 이후 유럽 각국이 대대적인 산업화를 이룩하면서 경제의 중심축은 농업에서 공업으로 옮겨갔습니다. 그러다 보니 공업의 입지를 다루는 새로운 입지이론이 필요해졌지요.

산업화를 이룩한 서구의 강대국들은 농업 중심에서 제조업 중심으로 경제구조를 전환했습니다. 산업화로 인해 대규모 공업지대가 속속 들어서고 경제 규모가 전에 없이 커지면서 경제학 연구도 날이 갈수록 발전했습니다. 하지만 19세기 중·후반부터 1900년대 전후 시기의 경제학 연구는 경제 발달의 속도나 단계에만 초점을 맞추었고, 제조업의 입지와 같은 지리적 측면에는 관심이 미미했습니다.[101] 수십 년 전 튀넨이 고립국 이론을 발표한 이후로 산업혁명이 일어나고 한 세기 가까이 지날 동안 경제지리학은 여전히 꽃을 피우지 못하고 있었지요.

1908년 독일 하이델베르크 대학교 교수로 부임한 알프레트 베버Alfred Weber는 이듬해 경제지리학과 입지론에 획기적인 전환점이 된 저서 『산업입지에 대하여Über den Standort der Industrien』를 발표합니다. 이 책에서 베버는 제조업체나 산업시설의 지리적 입지는 생산비에 큰 영향을 미치며, 따라서 생산비용을 최소화할 수 있는 곳이 최적의 제조업 입지 조건이라고 주장합니다. 나아가 제조업의 유형에 따라서 입지 조건이 달라진다는 사실에 착안해 자신의 이론을 위한 전제 조건을 세웁니다. 지표공간은 지형지물에 따른 차이가 존재하지 않는 공간(등질적 평면을 이루는 공간)이고, 운송비는 거리에 비례하며, 생산기술 수준과 상품의 시장 가격은 일정한 대신 인건비에는 지역 차가 존재합니다. 그리고 노동력의 공급이 일정하게 유지되는(비유동적인) 한편, 생산자는 이윤 극대화를 추구합니다. 이러한 전제 조건 아래 베버는 제조업의 입지가 크게 세 가지 유형으로 이루어진다고 보았습니다.

베버의 세 가지 공업입지 유형 가운데 가장 기본적인 유형은 운송비 지향 입지입니다. 말 그대로 운송비가 가장 적게 드는 지점이 최적의 입지 조건인 경우이지요. 여기서 베버는 원료와 제품의 무게 및 운송 거리의 합이 운송비를 결정한다고 보았습니다.

따라서 베버는 산업의 유형에 따라서 운송비의 최소 지점도 달라진다고 생각했습니다. 베버에 따르면, 시멘트(원료인 석회석이 매우 무거움)나 통조림(원료가 신선해야 하며 부패하기 쉬움)과 같이 원료에 의존하는 바가 크고 원료의 운송비가 비싸거나 운송조건이 까다로운 산업은 원료 산지 근처가 최적의 입지 조건입니다. 이러한 산업을 원료 지향 산업이라 하지요. 가구나 의류와 같이 시장의 반응에 민감한 시장 지향 산업은 시장과 가까

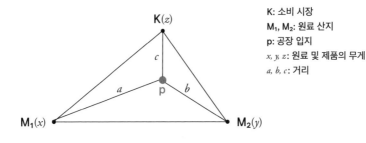

K: 소비 시장
M₁, M₂: 원료 산지
p: 공장 입지
x, y, z: 원료 및 제품의 무게
a, b, c: 거리

베버의 공업입지론에 따른 최소 운송비 지점 결정 모형.

운 곳에 입지하는 게 좋고, 알루미늄이나 화학비료와 같이 전력
을 많이 필요로 하는 동력 지향 산업은 발전소 근처에 입지하
는 것이 좋습니다.

베버의 공업입지론에서 운송비는 제조업체의 입지 조건을 결
정하는 가장 기본적인 요인이지만, 운송비 외의 다른 요인도 중
요하게 다룹니다. 우선 베버는 노동비의 비중이 큰 산업의 경우
에는 노동비, 즉 인건비가 저렴한 지점이 최적의 입지라고 보았
습니다. 노동비 지향 입지는 특히 20세기 중·후반 이후 자본주
의 세계 경제에서 두드러지게 나타나는 현상인 신국제분업New
International Division of Labor, NIDL과도 관계가 깊습니다. 1990년대부
터 2000년대까지 선진국과 우리나라의 여러 기업체가 중국에
진출해서 사업체를 열어 중국이 '세계의 공장'이라 불렸던 적
이 있지요. 최근에는 중국의 인건비가 상승하면서 베트남 등 동
남아시아의 신흥 공업국들이 새로운 세계의 공장으로 주목받

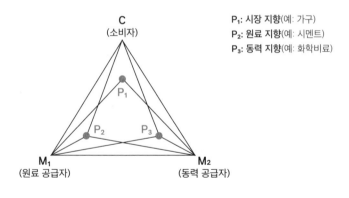

P₁: 시장 지향(예: 가구)
P₂: 원료 지향(예: 시멘트)
P₃: 동력 지향(예: 화학비료)

베버의 공업입지론에 따른 시장 지향·원료 지향·동력 지향 입지 모형.

고 있습니다. 이러한 신국제분업 현상은 모두 노동비 입지와 관련이 있습니다. 우리나라가 1960년대부터 1980년대까지 섬유, 신발 등의 산업으로 급속한 경제성장을 이룩할 수 있었던 것도 당시 우리나라가 낮은 인건비로 노동집약적 산업이 들어서기에 최적의 입지였기 때문입니다.

아울러 베버는 집적의 이익 또한 간과하지 않았습니다. 운송비나 인건비에서 큰 차이가 나지 않을 때는 산업체들이 분산하는 대신 집적해서 입지하는 편이 유리하다고 보았지요. 이것이 바로 집적 지향 입지입니다. 공업입지에서도 공간적 외부성으로 인해 생산비를 절감하는 등의 효과가 나타납니다.

베버의 공업입지론은 현대 제조업의 입지 조건을 체계적으로 분석하고, 이를 산업 유형별로 이론적 모형을 만들어 제시함으로써 경제지리학이 체계적인 학문 분야로 정립되는 데 기여했

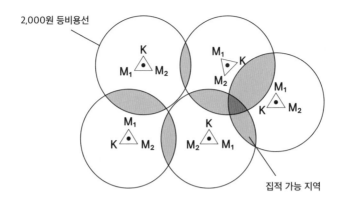

베버의 집적 지향성 공업입지 모형. M_1과 M_2는 원료 산지, K는 소비 시장이다. 원들이 겹치는 곳에서 집적이 일어난다.

습니다.[102] 오늘날에도 베버의 공업입지론은 제조업의 입지를 설명하는 이론으로 지리학은 물론이고 부동산학 등 관련 분야에서 중요하게 다루어집니다.

크리스탈러의 중심지 이론

***

오늘날 세계 경제의 특징은 무엇일까요? 다소 추상적이고 모호하게 들리는 질문일 수 있겠습니다. 그럼 GDP라는 측면에서 세계 경제의 특징을 한번 살펴볼까요? 다음 그래프를 보면, 고소득 국가일수록 3차산업, 즉 서비스업이 GDP에서 차지하는 비중이 크다는 점이 눈에 띕니다. 따지고 보면 서비스업은 1차

산업과 2차산업 이상으로 입지의 중요성이 큰 산업입니다. 이 장의 도입부에서 언급했던 한국 까르푸도 서비스업에 속하지요.

서비스업은 경제지리를 포함한 인문지리적 측면에서 지표공간에 중대한 영향력을 행사하는 산업입니다. 고대부터 큰 도시는 상업, 즉 서비스업의 중심지에서 출발하는 경우가 많았지요. 당장 '도시都市'라는 단어 자체가 클 도都 자와 저자(시장) 시市 자가 결합해서 만들어졌으니, 도시는 태생적으로 서비스업의 공간이라고 봐도 무방합니다. 이는 오늘날에도 마찬가지이지요. 물론 공업도시나 농촌도시도 많지만, 세계의 많은 도시가 비즈니스와 금융업의 중심지이고, 그런 도시들의 중심지인 도심은 기업의 본사와 지사, 상업 시설, 금융기관이 밀집해 있습니다. 규모가 크고 경제·사회적 영향력이 높은 도시일수록 그 중심

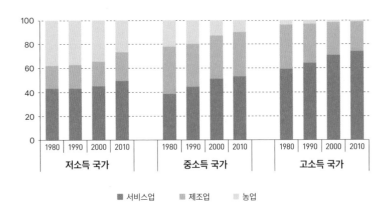

소득 수준에 따른 국가별 GDP 산업 비중을 보여주는 그래프. 시간이 흐를수록 서비스업이 고소득 국가의 전체 GDP에서 차지하는 비중이 커진다는 사실을 알 수 있다.

뉴욕 증권거래소(사진에서 큰 성조기가 걸린 건물)를 비롯한 미국 뉴욕시의 월스트리트는 세계 경제를 좌우하는 글로벌 금융기관들이 집적한 장소다. 월스트리트는 뉴욕시 경제의 중심지일 뿐만 아니라 전 세계에 막대한 영향력을 행사하는 세계 경제의 중심지다.

지에는 국가와 지역, 나아가 세계 경제에 중요한 영향을 미치는 기업체나 금융기관의 서비스업 시설이 입지해 있습니다.

그렇다면 서비스업의 입지는 어떻게 이루어질까요? 모든 서비스업의 입지는 같은 조건을 지닐까요? 당연히 그렇지 않습니다. 예를 들어, 편의점이나 분식집, 중국집 같은 가게는 동네 골목에 주로 입지해 있지요. 이런 업종은 사람들의 일상생활과 직결된 서비스를 제공하기 때문입니다. 상식적으로 생각해도 편의점에 가려고 차를 한참 동안 운전하거나 대중교통을 타는 사람은 거의 없습니다. 하지만 같은 음식점이라고 해도 고급 레스토랑의 입지는 확연히 다릅니다. 고급 레스토랑을 매일 가는 사람은 많지 않고, 가게 된다면 십중팔구 중요한 모임 때문일 테지요. 그러니 이런 곳은 대부분 번화가에 입지합니다. 반면 증권거래소 같은 시설은 한 나라의 수도나 그에 준하는 경제 중심지에만 자리 잡습니다.

독일의 경제지리학자 발터 크리스탈러Walter Christaller는 서비스업의 업종에 따른 재화의 도달 범위에 착안해 1930년대에 서비스업 입지와 중심지 입지에 관한 이론을 발표합니다. 크리스탈러는 편의점이 사람들이 걸어서 갈 만한 거리에 있듯이, 사람들이 재화의 구매를 위해 이동할 수 있는 거리에 한계가 있다고 보았고, 그것을 재화 도달 범위의 상한range이라고 했습니다. 또한 고급 레스토랑이 골목마다 자리 잡을 수 없듯이, 공급자가 수지를 맞출 수 있는 최소한의 수요공간의 범위가 있다고 보았고, 그것을 재화 도달 범위의 하한threshold이라고 했지요. 바로 이 상한과 하한에 따라 중심지의 입지와 규모가 결정된다고 주장했습니다.[103] 서비스업의 입지가 이루어져 재화 공급의 지리적 바탕을 이루는 곳을 중심지라고 하고, 중심지로부터 재화와 서비스업을 공급받는 곳을 배후지라고 합니다. 중심지와 배후지가 여러 개 존재할 때는 배후지가 중첩되기 때문에 배후지의 형태는 재화 도달 범위의 상한을 반지름으로 하는 원형이 아니라 육각형을 이루게 되지요.

중심지 이론에 따르면 재화의 도달 범위에 따라서 중심지의

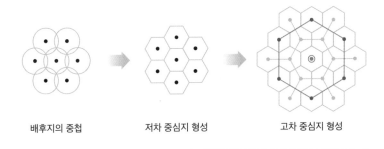

| 배후지의 중첩 | 저차 중심지 형성 | 고차 중심지 형성 |

◉ 1차 중심지　● 2차 중심지　• 소도시
— 1차 중심지의 재화 도달 범위　— 2차 중심지의 재화 도달 범위　— 3차 중심지의 재화 도달 범위

크리스탈러의 중심지 이론에 따른 중심지와 배후지 형성 과정과 중심지의 위계.

위계가 나뉩니다. 농어촌이나 소도시의 중심가에는 음식점, 술집, 은행, 시장 등이 입지하지만, 백화점 같은 시설은 규모가 큰 도시에만 들어서지요. 증권거래소는 한 나라의 수도나 그에 준하는 도시에만 입지합니다.

튀넨의 고립국 이론, 베버의 공업입지론과 더불어 오늘날 경제지리학 입지이론의 바탕을 이루는 크리스탈러의 중심지 이론은 사실 거주지에 따른 차별 없이 재화를 평등하게 공급하려는 사회주의적 의도에서 시작되었습니다.[104] 크리스탈러 본인도 사회주의자였지요. 게다가 중심지 이론은 당대로써는 시대를 앞서간 혁신적인 이론이었습니다. 보수적인 독일 지리학계는 크리스탈러와 그의 이론을 환영하지 않았고, 크리스탈러는 제대로 된 교수직도 얻지 못했습니다. 심지어 1950년대에는 서독

정부로부터 동독의 간첩으로 몰려 고초를 치르는가 하면, 미국 학계에서 강연해달라는 초청을 받았음에도 사회주의자라는 이유로 미국에서 입국을 거부당하는 황당한 일까지 겪었습니다.

크리스탈러의 중심지 이론은 1940년대부터 독일이 아닌 미국에서 큰 주목을 받았고, 경제지리학의 흐름에 중대한 혁신을 가져옵니다. 크리스탈러는 만년에 접어든 1960년대에 비로소 세계 각국의 학회는 물론 자국 정부로부터도 다양한 상을 받으며 학자로서 업적과 명예를 인정받기에 이르지요. 크리스탈러의 삶은 출세와는 거리가 멀었고 꽤 험난했습니다. 하지만 사후에야 가치를 인정받은 여러 불운한 천재들과 달리 그래도 생전에 학자로서 제대로 된 평가를 받았으니 아주 불행한 삶은 아니었지 않나 생각해봅니다.

세계 경제를 읽는
지리의 힘

인류는 이미 신석기시대부터 무역을 해왔습니다. 유라시아의 인류는 기원전부터 중앙아시아의 스텝지대와 오아시스를 잇는 실크로드를 따라 동서 교역을 이어왔고, 중국의 비단은 유럽에서, 유럽의 포도주는 아시아에서 매우 비싼 값에 팔렸지요. 그 길을 따라 전해진 고대 헬레니즘 문화의 미술 기법은 대승불교의 요람인 간다라(오늘날 파키스탄 북동부에서 아프가니스탄 남동부 일대)의 불상 조각뿐만 아니라 우리나라 석굴암 본존불상에까지 영향을 주었습니다. 몽골제국은 땅을 통해 유라시아를, 스페인은 바다를 통해 전 세계를 연결하는 무역로를 건설하기도 했지요.

하지만 보통 이러한 역사적 사건들로 '세계화'가 이루어졌다고 보지는 않습니다. 왜 그럴까요? 실크로드나 바닷길을 통한 세계 여러 지역 간의 교류는 그 규모와 범위가 제한적이고, 시간이 오래 걸렸기 때문입니다. 예를 들어, 서양식 포도주가 당나라에서 많은 인기를 얻었지만 당나라에서 포도주를 즐길 수 있었던 사람들은 극소수의 최상위층뿐이었지요. 헬레니즘 문화의 탄생과 석굴암 건설 사이의 시간 차는 천 년에 가깝습니다.

많은 학자에 따르면 세계화가 이루어졌다고 보는 시기는 1990년대 이후입니다. 교통과 통신의 발달이 눈에 띄게 이루어지고, 냉전체제가 종식되면서 무역과 산업의 국제 교류가 크게 늘어납니다. 특히 항공교통의 발달 덕분에 국경을 넘는 이동과 이주가 이전과는 비교할 수 없을 정도로 쉬워졌지요. 교류를 가로막고 있던 냉전체제라는 지정학적 장애물이 사라지자 국경을 뛰어넘는 정보와 자본, 사람의 이동이 활발해졌습니다. 결정적으로 인터넷과 위성통신이 보편화되면서 실시간 장거리 소통이 아주 수월해졌습니다. 1990년대 중반 김영삼 정부가 대한민국이 새롭게 나아가야 할 방향이라 부르짖었던 세계화는 그로부터 불과 10년도 지나지 않은 2000년대 초중반에 이미 일상이 되었습니다.

그런데 단순히 이동의 자유나 교통·통신의 발달만으로 진정한 세계화를 이룩했다고 하기는 어렵습니다. 세계화란 전 세계가 실시간으로, 그리고 대규모로 교류하고 소통하며 상호의존하는 일이 일상화되는 현상을 말합니다. 즉, 세계화는 세계가 네트워크 형태로 조밀하게 연결되고 통합되는 것을 전제합니다. 세계의 각 지역과 장소, 지점들이 네트워크 형태로 서로 연

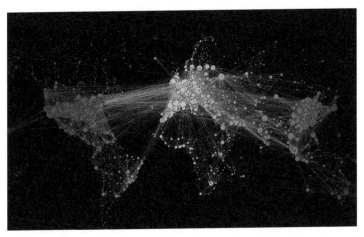

전 세계 주요 공항 간의 글로벌 항공교통 네트워크 지도. 3,275개의 공항과 3만 7,153개의 노선을 표시했다.

결되면 정보와 사람은 물론 돈과 금융까지도 자유롭게 이동할수 있게 됩니다. 그렇게 세계 여러 지역 간의 실시간·대규모 소통과 상호의존이 일상이 되며 전 세계가 하나로 연결된 공간처럼 통합되는 것이 바로 세계화라 할 수 있지요.

세계화가 현실이 되면서 경제는 국경이라는 지리적 경계를 넘나들기 시작합니다. 무역의 규모가 이전보다 훨씬 커졌고 그 빈도도 매우 늘어났을 뿐만 아니라, 돈과 금융의 흐름도 눈에 띄게 활발해졌습니다. 예전 같으면 정말 큰마음을 먹어야 했을 이민과 이주도 세계화로 인해 그 장벽이 낮아졌습니다.

그러면서 기업 경영과 무역의 형태에도 변화가 일어나기 시작했습니다. 기업활동이 국경을 넘나들기 시작했고, 다국적기업도 점점 늘어갔지요. 스마트폰은 다국적기업의 활동이 지닌 특징을 잘 보여주는 상품입니다. 스마트폰의 경우, 대표적으로 우리나라 기업인 삼성의 갤럭시라는 브랜드가 있고, 미국 기업인 애플의 아이폰이라는 브랜드가 있지요. 그런데 스마트폰의 생산 공정을 보면, 갤럭시를 '국산'이라고 보기 어려운 측면이 있습니다. 아이폰도 마찬가지이지요. 아이폰에 한국에서 생산된 부품이 다수 들어가는가 하면, 갤럭시에 외국에서 생산된 부품이 적잖이 들어가니까요. 더구나 스마트폰 제조는 대부분 외국 공장에서 이루어집니다. 세계 경제가 국경을 넘어 네트워크 형

한 걸음 더 읽기 💡

휠라와 국경을 넘나드는 세계화 경제

㈜휠라홀딩스Fila Holdings Corp.는 1911년 이탈리아에서 창업한 속옷 제조업체였으나 1970년대부터 스포츠용품 제조업에 진출해 1980~1990년대에는 세계적인 스포츠용품 브랜드로 성장합니다. 1990년대에 휠라는 한국에서도 선풍적인 인기를 얻었고, 특히 청소년층에서 휠라 운동화는 선망의 대상이었지요.

그러던 휠라는 2007년 한국 지사인 휠라코리아에 인수되어 한국 기업이 되었고, 오늘날에는 스포츠용품과 패션 분야를 아우르는 다국적기업으로 글로벌 경영에 매진하고 있습니다. 세계화 시대에는 이처럼 국경이라는 지리적 경계를 뛰어넘어 이루어지는 경제활동이 일상적으로 일어나고 있습니다.

태로 연결되다 보니, 이처럼 기업의 활동이나 경제 현상이 국경이라는 경계에 얽메이지 않는 현상이 일반화되었습니다.

세계화로 인해 무역이 활발해지고 그 규모도 커졌습니다. 이동과 소통도 전에 없이 늘어나면서 지역과 국가 간의 경제적 연결성이 강해지고, 경제의 상호의존성도 더한층 강해지고 있지요.

이에 따라 세계화 시대에는 지역 간에 경제를 통합하는 현상도 나타나고 있습니다. 유럽연합EU은 세계화 시대의 경제에 효과적으로 부응하고자 연합 국가 간의 자유로운 이동을 보장하고 통화를 유로화로 통일하는 등 경제의 지리적 통합을 시도하고 있습니다. 미국 역시 1994년 북미자유무역협정NAFTA을 체결함으로써 미국의 자본과 기술, 캐나다의 자원, 멕시코의 노동력을 통합한 역내 경제의 활성화를 실천에 옮기고 있지요.

유럽연합이 구성한 유로존Eurozone 지도. 유로존은 유로화를 화폐로 공유하는 유럽연합 구성국들을 가리키는 말이다. 유로존 구축으로 공통된 화폐를 사용함으로써 경제 교류와 협력를 촉진하는 경제적 통합을 이루고자 한다.

신자유주의와 신국제분업의 빛과 그늘

***

오늘날 세계화를 이룬 동력은 크게 두 가지로 볼 수 있습니다. 바로 신자유주의와 신국제분업이지요. 신자유주의는 오늘날 세계 경제를 지배하는 자본주의 사상이자 체제이고, 신국제분업은 국경을 뛰어넘는 글로벌 규모의 자본주의 생산양식입니다.

신자유주의란 1970년대에 등장하여 1980년대부터 자본주의 세계 경제의 헤게모니를 장악한 자본주의의 흐름입니다. 자본주의는 본래 경제에 대한 정부의 개입을 금기시할 정도로 자본과 시장의 자유를 중시했습니다. 하지만 지나친 자본의 자유는 빈부격차를 심화했습니다. 그뿐만 아니라 제1차 세계대전 전후의 호황에 취한 기업들이 시장이 감당할 수 없을 정도로 제품 생산을 이어간 탓에 수요와 공급의 균형이 무너져 1929년 대공황을 초래하지요. 이에 자본주의 선진국들은 경제를 나락으로 빠트린 대공황을 극복하기 위해 1930~1940년대를 지나며 공공지출과 정부 개입을 통해 경제 질서를 조절하는 수정자본주의로 경제체제를 전환합니다. 제창자인 존 메이너드 케인스John Maynard Keynes의 이름을 따 케인스주의라고도 불리는 수정자본주의는 제2차 세계대전 종전 이후 큰 호황을 불러왔습니다. 하지만 이어지는 냉전 시대의 과도한 군비 지출과 공공부문의 비효율로 인해 1970년대부터 위기에 빠지게 되지요.

이때 등장한 자본주의의 새로운 흐름이 바로 신자유주의입니다. 신자유주의는 공공부문의 지출을 최소화하고, 시장경제의 자유를 최대한 보장하며, 민간기업과 시장의 경쟁 원리를 중시하고, 종신고용 대신 비정규직과 외주 등을 통해 노동력을 공급받는 노동의 유연화를 도입했습니다. 특히 금융의 자유를 최대한 허용함으로써 경제의 효율성을 극대화하고자 했지요. 신자유주의는 자본과 금융의 국경을 넘어선 이동과 상호작용이 대규모로 그리고 일상적으로 일어나는 경제의 세계화와 잘 맞을 수밖에 없었습니다.

신국제분업은 신자유주의 세계 경제에서 일어나는 생산양식입니다. 자본이 풍부하고 기술력이 뛰어나며 다국적기업의 본사가 있는 선진국에서는 마케팅·연구 개발·디자인·재정 운용을 비롯해 높은 기술 수준과 고급 인력을 요구하는 생산활동을 담당합니다. 반면 인건비가 저렴한 개발도상국에서는 단순 조립과 같은 저임금 생산활동을 분담하지요. 신국제분업은 선진국과 개발도상국이 각자의 비교 우위를 잘 살려 경제 발전을 더한층 가속할 수 있고, 선진국에는 기술 혁신을 촉진하고 개도국에는 일자리를 창출하는 장점이 있습니다. 신국제분업을 통해 기업의 경영과 제품의 생산·판매가 네트워크를 따라 전 세계를 무대로 이루어지고, 그로 인해 세계 경제의 통합 역시 자연스럽게 탄력을 받습니다.

하지만 오늘날의 신자유주의 세계화와 신국제분업 체제는 부작용도 만만치 않습니다. 가장 큰 부작용은 선진국과 다국적기업이 기술과 자본 그리고 부가가치가 높은 경제활동을 독점한다는 데 있습니다. 이들의 독점은 세계 경제의 불평등을 초래하고 심화합니다. 개발도상국은 명목상으로는 다국적기업의 투자를 받으며 산업시설을 유치하고 일자리를 창출하지만, 실제로는 자본과 기술을 축적하지 못한 채 저임금으로 노동력만을 제

2011년 9월 17일부터 11월 15일까지 미국 뉴욕 월스트리트에서 일어난 신자유주의 반대 집회 '월스트리트를 점거하라Occupy Wall Street'에 참가한 한 미국 시민의 모습. "우리는 99퍼센트다We are the 99%"라는 문구가 적힌 피켓을 들고 있다. 신자유주의 경제와 세계화로 인해 미국과 세계 인구의 99퍼센트가 비정규직과 빈민으로 전락할 정도로 양극화와 빈부격차가 심각해지고 있다는 메시지를 담고 있다.

공하는 악순환에 빠지게 되지요.

　게다가 신자유주의로 인한 노동의 유연화는 비정규직을 양산하고 일자리의 질을 전반적으로 떨어뜨리고, 선진국 내에서도 빈부격차를 키우고 있습니다. 연구 개발, 마케팅 등 선진국이 주로 담당하는 부문이 부가가치는 높지만, 고용을 창출하는 효과는 상대적으로 약하기 때문이지요. 더욱이 선진국에서도 비정규직과 하청을 통해 노동력을 확보하려는 경향이 커지다 보니, 다수의 선진국 노동자가 저소득 비정규직으로 전락하고 있습니다.

2017년 6월 17일 발생한 영국 런던의 그렌펠 타워 화재. 저소득층과 이주노동자들이 주로 거주하던 이 임대아파트는 신자유주의 정책에 따른 예산 삭감으로 스프링클러 등 화재를 막을 시설을 설치하지 못한 탓에 화재의 조기 진화에 실패했다. 사망자 72명을 포함해 150명에 가까운 인명 피해를 낳았고, 건물은 전소되었다.

심지어 미국의 어느 식당에서는 인건비를 아끼려는 목적으로 비대면 시스템을 통해 필리핀 노동자를 고용해 원격으로 주문과 계산을 받도록 하는 일까지 일어나고 있지요.[105] 신자유주의와 신국제분업은 노동자를 한층 더 소외시키며, 다중스케일적인 빈부격차와 불평등 문제를 일으키고 있습니다.

또한 자본과 기업의 자유를 강조해 규제 철폐를 주장하고, 공공지출을 최소화하는 신자유주의는 환경문제와 문화의 획일화라는 부작용을 낳기도 합니다. 국경을 뛰어넘는 무분별한 개발과 생산·소비의 확대 그리고 이에 따른 자원 이용의 증가는 특

히 개도국의 환경에 부담을 가중하고 악영향을 미칩니다.[106]

신자유주의의 또 다른 부작용으로는 금융의 부실화가 있습니다. 이로 인해 우리는 2008년 세계 금융위기를 맞았지요. 미국의 부동산 경기 호황으로 무분별하게 판매된 저소득층 대상 주택담보대출 상품(서브프라임 모기지론)이 결국 임계점을 넘어서면서 미국 경제가 극심한 불황에 빠졌습니다. 이에 따라 미국뿐만아니라 전 세계가 여러 해 동안 심각한 경제난에 시달려야 했지요. 자본주의 경제의 일대 변곡점이었다고 평가받는 2008년 세계 금융위기[107]로 사실상 생명력이 다했음을 확인했음에도 세계는 신자유주의 경제체제에서 여전히 벗어나지 못하고 있습니다. 그로 인해 양극화는 여러 스케일에서 확대되었고, 소외된 스케일의 영역에서는 원리주의·극단주의 테러 집단이 득세하고, 선진국에서는 극우 정당과 소수자 혐오를 퍼뜨리는 집단이 힘을 키워가고 있습니다.[108,109]

20세기 후반 이후 신자유주의와 신국제분업은 꿈과도 같았던 세계화를 실현했고, 세계 경제를 통합하며 경제의 양적 규모를 급격히 키웠을 뿐만 아니라 산업과 기술에서 혁신도 주도했습니다. 하지만 신자유주의 세계화가 일으킨 다중스케일적 불평등과 양극화, 환경문제 등은 수많은 인류를 가난하고 불안정한 삶으로 몰아넣고 있습니다. 앞으로는 지금의 문제들을 극복하고 새로운 세계 경제와 세계화의 방향을 모색할 필요가 있습니다.

세계화 시대에 다시 주목받는 로컬리티

***

'빅맥지수'라는 경제지표가 있습니다. 세계 각국에서 판매되는 맥도날드의 햄버거 상품 빅맥의 가격을 기준으로 각국의 구매력을 비교·평가하는 경제지표이지요. 어떤 나라의 빅맥지수가 높으면, 즉 빅맥 가격이 맥도날드 본사가 있는 미국보다 비싸다면 그 나라의 물가와 구매력이 높은 것이고, 빅맥지수가 낮으면 물가와 구매력도 낮은 것입니다. 다국적기업 맥도날드가 세계 어디서나 빅맥을 팔기 때문에 빅맥지수는 '보편성'을 지녀 경제지표로 활용될 수 있습니다.

그런데 우리나라 맥도날드 매장에서는 빅맥 말고도 불고기버거가 인기리에 팔립니다. 맥도날드는 분명 미국 기업인데, 한국 매장에서만 불고기버거를 만들어 판매하고 있지요. 심지어 지금은 단종되었지만, 김치버거까지 판매한 적도 있습니다. 우리나라 맥도날드가 유별나서 그런 것도 아닙니다. 세계 각국의 맥도날드 매장에 가면 그 나라에서만 통할 법한 메뉴를 어렵잖게 찾아볼 수 있지요. 인도의 맥도날드 매장에서는 힌두교도와 이슬람교도가 금기시하는 쇠고기와 돼지고기

모로코 마라케시의 맥도날드에서 판매하는 할랄 버거. '할랄حلال'은 이슬람 율법에서 허용된 것을 뜻하는 말이다.

를 사용하지 않은 패티가 든 햄버거 메뉴를 판매하고 있습니다.

아무리 유명하고 거대한 다국적기업이라 해도 세계 각지의 다양한 문화를 무시한 채 본사나 모국의 잣대만으로 경영할 수는 없습니다. 아니, 전 세계를 상대로 경영하는 다국적기업이기 때문에 그 경영은 '보편적' 기준에만 매달려서는 더더욱 안 됩니다. 까르푸가 우리나라에서 실패한 것은 한국이라는 국가가 지닌 특유의 문화에 대한 분석 없이 '글로벌 스탠더드global standard'만을 고집했기 때문이지요. 힌두교 문화권에서 쇠고기 요리를 판다든지, 이슬람 문화권에서 돼지고기를 판매했다가는 실패할 수밖에 없습니다. 전 세계가 연결되는 세계화 시대에 오히려 각 지역의 국지적인 고유성이 더욱 중요해지고 있는 것입니다.

글로벌 경제활동과 다국적기업의 글로벌 경영에 큰 영향을 미치는 세계 여러 지역의 국지적local 요인을 로컬리티locality라고 부릅니다. 1980~1990년대에는 세계화가 전 세계를 하나의 균질한 공간으로 만들 것이라는 예측이 많이 나왔고, 이에 따라 21세기에는 지리학이 종언을 고하리라는 이야기까지 나올 정도였습니다. 하지만 세계화가 현실이 되면서 세계 경제에서는 로컬리티가 글로벌 스탠더드 못지않게 중요한 영향력을 행사하게 되었습니다.

전 세계가 하나로 연결되면서 글로벌 스탠더드와는 거리가 먼 국지적 스케일의 활동이 세계적인 인기와 명성을 얻기도 합

니다. 예를 들어, 중국의 디자인 전공 대학생이었던 왕모모王卯卯
가 개인적으로 사용하기 위해 자기 홈페이지에 올린 토끼 캐릭
터 투즈키Tuzki는 인터넷을 통해 퍼져 폭발적인 인기를 얻었고,
결국 막대한 부가가치를 창출하는 세계적인 캐릭터가 되었지
요. 이처럼 세계화 경제에서는 로컬리티도 글로벌 스탠더드 못
지않은 영향력을 가질 수 있습니다. 최근에는 세계화와 로컬리
티를 합한 '세방화glocalization'라는 용어도 주목받고 있지요.

신산업입지론: 혁신의 시대를 주도하는 집적의 외부경제

***

사람과 사람이 마주 보며 소식을 전하고 퍼트리던 옛날과 달리,
오늘날은 인터넷으로 전 세계를 잇는 초연결 시대입니다. 그러
다 보니 언제부턴가 인터넷과 디지털 기기를 활용해 다양한 장
소를 오가며 일하는 디지털 유목민digital nomad이라는 용어가 사
회적 화두로 떠올랐지요. 코로나19가 전 세계를 휩쓸었던 2020년
대 초반에는 재택근무가 세계적으로 확산되기도 했습니다.

첨단 산업과 기술 혁신은 언뜻 봐서는 전통적인 형태의 대면
이나 오프라인 의사소통, 이른바 '발품 파는' 행위와는 관계가
멀어 보입니다. 그러나 실제로는 첨단 산업이 발전하는 과정에
서 대면 소통은 아주 중요했습니다. 수많은 다국적기업이 기술
과 디자인, 마케팅을 수행하는 과정에서 대면 접촉과 소통을 통

해 아이디어와 노하우를 나누었습니다. 정보통신기술, 특히 인터넷의 보편화를 통해 정보를 얻기가 굉장히 쉬워진 듯하지만, 현실은 되레 그렇지 않은 부분도 크기 때문이지요.

사실 우리가 인터넷 검색을 통해서 손쉽게, 무료로 구할 수 있는 정보는 대부분 가치가 높지 않습니다. 상식적으로 생각해도 중요한 정보를 인터넷에 무료로 풀 사람은 그리 많지 않겠지요. 돈이 되는 정보나 기술, 노하우라면 더더욱 그렇습니다. 예를 들어, 자기 가게만의 음식 맛을 내는 비법이나 노하우를 공개할 음식점은 당연히 없겠지요. TV나 인터넷에 공개되는 '맛집의 노하우' 같은 것은 그 가게에서 판매하는 요리의 맛을 그럭저럭 비슷하게 재현하는 수준이지, 가게 주방에서 실제로 쓰이는 비법은 아닐 겁니다. 정보화 시대에 가치가 낮은 정보는 구하기 쉬운 정도를 넘어 범람하는 수준에 이른 데 반해, 경제활동을 하고 이윤을 창출하며 혁신을 달성하는 데 쓰일 만한 고급 정보는 더욱 희귀해졌습니다. 따라서 정보화 시대에서 정보를 얻기 위해서는 비대면 혹은 온라인에 의존해서는 안 된다는 역설이 나온 것입니다.

코로나19가 유행하던 시절 '뉴노멀new normal'이라고까지 불리던 비대면 수업은 코로나19 유행이 끝나자 학교 현장에서 대부분 보조적인 수단으로 물러났습니다. 사실 정보통신기술의 발달로 대학을 비롯한 학교 교육이 비대면 교육으로 대체되고, 학교라는 공간이 머지않아 사라지리라는 예측은 이미

1980~1990년대부터 나왔습니다. 그러나 이 역시 적어도 지금 되돌아보면 틀린 예측이지요.[110] 교육과 학습, 정보 교환과 같은 일에서 대면 소통의 중요성은 여전히 큽니다.

정보화 시대의 첨단 산업은 기술 수준만으로 성공하기 어렵습니다. 이제는 고인이 된 애플의 스티브 잡스Steve Jobs는 감성과 톡톡 튀는 아이디어를 중시했다고 하지요. 그가 디자인하고 개발한 애플의 제품들은 가격이 비쌈에도 시장을 휩쓸었습니다. 전 세계에 열풍을 불러일으킨 애플의 감성과 창의성은 매뉴얼만으로는 전달하기가 어렵습니다. 표준화·제도화된 공정보다도 혁신적이고 창의적인 지식과 아이디어가 더 중요하고, 아울러 그러한 창의성과 혁신이 이루어질 문화도 마련되어야 하지요. 그러므로 유행을 선도할 첨단 산업의 혁신을 위해서는 창의성과 혁신을 위한 대면 접촉이 꼭 필요합니다.

신산업입지이론은 입지와 집적을 통해 이러한 지식과 아이디어의 획득 및 공유 그리고 집단학습이라는 공간적 외부성에 초점을 맞춘 입지이론입니다. 그중 대표적인 이론이 바로 클러스터 이론이지요. 클러스터cluster는 군집, 송이, 무리 등을 뜻하는 영단어인데, 클러스터 이론에서 말하는 클러스터란 산업시설과 관련 인프라가 모여 있는 수준을 넘어 창의성과 혁신이 꽃필 수 있도록 교육·연구 시설, 정부의 행정 지원체계, 금융 인프라 등이 네트워크 형태로 집적된 새로운 형태의 산업 집적지를 말합니다.

클러스터의 대표적 사례인 미국 실리콘밸리.

　미국의 실리콘밸리가 바로 클러스터의 대표적인 사례이지요. 실리콘밸리에는 마이크로소프트, 애플, 오라클, 구글 등 첨단 산업의 혁신을 주도하는 다국적기업 본사들은 물론이고 대학교와 연구시설, 각종 행정시설, 회계·법률·노무 등의 생산자 대상 서비스업체 그리고 벤처캐피털도 함께 모여 있습니다.[111] 집적을 통해서 운송비 절감이나 노동력 확보뿐만 아니라 창의성 발휘와 기술·아이디어의 혁신이 일어날 수 있는 환경을 조성한 것이지요.

　그뿐만이 아닙니다. 실리콘밸리 기업체들은 혁신과 창의성이 지속적으로 일어날 수 있도록 기존 기업체와 달리 위계질서를 탈피한 사내 문화를 만들었습니다. 이러한 기업들은 자유롭

게 의사소통할 수 있는 수평적이고 자유분방한 분위기를 조성
해 구성원들이 전문성을 갈고닦고 학습하는 데 적극적이고 자
발적으로 참여하게끔 유도합니다.[112] 클러스터란 혁신과 창의성
을 위한 하드웨어와 소프트웨어를 모두 갖춘 경제지리적 공간
이자 장소인 것이지요.

입지나 공간적 외부성, 집적경제 같은 개념들은 경제지리학
에서 그리 새로운 개념은 아닙니다. 하지만 경제와 산업의 변화
는 집적의 형태와 방식에도 새로운 변화를 가져왔지요. 경제지
리 이론은 이제 생산비를 절감하고 물류를 유리하게 하는 수준
을 넘어, 세계화 시대에 필요한 의사소통과 창의성, 혁신을 촉
진하는 방향으로 나아가고 있습니다.

6장

도시

인간이 만든
가장 복잡한 공간

대학을 은유하는 상아탑을 살짝 비틀어 만든 '우골탑牛骨塔'이라는 단어가 있습니다. 부모가 애써 기른 소를 팔아서 마련한 등록금으로 자녀를 보낸 대학이라는 뜻이지요. 대학 등록금은 가계에 적잖이 부담을 주는 비용이고, 지금보다 소득 수준이 열악했던 과거에는 그 부담이 훨씬 클 수밖에 없었습니다. 그런 시절에도 많은 부모가 우골탑을 쌓으며 자녀 교육에 힘썼습니다.

자녀에게 좋은 교육 기회를 주려는 부모의 마음이야 몇십 년 전이나 지금이나 딱히 달라지진 않은 듯합니다만, 우골탑이라는 말은 이제 낡은 표현이 되었습니다. 요즘에는 소를 키우는 집 자체가 드물어졌으니까요. 1960년만 하더라도 40퍼센트를 밑돌았던 한국의 도시화율은 2023년 기준으로 90퍼센트가 넘습니다. 농어촌 인구가 전 국민의 10퍼센트 미만인 데다 농어촌의 높은 고령화율을 생각하면, 소를 판 돈으로 대학 등록금을 마련하는 집은 이제 거의 없으리라 봅니다.

인구의 대다수가 도시에서 살아가는 현상은 오늘날 일부 선진국에서만 일어나는 일이 아닙니다. 다수의 개발도상국에서도 빠른 속도로 도시화율이 높아지고 있지요. 오늘날에는 인류의 대다수가 도시에서 살아가고, 이러한 추세는 앞으로 더 심해질 것입니다.

현대의 도시는 농어촌뿐만 아니라 전근대의 도시와도 크게 다른 구조를 지닌 공간입니다. 자동차가 발달하지 않았던 전근대 도시의 규모는 대개 도보로 이동할 수 있는 범위를 넘지 않았습니다. 도시에 거주하는 사람들도 대부분 왕실이나 귀족과 같은 특권층 그리고 주로 정치나 군사 업무를 맡은 전문직 종사자나 상공업자 정도인 경우가 많았습니다.[113] 하지만 오늘날의 도시는 전근대의 도시와는 비교할 수 없을 정도로 커졌습니다. 산업혁명 이후 철도, 자동차 등의 교통수단이 급속히 발달하면서 그만큼 면적이 더 넓은 도시가 등장할 수 있었지요. 또, 공장제 기계공업이 산업과 경제의 핵심이 되면서 도시에 대규모의 공장과 상업시설이 들어서고, 그곳에서 일할 노동자들이 농어촌에서 대도시로 몰려들었습니다.

이처럼 오늘날의 도시는 농어촌이나 전근대의 도시와는 양적 규모와 질적 구조 면에서 확연히 차별화되는 지리적 공간으로 자리매김했습니다. 더구나 사회구조와 과학기술의 발전이 이어지면서 도시공간의 구조와 형태는 계속 변화하고 있지요. 그러므로 도시라는 공간에 관해서 연구할 필요성은 점점 더 커지고 있습니다. 20세기 초반에는 도시공간의 구조와 특성을 연구하는 인문지리학의 새로운 분야가 등장합니다. 바로 도시지리학입니다.

촌락에서 도시로
변화하는 삶의 터전

촌락의 지리적 입지와 분포를 다루는 촌락지리학은 오늘날 지리학계에서는 소수 분과에 해당하지만, 그 역사는 근대 지리학의 정립이 이루어진 19세기 중·후반까지 거슬러 올라갑니다.

19세기 초·중반 이전의 도시는 오늘날의 도시와는 비교할 수 없을 정도로 규모가 작고, 공간 구조도 단순했습니다. 도시를 뜻하는 독일어 부르크burg, 프랑스어 부르bourg, 러시아어 그라드град는 모두 원래 성城을 뜻하는 단어였습니다.[114] 전근대 도시가 성벽으로 둘러싸인 경우가 많았기 때문이지요.

전근대 도시의 교통수단은 말과 우마차 정도가 전부였고 대부분 걸어서 이동했습니다. 그러니 도시의 영역이 지금만큼 넓을 수 없었지요. 게다가 상하수도 같은 인프라나 고층 건물이 없었으니 도시가 수용할 수 있는 인구에도 한계가 있었습니다. 물론 고대 바빌론, 로마, 당나라의 장안 등은 인구가 수십만에서 100만 명에 이르렀다고도 전해지지만, 이런 기록을 그대로 믿기에는 신빙성이 떨어진다는 지적이 많습니다.[115]

게다가 농업 기반 사회였던 전근대에는 오늘날처럼 도시에 인구가 집중되지도 않았습니다. 일반적으로 도시는 대부분 왕실이나 귀족과 같은 특권층, 상공인, 전문직 종사자 정도만 살았고, 인구 대부분은 농어촌에 살았지요. 도시의 지리적 범위가 작았던 데다 인구도 적었으니, 도시의 공간 구조도 지금처럼 복잡하지 않았습니다.

촌락지리학은 지리적 환경이 촌락의 입지 조건과 형태에 미치는 영향을 연구합니다. 고등학교 사회 수업이나 한국지리 수업에 집촌集村, 산촌散村, 가촌街村, 괴촌塊村 등의 용어를 접해본 분도 있으실 듯합니다. 여기서 산촌散村은 촌락 입지의 형태를 나타내는 말로, 산간에 입지한 촌락을 뜻하는 산촌山村과는 다른 말입니다. 촌락의 입지 형태는 지형이나 기후, 가로망의 발달, 농축산업의 형태 등에 따라 달라집니다. 새로 개척된 곳이거나, 노동력을 집중할 필요가 상대적으로 적고 개인이 관리할 땅의 범위가 넓은 낙농업이나 목축업이 행해지는 경우에는 산촌이 발달합니다. 우리나라의 경우에는 일손이 많이 드는(고도로 집약적인 노동력을 요구하는) 벼농사가 발달해서 집촌 위주의 촌락 경관이 주로 발달했습니다. 그러나 태안반도나 태백산맥, 개마고원 등지에서는 산촌이 형성되는 경우도 드물지 않게 찾아볼 수 있지요.

철길과 찻길을 따라 커지는 도시

★★★

근대 지리학이 정립되어가던 19세기 중·후반, 서구 세계에서는 영국·프랑스·미국·독일 등의 강대국을 필두로 상당한 수준의 도시화가 이루어집니다. 산업혁명이 일어났기 때문이지요. 산업혁명으로 서구 세계에서는 농업 기반 경제에서 2차·3차 산업 기반으로 경제가 급속하게 전환되었고, 그러면서 수많은 사람이 농어촌에서 공장이 밀집한 도시로 이주하게 됩니다. 이촌향도離村向都 현상이 나타난 것이지요. 산업혁명 이후의 도시공간은 전근대와는 비교할 수 없을 정도로 많은 인구를 수용할 수 있는 공간으로 변모합니다. 도시공간에 대규모 공장이 들어서서 수많은 노동자가 이주해 왔고, 기차와 전차가 실용화하면서 도시는 철길을 따라 훨씬 더 넓은 범위까지 커졌습니다. 20세기 초반부터 자동차가 널리 사용되면서 도시공간은 철도나 전차 노선의 제약을 벗어나 면面의 형태로 더한층 커질 수 있었습니다.

유럽의 경우, 19세기를 거치면서 전체 인구는 2배 증가했지만 도시 거주 인구의 규모는 무려 6배나 증가했습니다. 영국은 1850년에는 도시화율(전체 인구 대비 도시 거주 인구의 비율)이 40퍼센트 증가하고, 1890년에는 60퍼센트 이상 증가했습니다.[116] 영국은 19세기 후반에 이미 인구의 절반 이상이 도시에 거주했다는 뜻이지요.

도시화율의 현저한 증가는 도시공간의 구조 또한 크게 바꾸어놓습니다. 도시화로 인해 백만 명이 넘는 인구가 몰려 사는 거대 도시가 등장하기 시작한 것이지요. 산업혁명으로 인해 등장한 산업자본주의는 체제를 유지할 거대한 공장지대와 시장을 필요로 했습니다. 그에 더해 기차와 자동차 같은 빠르고 효율적인 교통수단이 등장하면서 도시의 물리적 규모는 더욱 커질 수 있었고, 그렇게 '메트로폴리스metropolis'가 탄생합니다. 국가의 경제와 문화의 중심을 이루며 국제관계의 허브로 기능하는 거대·광역 도시를 메트로폴리스라 부릅니다. 런던이 초기 메트로폴리스의 대표적인 예입니다. 1801년에 인구 90만 명을 넘긴 런던은 1851년에 무려 인구 230만 명이 넘는 거대 도시가 되지요.[117]

20세기에 접어들어 서구 세계의 도시는 산업화 이전의 도시들과는 인구, 면적, 공간 구조 측면에서 확연하게 다른 공간으로 탈바꿈합니다. 산업화 이후의 도시는 비교적 좁은 공간에 수많은 인구가 밀집하고, 제조업과 서비스업이 경제의 기반을 이루는 공간이 됩니다. 그러다 보니 현대의 도시는 고층 빌딩과 거대한 산업 및 상업 시설, 도로망과 같은 인위적인 환경(건조환경)이 많은 공간으로 변모해왔습니다. 많은 사람이 비교적 좁은 공간에 몰려 사는 데다 공장이나 상업, 비즈니스 시설 등이 밀집하면서 현대 도시는 기능에 따라 체계적으로 구획된 공간이라는 특성도 나타나지요. 이에 더해 도시에 나타나는 빈부격차는 공간적 분화를 한층 심화합니다.

이처럼 양적·질적으로 훨씬 복잡하고 정교한 공간으로 변한 현대 도시를 제대로 이해하려면, 도시만이 지니는 독특한 공간 구조를 이해할 필요가 있습니다. 촌락지리학 등 기존 지리학의 기본 전제들만으로는 도시공간을 제대로 이해하고 설명하는 데 한계가 생겼습니다.

도시지리학을 창시한 사회학자

***

유럽과 미국에서 도시화가 진전되고 대도시가 늘어가던 20세기 초반, 지리학계에는 도시지리학이라는 새로운 분야가 등장합니다. 이후 도시화가 선진국뿐만 아니라 전 세계에서 일어나면서 도시지리학의 수요는 커져갔습니다. 수많은 지리학자가 도시지리학을 전공하고 연구 성과를 연이어 발표했지요. 오늘날 도시지리학은 지정학·경제지리학·문화역사지리학 등과 더불어 인문지리학을 대표하는 하위 분야입니다.

도시지리학의 초석을 놓은 인물은 지리학자가 아니라 로버트 파크Robert E. Park라는 미국의 사회학자입니다. 시카고 대학교 교수를 지내며 시카고학파 사회학의 중심 인물로 활동했던 파크는 미국 사회의 인종 문제와 언론매체의 사회적 영향력에 관한 연구에 기념비적인 업적을 남겼고, 인간생태학의 창시자로 평가받는 인물이기도 하지요.

파크가 열성적으로 사회학 연구를 하던 1920~1930년대에는 마천루가 즐비하고 수많은 자동차가 도로를 달리는 대도시들이 미국 사회의 중심축을 이루던 시대였습니다. 당대 미국에서 두 번째로 큰 도시 시카고에서는 상류층부터 중산층, 서민층, 하류 층 그리고 마피아에 이르기까지 다양한 사람들이 제각기 자신들의 공간을 이루어 복잡다단한 공간 구조를 만들어갔지요. 같은 시카고라고 해도 장소와 구역에 따라 완전히 다른 경관이 나타났습니다. 영화나 뮤지컬에서 재현하는 마천루가 늘어선 화려하고 멋진 경관은 시카고 중에서도 도시의 중심부와 같은 일부 구역에만 볼 수 있었지요.

때마침 미국의 생태학자 프레더릭 클레멘츠Federick Clements는 식물 군락이 환경 변화에 따라 새로운 종류의 군락으로 변한다는 천이遷移, succession 이론을 발표합니다. 생태학적 사회학을 지향하던 파크는 천이 이론을 도시 경관의 분화에 접목했습니다. 식물군의 생존 경쟁을 통해 천이가 이루어지듯, 도시공간에서는 다양한 집단과 계층·계급 간에 벌어지는 경쟁의 결과로 인해 구역별로 이질적이고 차별화된 경관이 나타난다는 논의를 펼치지요.[118] 한마디로 경쟁에서 승리한 집단이나 계급의 구역은 풍요롭고 화려한 경관을 연출하고, 경쟁에서 밀려난 계급이나 집단의 구역은 그와는 대조되는 경관이 나타난다는 것이었습니다.

파크는 제자이자 동료인 어니스트 버제스Ernest Burgess와 함께

1925년 『도시The City』라는 저서를 출간합니다. 이 책은 현대 도시를 그저 인구가 많고 산업시설과 큰 건물이 밀집한 공간이 아니라 독특한 사회·공간적 구조를 가진 공간으로 재규정합니다. 무엇보다 이 책은 버제스의 동심원 이론을 포함했다는 점에서 도시지리학을 선구적으로 개척한 명저라고 부르기에 부족함이 없습니다.[119]

파크와 버제스는 도시지리학의 등장과 발전에 누구보다도 큰 공헌을 했지만, 이들은 어디까지나 사회학자였습니다. 하지만 그들의 연구는 지리학자들에게 커다란 영향을 미쳤지요.

도시공간의 구조를
탐구하는 도시지리학

우리에게 '도시'는 결코 낯선 단어가 아닙니다. 아니, 지극히 일상적으로 쓰는 용어라고 할 수 있겠지요. 현대인 대부분에게 도시는 본인의 삶과 직결된 장소라 해도 틀린 말은 아닙니다. 농어촌에서 사는 사람들도 마찬가지입니다. 그들이 생산하는 농축산물과 수산물을 구입할 고객은 대부분 도시에 거주할 테니까요.

도시라고 하면 자연스레 인구가 많고, 건물도 많고, 제조업과 서비스업이 발달하고, 집값이 높은 곳이라고 생각할 겁니다. 우리나라의 행정구역 제도로 따져보면, 시나 광역시는 도시, 군이나 읍, 면은 농어촌으로 단순하게 구분할 수도 있겠지요. 서울특별시나 부산·인천·대구 등의 광역시는 누가 봐도 도시입니다. 미국의 뉴욕과 시카고, 영국의 런던과 프랑스의 파리, 일본의 도쿄와 중국의 베이징 같은 곳들은 그 나라를 대표하는 대도시라고 여기지요.

여기서 한 가지 질문을 던져보겠습니다. 도대체 도시의 기준은 무엇일까요? 도시와 농촌, 어촌, 산촌은 구체적으로 어떤 기준으로 나누는 것일까요?

우리나라의 경우, 일반적으로 인구 5만 명을 시와 군의 경계로 잡습니다. 지방자치법 제10조 1항에 따르면, 시는 대부분이 도시의 형태를 갖추고 인구는 5만 명 이상이 되어야 한다고 규정합니다. 그러면 우리나라에서는 인구가 5만 명이 넘는 곳을 대개 도시로 여길 수 있겠지요. 그런데 정작 우리나라 시군구 인구를 살펴보면 그렇지만도 않습니다. 예를 들어, 2024년 기준으로 인구가 10만 명이 조금 못 되는 충남 홍성군, 9만 명을 조금 넘는 전남 무안군은 인구가 분명 5만 명을 훨씬 넘지만 시로 승격하지 못하고 있지요. 반면 충남 계룡시 같은 경우에는 인구가 5만 명이 조금 안 되는데도 엄연히 시로 인정받고 있습니다. 홍성군이나 무안군 같은 경우에는 군 지역의 시 승격 요건인 지방자치법 제10조 2항 1~3호를 충족하지 못했고, 계룡시의 경우는 같은 법률 2항의 4호를 충족한 데 따른 결과입니다.

지리적 스케일을 넓히고 과거 사례까지 포함해서 보면, 도시의 기준은 훨씬 다양하고 제각각입니다. 예를 들어 중세 후기였던 1300년 전후의 서유럽 도시는 대부분 인구가 1만 명 미만이었고, 1,000~2,000명에 불과한 도시들도 많았습니다. 당대 서유럽에서 가장 부유하고 도시화율이 높은 이탈리아 북부에만

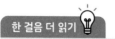

우리나라 도시의 법적 기준

지방자치법 제10조(시·읍의 설치 기준 등)

① 시는 그 대부분이 도시의 형태를 갖추고 인구 5만 이상이 되어야 한다.

② 다음 각호의 어느 하나에 해당하는 지역은 도농(都農) 복합 형태의 시로 할 수 있다.

1. 제1항에 따라 설치된 시와 군을 통합한 지역

2. 인구 5만 이상의 도시 형태를 갖춘 지역이 있는 군

3. 인구 2만 이상의 도시 형태를 갖춘 2개 이상의 지역 인구가 5만 이상인 군. 이 경우 군의 인구는 15만 이상으로서 대통령령으로 정하는 요건을 갖추어야 한다.

4. 국가의 정책으로 인하여 도시가 형성되고, 제128조에 따라 도의 출장소가 설치된 지역으로서 그 지역의 인구가 3만 이상이며, 인구 15만 이상의 도농 복합 형태의 시의 일부인 지역

③ 읍은 그 대부분이 도시의 형태를 갖추고 인구 2만 이상이 되어야 한다. 다만, 다음 각호의 어느 하나에 해당하면 인구 2만 미만인 경우에도 읍으로 할 수 있다.

1. 군사무소 소재지의 면

2. 읍이 없는 도농 복합 형태의 시에서 그 시에 있는 면 중 1개 면

④ 시·읍의 설치에 관한 세부 기준은 대통령령으로 정한다.

인구 20만 명 전후의 도시가 소수 있는 정도였지요.[120]

오늘날에도 도시를 규정하는 기준은 나라마다 다릅니다. 중

국처럼 인구가 10만 명이 되어야 도시로 인정하는 나라가 있는 가 하면, 프랑스와 독일은 인구 2,000명, 미국은 2,500명, 호주와 인도는 5,000명, 영국과 스페인은 10,000명을 도시의 기준으로 삼고 있지요.[121] 캐나다 누나부트준주의 주도 이칼루이트 같은 경우에는 인구가 8,000명에 못 미치지만, 엄연히 도시로 인정받습니다. 누나부트준주는 한반도 전체 면적의 9배가 넘지만 전체 인구는 4만 명을 밑돌다 보니 8,000명의 인구로도 준주에서 가장 큰 도시이자 주도州都가 되는 것이지요.[122] 이처럼 도시의 정의는 다양한 관점과 기준에 따라 달라집니다. 하지만 대개 도시란 다음과 같은 특징을 지니며 농어촌과 차별화되는 인문지리학적 공간 또는 범위라고 할 수 있습니다.[123]

캐나다 누나부트준주의 주도 이칼루이트의 부둣가 전경. 이칼루이트는 인구가 8,000명을 밑돌지만 누나부트준주에서 가장 크고 유일한 도시다.

도시는 기본적으로 좁은 면적에 많은 인구가 밀집해 인구밀도가 매우 높은 공간입니다. 자연경관이 아닌 건물·도로·산업시설과 같은 인공경관이 주를 이루며, 일반적으로 2차·3차 산업이 경제의 축을 이루는 곳이지요. 이러한 도시는 많은 인구와 높은 경제력, 고도의 산업을 품은 공간인 동시에 복잡한 공간구조를 지닌 장소이기도 합니다. 좁은 공간에 많은 인구와 다양한 유형의 산업시설이 다수 분포하다 보니, 그 공간이 산업·상업·주거 등 다양한 기능에 따라 체계적으로 구분됩니다. 아울러 이러한 특징으로 인해 도시는 '도시주의urbanism'라 불리는 문화와 생활양식이 지배하는 공간이 됩니다. 도시주의란 익명성, 개인주의, 이차적 인간관계(이해관계나 목적의식에 바탕을 둔, 공식화되고 일정한 거리가 있는 인간관계) 등을 특징으로 하는 도시 특유의 생활양식을 말합니다. 반면 농어촌과 전근대 공동체의 생활양식에서는 주로 혈연 중심, 공동체 의식, 집단주의, 일차적 인간관계(가족이나 친구 등 대면 접촉과 끈끈한 유대감을 중시하는 인간관계) 등의 특징이 나타나지요.

버제스의 동심원 이론: 도시공간의 구조를 그리다

***

로버트 파크의 가르침을 바탕으로 버제스가 1920년대 시카고를 모델로 삼아 구성한 동심원 이론은 도시지리학 분야에서 고

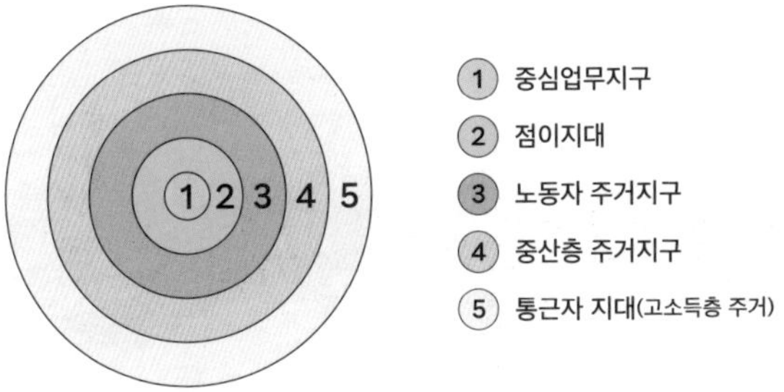
1
2
3
4
5
1 중심업무지구
2 점이지대
3 노동자 주거지구
4 중산층 주거지구
5 통근자 지대(고소득층 주거)

동심원 이론이 설명하는 도시공간 구조 모형.

전으로 평가받습니다. 버제스는 파크가 제시한 도시 기능의 분화에 대한 논의를 한눈에 알기 쉬운 직관적인 모형으로 정리했습니다. 동심원 이론은 현대 도시공간의 구조를 설명하는 데 매우 요긴하게 쓰이기 때문에 오늘날에도 도시지리학의 기본 이론으로 꼽힙니다.

버제스는 도시의 중심축을 중심업무지구Central Business District, CBD로 간주합니다. 중심업무지구, 즉 CBD란 말 그대로 회사와 사무실, 금융기관, 관공서, 상업시설 등이 밀집한 도시의 가장 중심지입니다. 우리가 흔히 '시내' '중심가'라고 부르는 곳이지요. CBD는 도시에서 가장 접근성이 좋고, 그만큼 지대도 높습니다. 주거지로서는 당연히 부적합하지요. 각종 경제활동으로 복잡하고 시끄러운 곳에 큰 돈을 주고 집을 구하려는 사람은 거의 없을 테니까요. 하지만 CBD의 훌륭한 접근성은 매우 높은 지대를 감수할 만큼의 이익을 주기 때문에 비즈니스 측면에

파크와 버제스의 학문적 근거지이자 그들의 연구 대상이기도 했던 시카고의 중심업무지구.

서는 최적의 입지 조건입니다. 대도시일수록 CBD에 규모가 큰 기업의 본사, 주요 금융기관, 백화점 같은 대형 상업시설이 많이 밀집해 있고, 이러한 CBD가 곧 대도시의 강력한 경제·사회적 영향력을 만들어냅니다.

동심원 이론에 따르면, 주거지는 지대가 높은 CBD가 아니라 도심에서 떨어진 곳에 입지합니다. 그리고 소득 수준이 높을수록 도심과 거리가 먼 곳을 주거지로 택합니다. 자가용을 보유할 수 있고 출퇴근에도 어느 정도 자유가 있는 중상류층은 교외의 쾌적하고 넓은 주거지에서 생활하길 선호하기 때문이지요. 반대로 상대적으로 여유가 없는 중하류층 노동자들은 일터와 비교적 가깝지만 주거환경은 상대적으로 쾌적하지 못한 지역에 주거지를 얻습니다.

한편 CBD와 주거지대 사이에는 도시 중심가에 가깝지만 접근성이 그다지 좋지 않고, 상업·비즈니스 시설을 제대로 세울 만큼 필지가 넓지도 않으며, 환경이 쾌적하지도 않은 공간이 생겨납니다. 비즈니스에도 주거에도 적합하지 않은, '도심의 자투리'라고 부를 수 있을 법한 공간이지요. 이처럼 주변 두 지역의 특성이 함께 나타나는 지대 혹은 지역을 '점이지대'라 합니다. CBD와 주거지대 사이의 점이지대는 주로 급속히 슬럼화됩니다. 조금이라도 형편이 나은 사람들은 모두 떠나가니 갈 곳이 마땅치 않은 극빈층만이 유입되고, 산업활동이 일어나도 대부분 영세한 수준을 벗어나지 못하지요.

서울특별시 종로구 일대의 점이지대에서는 고층 건물이 밀집한 CBD와 노후화된 건물들이 이어지듯 인접한 경관을 관찰할 수 있다.

주거 여과

학교 과학 수업에서 한 번쯤은 거름종이, 즉 여과지로 혼합물을 거르는 실험을 해본 경험이 있을 것입니다. 거름종이에 혼합물을 넣으면 물과 거름종이의 미세한 구멍보다 입자가 작은 물질은 거름종이를 통과해 떨어지고, 입자가 큰 물질은 거름종이 표면에 남습니다.

주거 여과란 도시공간에서 일어나는 주거의 공간적 패턴이 마치 거름종이를 통해 혼합물을 여과하는 것과 유사하게 나타나는 현상을 가리키는 도시지리학 용어입니다. 도시나 사회 공간에서는 사회·경제적 지위가 높은 부유층과 상류층이 주거환경이 가장 좋은 곳을 주거지로 점유하고, 중산층이 그다음으로 주거환경이 좋은 곳들을, 서민층이 그다음을 차례로 점유합니다. 사회·경제적 지위가 가장 낮고 소외된 극빈층은 결국 슬럼가로 유입될 수밖에 없지요. 이러한 주거 여과 개념은 도시지리학과 사회지리학에서 주거의 공간적 패턴이 분화하는 현상을 설명하는 데 사용됩니다.

버제스의 동심원 이론은 도시지리학과 도시 관련 학문 분야의 토대를 마련했습니다. 그 학문적 중요성이 아주 크지만, 현실에 맞지 않는 부분도 분명 있습니다. 무엇보다 실제 도시는 버제스가 제시한 동심원 모양의 모형에 딱 들어맞지 않습니다. 도시공간의 형태와 구조는 실제로 도로망과 교통망의 영향을 크게 받지요. 게다가 동심원 이론은 1920년대에 나왔기 때문에 20세기 이후의 도시들에는 맞지 않는 부분들도 있습니다. 20세

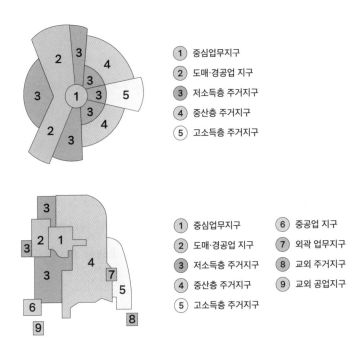

1 중심업무지구
2 도매·경공업 지구
3 저소득층 주거지구
4 중산층 주거지구
5 고소득층 주거지구

1 중심업무지구   6 중공업 지구
2 도매·경공업 지구   7 외곽 업무지구
3 저소득층 주거지구   8 교외 주거지구
4 중산층 주거지구   9 교외 공업지구
5 고소득층 주거지구

호이트의 선형 이론(위)과 해리스·울만의 다핵심이론(아래)에 따른 도시 구조 모형.

기 이후의 도시들은 그 규모가 전보다 더 커졌고, 대도시의 경우 여러 개의 부도심이 있거나 도심이 두 개 이상인 경우가 많아졌습니다. 이러한 현실에 맞춰 동심원 이론을 수정·보완하기도 합니다.

1939년 토지경제학자 호머 호이트Homer Hoyt는 미국 142개 도시의 공간 구조를 분석한 결과를 토대로 선형이론을 발표합니다. 그에 따르면 도시의 구조는 동심원 형태가 아니라 교통로를 따라 부채꼴 모양, 즉 선형扇形으로 나뉘는 형태를 가집니다.

한편 도시지리학자 에드워드 울만Edward L. Ullman과 촌시 해리스 Chauncy D. Harri는 도시가 커질수록 여러 개의 부도심이 생기는 등 도시의 중심지 개수가 증가하는 현실에 맞춰 다핵심이론을 발표합니다.

동심원 이론부터 이를 수정·보완한 후속 이론, 특히 해리스· 울만의 다핵심이론까지 살펴보면 도시지리학의 발전사가 보입 니다. 버제스는 도시지리학의 뿌리를 만들었지만, 어디까지나 사회학자였기에 도시를 비교적 단순한 동심원 형태로 모형화했 습니다. 하지만 버제스보다 한 세대 정도 후배인 해리스와 울만 은 지리학자였기에 버제스보다 한층 더 지리적인 관점에서 도 시공간을 분석할 수 있었지요.

팽창하고 확장하는 도시

***

서울과 인천은 하나의 도시일까요? 보통은 아니라고 생각하는 사람들이 많을 겁니다. 인천은 엄연히 대한민국 3위의 대도시 이자 광역시이고, 서울과는 명백히 구분할 수 있습니다. 경기도 도 마찬가지로 서울특별시, 인천광역시와는 엄연히 다른 행정 구역이지요. 하지만 오늘날 서울과 인천, 경기도는 하나로 연결 되어 일정 부분 통합된 수도권으로 기능하고 있습니다. 이런 현 상이 수도권에만 국한되는 것도 아닙니다. 최근에는 우리나라의 각 지자체가 지리적으로 인접한 행정구역들을 통합하는 식의 지역개발을 적극적으로 추진하고 있습니다.

1940년대 이후로 대도시가 하나의 도심만을 가지는 게 아니라 여러 개의 중심지를 가지게 되었다면, 20세기 후반부터는 여러 도시가 하나의 도시처럼 긴밀하게 연결되는 현상이 나타나고 있습니다. 이를 광역도시 또는 대도시권이라 부릅니다.

메갈로폴리스megalopolis는 광역도시라는 새로운 도시지리 개념의 선구적인 사례라고 볼 수 있습니다. 1957년 프랑스의 지리학자 장 고트망Jean Gottmann은 미국 북동부에서 인구가 백만명이 넘는 대도시, 즉 메트로폴리스metropolis로 성장한 뉴욕, 필라델피아, 보스턴, 볼티모어 등이 외연을 확장하면서 그 기능이 교통망을 통해 연결되었고, 그로 인해 분절된 도시들의 집합이 아니라 하나의 큰 권역과도 같은 영역을 이뤘다고 주장했습니다.[124] 그는 미국 북동부 대도시들이 이루는 권역을 그리스어로 '거대한 도시'라는 뜻의 메갈로폴리스라고 이름 붙였습니다. 메갈로폴리스는 그에 속한 대도시들이 해리스·울만의 다핵심 이론에서 언급한 다수의 도심과 부도심처럼 기능한다는 점에서 초대형 다핵도시polynucleated urban complex라고도 불립니다.[125]

메갈로폴리스는 20세기 후반 이후 세계 여러 곳에서 나타나고 있습니다. 도시화가 심화되고 광역교통이 발달하면서 특히 서유럽 선진국의 대도시들이 메갈로폴리스로 변모하고 있지요. 네덜란드의 암스테르담, 헤이그, 로테르담, 위트레흐트를 잇

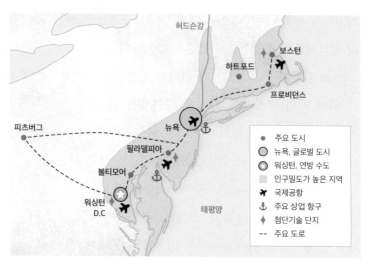

메갈로폴리스는 본래 보스턴에서 볼티모어, 워싱턴 D.C.로 이어지는 미국 북동부의 대도시들이 형성하는 광역도시를 일컫는 용어였다.

는 대도시권 란트스타트홀란트Randstatd Holland는 대표적인 사례입니다. 그 형태가 마치 가운데가 빈 고리처럼 생겼기에, 네덜란드어로 환상環狀, 즉 고리 모양으로 생긴 도시라는 의미인 란트스타트라는 이름이 붙었죠. 네덜란드 총인구의 절반이 넘는 850만 명이 모여 사는 이곳은 네덜란드의 정치·경제·사회·문화의 중심지입니다. 그 중심부에는 '녹색 심장부'라 불리는 넓은 녹지공간이 조성되어 있습니다.[126] 광역도시가 환경문제나 주거환경을 악화시킬 수 있다는 점에서 란트스타트홀란트의 녹색 심장부는 시사하는 바가 특히 큽니다.

오늘날 세계 각국에는 메트로폴리스 수준을 뛰어넘어 인구

란트스타트홀란트의 공간 분류
■ 주요 중심지　■ 녹색 심장부
□ 교외 지역　　□ 외곽 지역

암스테르담

레이던

덴하흐

로테르담

힐베르쉼

아메르스포르트

위트레흐트

도르드레흐트

네덜란드의 메갈로폴리스 란트스타트홀란트 내 공간 분류.

네덜란드 자위트홀란트주에 있는 란트스타트홀란트의 녹색 심장부 녹지 경관.

가 천만 명이 넘는 초거대도시도 등장하고 있습니다. 이런 도시를 메가시티megacity라 부릅니다. 메가시티는 인구 규모가 매우 크기 때문에 광역도시의 구조를 띠며, 두 개 이상의 도시를 아우르기도 합니다. 몇 년 전부터 우리나라에서는 수도권 과밀, 지방 소멸 등의 문제를 해결하고 국토의 균형 발전을 추구하기 위해 부·울·경, 충청권, 호남권 등지에서 메가시티 조성계획도 추진되고 있습니다. 메가시티는 얼핏 메갈로폴리스와 비슷해 보이기도 합니다. 하지만 메갈로폴리스는 여러 개의 도시가 연결되는 형태에 초점을 맞춘 개념이라면, 메가시티는 인구 규모 및 통근권·생활권이 통합된 세계에 방점을 둔 개념이라는 점에서 차이가 있습니다.

도시의 광역화는 도시 간의 경계를 흐릿하게 만듭니다. 마치 원래부터 하나의 도시였던 것처럼 도시 경관이 이어지지요. 이를 연담도시화conurbation라고 부릅니다. 연담도시 역시 메갈로폴리스나 메가시티와 혼용되는 경우가 많습니다. 메갈로폴리스나 메가시티에 속한 도시 간의 경계가 희미해지거나 통합되는 현상 역시 연담도시화라 부르기도 하지요.[127] 하지만 인구나 공간적 범위가 거대한 경우를 지칭하는 앞의 두 개념과 달리, 연담도시화는 도시 규모가 작은 경우에도 나타나며, 시각적으로 보이는 경관의 연속성에 초점을 맞춘다는 점에서 구분됩니다.

예를 들어, 오늘날 경상남도 창원시로 통합된 옛 창원시, 마산시, 진해시는 2000년대에 연담도시의 대표적인 사례로 꼽혔습니다.[128] 2010년 통합된 창원시의 면적과 인구(100만 명 전후)를 고려하면 메갈로폴리스나 메가시티라 분류하기는 어렵지만, 연담도시화의 사례로는 적절하지요.

광역도시의 등장은 세계적인 추세이지만, 그에 따른 부작용도 만만치 않습니다. 지나치게 거대해진 도시와 도시권에는 공해와 환경오염, 교통체증과 주거환경의 악화가 따라옵니다. 특히 인프라가 부족하고 빈부격차가 극심한 개발도상국의 도시는 과도한 인구를 감당하지 못해 도시 빈민과 슬럼가가 늘어나 몸살을 앓기도 하지요.

광역도시는 도시로의 인구 유입을 부채질해 도농 격차나 국

인구 1,200만 명이 넘는 인도 최대의 도시 뭄바이의 슬럼가 다라비의 경관. 영화 〈슬럼독 밀리어네어〉의 배경이기도 하다.

토의 불균형 발전을 심화하기도 합니다. 우리나라만 보더라도 수도권이 광역화되면서 수도권 과밀, 지방소멸 등의 문제가 심각해지고 있지요.[129] 대도시의 광역화는 도시공간이 도심 외곽으로 20~30킬로미터가 넘도록 무분별하게 뻗어 나가는 스프롤 sprawl 현상을 일으킵니다. 그로 인해 과다한 통근 거리와 이에 따른 교통체증, 대기오염, 난개발에 따른 환경 파괴 같은 문제가 따라오지요. 스프롤 현상은 특히 기복이 완만하거나 평탄한 평야 지대에 입지한 미국이나 호주 등의 대도시에서 뚜렷하게 관찰됩니다.

부동산 투기 문제도 무시할 수 없습니다. 우리나라의 지나친 수도권 집중과 광역화는 부동산 투기를 과열시키고, 지대와 주거비가 과도하게 높아지는 문제를 낳고 있습니다. 이는 초저출

스프롤 현상이 확연하게 나타나는 미국 로스엔젤레스의 시가지.

산 및 초고령화라는 사회문제를 일으키는 주요한 요인이 되기도 하지요.

수도권 과밀화를 억제하고 국토의 균형 발전을 추구하기 위해 2010년대에 부산, 울산, 경남 지역을 메가시티로 통합하는 부·울·경 메가시티 프로젝트를 추진했지만, 지자체 간의 갈등을 극복하지 못한 채 결국 무산되었습니다.[130] 높은 도시화율과 광역도시의 등장이라는 세계적 추세 속에서, 광역도시가 지닌 장점뿐만 아니라 그 부작용도 주목하고 대응 방안을 모색해야 합니다.

세계도시의 등장과
도시의 새로운 미래

오늘날은 명실상부한 세계화 시대입니다. 다국적기업들은 국경을 뛰어넘는 글로벌 경영에 박차를 가하고 있고, 사람들은 인터넷을 통해서 세계 여러 지역의 사람들과 어렵잖게 교류하고 있습니다. 업무 수행이나 목돈 마련, 학업, 결혼 등을 위한 이주도 아주 활발하게 이루어지고 있지요. 예전 같으면 해외에서 일하는 것은 이민을 가지 않는 한 생각하기 어려웠지만, 오늘날에는 해외 지사로 파견을 가는 등 많은 사람이 경험하는 일상이 되었습니다.

세계화로 인해 도시의 중요성은 이전보다 더 커지고 있습니다. 세계화를 실현에 옮긴 교통과 통신이 원활하게 돌아가려면 고도로 체계적이고 거대한 인프라가 뒷받침되어야 하기 때문이지요. 예를 들어 항공교통은 국제공항이라는 인프라 시설이 있어야 합니다. 항공교통을 통한 이동과 교류가 활발해지면 여러 항공노선을 잇는 허브공항의 중요성도 더욱 커지지요.

지리적으로 멀리 떨어진 곳과 실시간으로 교류할 수 있게 해 주는 인터넷과 모바일 네트워크 기술도 서버와 통신망 같은 인 프라가 필요합니다. 이러한 정보통신 네트워크는 흔히 가상현 실 혹은 가상공간이라고도 불리지만 역설적으로 실제 현실과 공간에 인프라 시설이 갖춰져야만 제 기능을 할 수 있습니다.

다국적기업도 경영의 사령탑과 전초기지 구실을 할 본사와 지사의 입지에 아주 큰 영향을 받습니다. 세계화 시대에 맞춰 글로벌 경영을 해야 하기 때문에 세계 각지의 정보를 신속하게 취합하고, 적시에 적절하게 결정을 내리며, 바이어와 고객들을 응대할 수 있는 본사·지사의 입지 조건이 이전보다 더욱 중요 해졌지요. 무엇보다 돈의 흐름이 전 세계를 넘나들며 실시간으 로, 대량으로, 네트워크 형태로 이루어지면서 세계 금융의 중심 지 역할을 하는 공간은 곧 세계화 시대의 물리·공간적 축이 됩 니다.

세계화 시대의 공간적 축, 세계도시

***

세계화 이전에도 국제도시라 불릴 만한 도시들은 있었습니다. 당나라 시대의 장안, 동로마제국의 콘스탄티노플, 르네상스 시 대의 베네치아와 제노바 같은 도시들이지요. 이 도시들은 각 나라의 정치·경제·산업·문화의 중심지이자 관문 역할을 했습니다. 세계 각국의 진기한 문물이 유입되고, 무역상과 사절단 등이 오갔습니다. 그러나 세계화 시대에 접어들면서 각국의 도시들은 세계화를 지탱하는 중심 축으로 그 역할과 중요성이 확대됩니다. 국제적으로 접근성이 커져 수많은 사람이 일상적으로 오가고, 전 세계의 자본과 정보의 흐름을 조절하는 역할을 하는 '세계도시'가 된 것입니다.

지역개발학과 도시계획학의 아버지라고 불리는 존 프리드먼 John Friedmann은 다국적기업의 글로벌 경영과 신국제분업이 본격적으로 자리매김하기 시작한 1980년대 중반에 세계도시 이론을 제시합니다. 다국적기업 본사가 입지한 대도시가 글로벌 자본의 집중과 축적 그리고 이민과 이주노동자의 유입이 이루어지는 글로벌 중심지이자 결절지역(여러 기능이 집중되는 한 지점을 중심으로 그것과 밀접하게 연결되는 지역을 포괄하는 지리적 범위)인 세계도시로 기능하며 세계의 경제와 사회를 주도한다는 내용이지요.[131] 그는 자본주의 최선진국인 미국·영국·프랑스·일본 등을 핵심부로 분류하고, 글로벌 경제에서 상대적으로 주변적인 지역인 한국·대만·싱가포르·브라질·아르헨티나·멕시코 등을 주변부로 분류했습니다. 그리고 중심부의 일차도시 primary city들을 중심으로 중심부와 주변부의 주요 도시들이 연결되는 세계도시 네트워크 모형을 제시했지요. 아울러 그는 신자유주의 세계화 체제에서 세계도시에는 자본주의의 모순, 특히 도시의 공간적

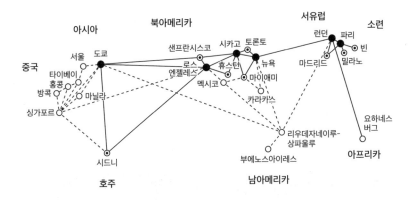

프리드먼에 따른 세계도시의 위계와 체제.

양극화가 극심하게 나타나고, 이는 결국 선진국 정부조차도 감당하기 힘든 사회적 비용을 유발할 것이라고 예측했습니다.[132]

냉전체제가 막 끝난 1990년대 초반, 네덜란드 출신의 미국 사회학자 사스키아 사센Saskia Sassen은 세계도시 이론을 받아들이되 프리드먼과 다르게 접근해 새로운 견해를 내놓습니다. 세계도시를 다국적기업의 활동과 세계 경제 통합의 원동력이 되는 금융의 중심지로 접근하고 분류해야 한다는 것이었지요. 다국적기업의 글로벌 경영은 금융의 세계화라는 토대 위에서 이루어진다는 관찰에 따른 결론이었습니다. 사센의 세계도시 이론에 따르면, 미국의 금융 허브인 뉴욕, 유럽의 금융 허브인 런던, 아시아의 금융 허브인 도쿄라는 세 개의 최상위 세계도시가 세계화와 글로벌 경제를 지탱하는 중심축 역할을 맡고 있습니다.[133]

세계화가 본격적으로 이루어지고 있는 2000년대 이후에는

증권거래소와 수많은 금융기관이 집적한 세계적인 금융가가 형성되어 있는 세계도시 런던의 CBD.

세계도시 네트워크가 점점 더 주목받고 있습니다. 세계도시의 연결성은 이미 프리드먼에서부터 중요하게 다루어진 개념이지만, 최근의 연구와 논의에서는 이를 한층 더 발전시켜 세계도시들이 어떻게 서로 연결되면서 세계 경제와 금융의 흐름을 조율하고 만들어가는지를 좀 더 체계적으로 분석하고 있습니다. 1998년 설립된 연구소 세계화와세계도시네트워크GaWC는 세계도시 네트워크 체계에 관한 연구를 지속해서 추진하고 있으며, 이곳에서 체계화한 연구 성과는 세계화 시대의 글로벌 공간과 세계도시를 연구하는 수많은 연구자에게 도움이 되고 있습니다.

GaCW에 따른 세계도시 네트워크 체계(2020년 기준).

세계화 시대 도시의 모순과 도시에 대한 권리

***

뉴욕은 최상위 세계도시로 세계의 부와 정보가 집중되는 곳입니다. 전 세계 사람들이 선망하는 도시이기도 하지요. '뉴요커 New Yorker'라는 말이 흔히 쓰이는 것만 봐도 많은 사람이 뉴욕이라는 도시를 어떻게 바라보고 있는지 알 수 있습니다.

하지만 이미 1980년대에 존 프리드먼이 예견했듯이, 세계화가 일상이 되면서 도시가 지닌 모순과 불평등 역시 커지고 있습니다. 글로벌 경제에서 중심성과 위계가 높은 세계도시일수록 전 세계를 오가는 막대한 금융자산과 정보, 인적자원이 집적하지만, 부의 재분배는 그에 걸맞게 효과적으로 이루어지지 않기 때문이지요. 신자유주의 세계화 체제 아래에서 대량으로 발

생한 이주노동자와 저임금·비정규직 노동자들이 화려한 세계
도시 공간에서 소외당하고 도시빈민으로 전락하고 있습니다.

　신자유주의적이고 친자본주의적인 도시개발은 도시빈민과
저소득층, 이주노동자 등을 도시공간에서 더한층 소외시키는
결과를 낳습니다. 이런 문제는 1960년대에 이미 지적된 바 있
지요. 프랑스의 사회학자이자 철학자 앙리 르페브르Henri Lefebvre
는 선구적인 근대 도시계획의 사례라고 할 수 있는 19세기 후
반 나폴레옹 3세 집권기에 이루어진 프랑스 파리의 도시환경
정비가 실제로는 프랑스 제2제국의 힘과 영광을 과시하고, 도
시 노동자들을 억압하며, 그들의 저항과 노동운동을 차단하려
는 목적으로 이루어졌다고 지적합니다. 또한 도시계획으로 의
도한 지배와 억압은 도시 바깥으로 쫓겨난 노동자들이 다시 도
심으로 돌아와 목소리를 냄으로써 실패했다고 주장하지요.[134]

　이를 바탕으로 르페브르는 도시에 대한 권리the right to the city
개념을 제창합니다. 르페브르에 따르면 도시공간은 국가권력

에펠탑 광장을 중심으로 가로망이 규칙적인 패턴을 이루는 프랑스 파리의 야경. 이러한
도시 경관에는 노동자와 민중을 억압하고 통제하려 했던 프랑스 제2제국의 의도도 재현
되어 있다.

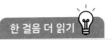

파리의 도시계획과 19세기 프랑스의 정치

선구적인 근현대 도시계획의 대표적 사례인 파리의 가로망과 도시구획은 나폴레옹 3세의 명을 받은 조르주외젠 오스만 남작Baron Georges-Eugène Haussmann의 주도로 1853년부터 1870년 사이에 걸쳐 이루어진 파리 개조 사업의 결과물입니다. 그 전의 파리 시가지는 좁고 구불구불한 골목이 불규칙하게 난 복잡한 공간이었지요.

영화 〈레미제라블〉에서 잘 보여주듯이, 19세기 초·중반에는 이러한 파리 시가를 무대로 반정부 혁명과 시위가 이어졌습니다. 공화정과 자유주의를 부르짖는 당대 프랑스의 진보 지식인과 민중은 나폴레옹 전쟁 이후 부활한 부르봉 왕조 타도를 외치며 복잡한 미로 같은 파리 시가지에서 시위를 벌였지요. 부르봉 왕조는 진압군을 보냈지만, 파리의 가로망이 워낙 복잡하게 얽히고설킨 터라 진압에 큰 어려움을 겪었습니다.

부르봉 왕조가 무너진 뒤에 수립된 프랑스 제2제국의 나폴레옹 3세는 향후 자신의 권력에 방해가 될 수 있는 시위나 민중 봉기를 효율적으로 진압할 수단을 모색하는 데 골몰합니다. 그 결과물이 바로 파리 개조 사업이었지요. 즉, 파리 개조 사업은 파리의 가로망과 공간 구조를 재편하여 반정부 운동의 진압과 노동자·서민층에 대한 통제를 쉽게 하기 위해 시행되었습니다.

이나 자본가 등이 그들의 권력과 기득권을 정당화하고 노동자나 피지배층을 억압·착취하기 위한 공간적 수단(공간 재현Les représentations de l'espace)으로서의 성격을 지닙니다. 질서정연하고 멋지게 정리된 파리의 방사형 시가에 반정부 시위나 폭동을 효과적으로 진압하려는 목적이 있는 것처럼 말이지요.

르페브르는 도시민들이 이러한 공간 재현의 목적과 의도, 이념성을 자각하고, 도시의 진정한 주인으로서 도시를 권력과 계급 질서를 받아들이는 공간이 아니라 자신이 누려야 할 권리를 인식하고 실천(또는 저항)하는 공간(재현 공간Les espaces de représentation)으로 만들어가야 한다고 주장합니다.[135]

신자유주의 세계화로 도시에서 양극화, 환경문제, 부동산 투기 등의 문제가 심각해져가는 오늘날, 르페브르의 도시에 대한 권리 개념은 다시금 주목받고 있습니다.

도시를 떠나는 사람들과 도시에 대한 새로운 시각
***

산업혁명 이후 빠른 속도로 이루어진 도시화는 지표공간과 인간 사회를 크게 바꾸어놓았고, 오늘날에도 도시화는 여전히 이어지고 있습니다. 하지만 물가와 지대가 비싼 데다 인간관계에서 각박하고 자연을 접하기도 어려운 도시의 삶을 뒤로하고 떠나는 사람들도 생겨나고 있습니다. 우리나라에서도 귀농·귀촌을 하는 사람들이 늘어나고 있고, 유명인들의 사례도 미디어를 타며 큰 화제를 모으기도 했지요.

도시의 인구가 교외나 소도시, 농어촌 등지로 빠져나가며 도시화율이 정체되거나 줄어드는 현상을 '역도시화逆都市化, counter-urbanization'라고 부릅니다. 지나치게 각박하고 몰인정한 문화, 심각한 공해와 환경오염, 너무 높은 집값 등으로 도시 생활에 염증을 느낀 사람들이 자연 친화적이고 여유로운 생활을 할 수 있으면서 과거와 달리 교통·통신·문화 인프라가 어느 정도 갖춰진 교외 지역이나 농어촌으로 이주하고 있습니다. 이러한 역도시화 현상은 20세기 중·후반부터 미국, 유럽 등 선진국의 도시에서 나타났습니다. 물론 역도시화는 적어도 아직은 높아지는 도시화율과 광역도시의 등장 및 확대라는 세계적 추세를 뒤바꾸지 못하고 있습니다. 우리나라에서도 귀농·귀촌 인구가 눈에 띄게 증가했지만, 여전히 전체 인구에 비해서는 소수에 불과하듯이 말이지요.

최근에는 도시라는 개념의 정의, 즉 도시의 패러다임을 바꾸려는 시도도 일어나고 있습니다. 생태도시ecological polis 운동과 슬로시티slow city 운동이 그 대표적인 사례입니다. 생태도시란 지난 1992년 브라질 리우데자네이루에서 열린 UN 환경개발 회의(리우 회의)에서 채택한 새로운 개발 패러다임인 지속가능 발전sustainable development에 토대를 둔 새로운 개념의 도시입니다. 지구환경의 보전과 인류 문명의 지속가능성이 보장받을 수 있게끔 자연이 허용하는 범위 안에서 경제 발전과 생태·환경이 조화를 이루도록 해야 한다는 뜻을 담고 있습니다. 지속가능 발전의 패러다임에 따라 생태도시는 다양한 계층·계급에 속한 사람들과 자연 생태계가 조화를 이루며 공생하는 도시공간을 추구합니다. 이에 따라 과도한 개발을 지양하고, 녹지공간이나 수변공간 등 자연환경을 최대한 확보하며, 화석연료 사용을 최소화하고, 신재생에너지와 대중교통 사용을 최대화하고자 하지요.

생태도시의 대표적 사례로는 브라질 쿠리치바, 독일 프라이부르크, 오스트리아 빈, 스위스 취리히, 일본의 기타큐슈, 미국의 채터누가 등이 있습니다. 독일 프라이부르크는 탈원전 시민운동을 계기로 태양광발전 등 신재생에너지 활용과 자원 재활용에 대한 적극적인 노력을 이어온 끝에 선구적인 생태도시로 자리매김했습니다. 브라질 쿠리치바는 효율적인 시내버스 체계와 쓰레기 재활용·분리수거 체계, 충분한 녹지공간 확보 등을 통해 모범적인 생태도시의 사례로 꼽힙니다.

이러한 생태도시는 대체로 주민들의 삶의 만족도가 아주 높습니다. 쾌적한 생태와 비교적 여유로운 삶을 누릴 수 있는 환경 덕분이지요. 취리히나 빈 같은 세계도시나 한때 중화학공업이 발달해 환경오염이 심각했던 기타큐슈 같은 도시 또한 생태도시로 탈바꿈하는 사례가 늘고 있습니다. 생태도시가 제대로 자리 잡기 위해서는 교통체계나 재활용 시설 같은 인프라 시설을 일회성으로 도입하고 설치하는 데 그쳐서는 안 됩니다. 지속가능성과 생태 보전, 공존이라는 생태도시 철학에 대한 이해를 바탕으로 지속적인 실천과 관리가 뒤따라야 합니다.

슬로시티는 새로운 도시 철학이자 그 철학을 바탕으로 한 새

로운 도시 개념입니다. 빠르고 삭막한 도시공간의 폐해를 반성
하는 의도로 1999년 이탈리아에서 시작된 치타슬로cittaslow 운
동에 그 기원을 두고 있지요. cittaslow란 이탈리아어로 '느린 도
시'라는 뜻입니다. 이를 영어로 바꾼 것이 바로 '슬로시티slow
city'이지요. 이탈리아 중부 도시 오르비에토Orvieto에는 치타슬로
본부가 있으며, 전 세계 16개국의 110개 이상의 도시가 치타슬
로 본부로부터 슬로시티로 인증을 받았습니다. 슬로시티로 인
증받기 위해서는 5만 명 이하의 인구, 친환경 정책의 적극적 실
천, 전통문화 보존과 같은 까다로운 조건을 충족해야 하지요.[136]
우리나라에서도 전라남도의 완도군 청산도와 신안군 증도, 장
흥군 유치면 등이 치타슬로 본부의 승인을 받아 슬로시티가 되
었습니다.

그런데 우리나라의 슬로시티 모습을 보면, 도시라기보다는
농어촌에 가까워 보입니다. '느리게 사는 마을'이라는 표현이
더 적합해 보이기도 하지요.[137] 하지만 슬로시티 운동은 그 이
름에서 표방하듯, 도시화의 폐해와 환경문제가 극심한 오늘날
'도시'라는 공간이 추구해야 할 새로운 패러다임으로서 의미가
있습니다.

최근에는 최첨단 정보통신기술을 도시의 관리와 운영에 적
극적으로 적용하는 스마트시티smart city 개념이 세계적으로 주목
받고 있습니다. 스마트시티는 첨단기술을 통해 도시를 효율적
으로 운영하고자 합니다. 정보통신기술로 교통체증이나 슬럼가

우리나라의 대표적인 슬로시티 청산도의 경관.

발생, 치안 문제 같은 도시의 여러 문제를 즉각적으로 진단하고
효율적으로 관리·대처하고자 하지요. 자원 사용의 효율을 극대
화하여 친환경 도시를 실현하고, 도시의 주거환경과 도시민의
삶의 질을 획기적으로 끌어올리고자 합니다. 아직은 새로운 개
념 정도에 머물고 있지만, 스마트시티가 도시와 인류 사회가 안
고 있는 기후위기, 환경오염, 빈부격차 등의 중대한 문제를 해
결하는 데 도움이 될 수 있을지 주목할 필요가 있습니다.

7장

사회

우리 사회 속
차별과 저항의 공간들

소설가 조세희의 대표작 『난장이가 쏘아올린 작은 공』은 1970년대 서울의 판자촌을 배경으로 한 소설입니다. 주인공 난장이 가족의 삶터인 판자촌은 주변의 깔끔하고 화려한 도심지와는 확연하게 구분되고 고립되어 있지요. 그곳은 서울 안의 또 다른 서울이자, 난장이 가족의 비참한 삶을 운명처럼 규정짓고 대물림시키는 지옥으로 묘사됩니다. 그들은 지옥과 다를 바 없는 판자촌에서 늘 천국만을 생각하며 전쟁 같은 삶을 이어가지만, 그러한 전쟁에서 늘 지기만 했다고 말하지요.

난장이 가족이 사는 판자촌은 아파트 건설을 위한 재개발 계획 때문에 철거되는 지경에 이릅니다. 지옥과 다를 바 없었지만 엄연히 난장이 가족의 삶터였던 판자촌은 결국 철거되고, 아파트 입주권마저 부동산업자의 손에 넘어가고 말지요. 17살 난 막내딸은 아파트 입주권을 되찾기 위해 부동산업자에게 순결을 바쳐야 했고, 난장이는 결국 집을 잃은 채 스스로 목숨을 끊고 말았습니다.

작중 배경이 유신체제가 지배하는 군사독재 국가였던 1970년대 후반이라고는 하나, 군사정권이 경제력이나 신분에 따라 주거지를 강제로 지정한 적은 없습니다. 하지만 자본주의 사회에서는 빈부격차에 따라 빈민가나 부촌과 같이 사회공간의 분화와 격리가 일어나며 빈부격차를 확대·재생산하지요. 장소와 공간의 분화가 사회적 차별을 만들어내기 때문입니다. 공간의 분화가 사회적 차별을 낳고 그렇게 공고해진 사회적 차별이 사회공간의 차별을 더욱 심화하는 악순환은 소설에서만 나오는 이야기가 아닙니다. 빈민가가 재개발되면서 그곳에서 살던 빈민들이 반지하주택, 고시원 등 더 열악한 장소로 쫓겨나는 일은 오늘날에도 일어나고 있습니다.

『난장이가 쏘아올린 작은 공』 이야기를 마저 하자면, 부동산 업자로부터 극적으로 아파트 입주권을 되찾은 막내딸은 집에 돌아와 아버지의 시신을 마주하고 오열한 뒤 노동운동가로 거듭납니다. 판자촌의 철거와 비참한 철거민의 운명이 사회적 모순에 대한 저항으로 이어진 것이지요.

부와 권력이 빚어낸 차별과 배제는 지표공간에도 재현되어 사회적 계급에 따라 땅을 가르고, 부와 권력을 갖지 못했거나 사회로부터 '비정상'으로 낙인찍힌 사람들을 소외되고 차별받는 공간으로 몰아넣고 격리합니다. 차별받는 이들 중에는 빈민, 노인, 비주류 민족집단, 여성, 성소수자 등이 있을 테지요. 민주국가의 법률은 거주와 이동의 자유를 보장하지만, 실제로는 돈과 권력을 가지지 못하고 주류 집단에 속하지 못한 사람들은 거주와 이동의 범위를 실질적으로 제한당하고 있습니다.

사회지리학은 이처럼 사회적 차별과 불평등이 공간의 격리와 분단, 차별로 이어지고, 그러한 공간적 차별이 또다시 사회적 차별과 불평등을 낳는 악순환과도 같은 과정을 살핍니다. 인문 사회 전반을 다루는 지리학의 하위 분야가 인문지리학이라면, 인문지리학 중에서도 사회적 차별과 불평등, 부조리를 다루는 분야가 바로 사회지리학입니다.

현대사회의 차별은
'지리적'이다

전근대 사회에서는 신분에 따라 주거지를 법적으로 제한하는 경우가 많았습니다. 예를 들어 삼국시대부터 조선 초기까지 존재했던 향鄕, 소所, 부곡部曲은 천민 또는 천민에 준하는 대우를 받는 사람들이 모여 살던 특별 행정구역이었지요. 이곳들은 반역자나 전쟁에서 패배해 복속한 피정복민 등의 집단 거주지이기도 했습니다. 주민들을 땅에 강제로 속박하여 황무지나 산간 지역 등을 개간하도록 하거나, 일손이 많이 드는 수공예품을 생산하게 했으며, 유사시에 병력을 충원하는 용도로 활용하기도 했습니다.[138,139]

전근대 유럽에서 차별받던 유대인은 게토ghetto라는 정해진 구역에서만 격리된 채 살아갈 수 있었고, 그들은 마땅한 직업조차 구하지 못할 정도로 차별받았기 때문에 게토 안에서 고리대금업 같은 '지저분한' 일에 어쩔 수 없이 손을 대야 하는 경우

이탈리아 로마의 유대인 게토 풍경화(에토레 로에슬러 프란츠, 1880년경).

도 많았습니다. 셰익스피어의 희곡 〈베니스의 상인〉에 등장하
는 악질 유대인 고리대금업자 샤일록도 어찌 보면 게토라는 공
간에서 어쩔 수 없이 고리대금업자가 될 수밖에 없었던 차별의
희생자일 수 있습니다. 애초에 그가 안토니오에게 빚을 갚지 못
한 대가로 가슴의 살점을 떼어 달라는 잔인한 요구를 했던 배
경에는 평소 유대인이라는 이유로 안토니오에게 무시당하고 모
욕받았던 원한이 있기도 했지요.

　사회적으로 천시받던 천민 집단이 아니더라도, 전근대에는
신분에 따라 거주지를 제한하는 경우가 적지 않았습니다. 예를
들어 에도시대(1603~1868년) 일본의 정치 중심지였던 에도江戶
(오늘날의 도쿄 일대)[140]에는 지배층인 무사 계급의 거주지와 평민

층인 상인의 거주지가 분리되어 있었습니다.[141] 그뿐만 아니라 일본 각지의 정치·행정·군사 중심지였던 성안에는 중세 일본의 봉건영주인 다이묘大名 일가와 고급 무사, 하급 무사의 주거지가 분리되어 있었고, 상인들은 성 아래의 상업지구인 조카마치城下町[142]에 모여 살았지요. 조선시대에는 신분에 따른 주거의 분리가 매우 엄격한 편은 아니었지만, 도읍인 한양 안에서도 놀이문화가 주민의 신분에 따라 공간마다 차이가 나는 등[143] 신분에 따른 지리적 분절과 차별이 분명히 존재했습니다.

지구상에 존재하는 대부분의 나라가 신분제를 법적으로 폐지한 오늘날에는 향·소·부곡이나 게토 같은 신분에 따른 거주지 제한은 거의 사라졌습니다. 하지만 전근대의 악습을 완전히 청산하지 못한 탓에 여전히 출신지나 주거지로 사회적 차별을 받는 사람들이 적지 않습니다. 예를 들어, 인도의 카스트제도에서 최하층에 속하는 계급인 달리트dalit, 즉 불가촉천민 다수는 다른 카스트(계급)와는 격리되어 낙후되고 열악한 주거지에 살고 있습니다. 우리나라의 향·소·부곡과 유사하게 전근대 일본에서는 사회적으로 천시받는 일에 종사하는 사람이 모여 살던 지역인 부라쿠部落가 있었습니다. 부라쿠에서 사는 사람들은 오늘날 일본에서 법적으로 아무런 차별을 받지 않지만, 직장에서 취직을 거부당하거나 결혼 상대로 기피당하는 등 사회적으로는 여전히 차별과 멸시에 시달리고 있습니다.

불평등과 지리적 차별의 악순환

***

오늘날 민주주의 국가에서는 거주와 이전의 자유 그리고 인간의 평등권을 보장하고 있습니다. 그러나 민주주의 국가의 지표 공간이 온전하게 평등한 것은 아닙니다. 전근대에는 신분제가 사람의 주거공간을 법적으로 제한하고 차별했다면, 오늘날에는 경제·사회적 권력 관계가 지표공간을 구분 지으며 차별하고 있습니다.

예를 하나 들어볼까요? 미국 뉴욕에서 생활하는 사람을 일컫는 '뉴요커'라는 단어는 미디어에서 주로 멋진 외모와 패션 감각을 자랑하며 유행의 첨단을 이끄는 고소득 전문직 종사자 이미지로 널리 받아들여지고 있습니다. 그런데 사실 우리가 생각하는 뉴요커의 이미지는 미국 뉴욕시 중에서도 세계 금융의 중심지인 맨해튼, 그리고 부유층 거주지인 스태튼아일랜드 등 일부 구역에 사는 소수의 중상류층에만 해당됩니다. 브롱크스, 할렘, 브루클린에 여전히 많이 존재하는 빈민가나 슬럼가도 분명 뉴욕에 속하지만, 이런 장소는 우리가 흔히 떠올릴 법한 뉴욕과는 거리가 멀지요. 이곳 주민들 역시 흔히 '뉴요커' 하면 떠올릴 법한 모습과는 거리가 먼, 차별과 가난에 시달리는 어려운 삶을 살아가는 사람들입니다.

같은 뉴욕시에 속한 장소들에서 왜 이렇게 극명한 차이가 나타나는 것일까요? 그 까닭은 바로 경제·사회적 차별에서 찾을

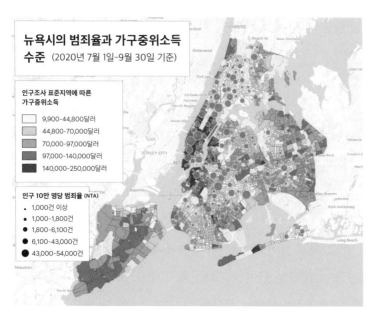

의 캡션 영역:

뉴욕시의 범죄율과 가구중위소득 수준 (2020년 7월 1일-9월 30일 기준)

인구조사 표준지역에 따른
가구중위소득

- 9,900-44,800달러
- 44,800-70,000달러
- 70,000-97,000달러
- 97,000-140,000달러
- 140,000-250,000달러

인구 10만 명당 범죄율 (NTA)

- 1,000건 이상
- 1,000-1,800건
- 1,800-6,100건
- 6,100-43,000건
- 43,000-54,000건

미국 뉴욕시의 구역별 가구중위소득과 범죄율을 표시한 지도. 엘리트 범죄로 인해 소득 수준과 범죄율이 모두 높은 맨해튼과 브루클린 일부 지역을 제외하면, 범죄율과 소득 수준은 서로 반비례하는 양상을 보인다.

수 있습니다. 뉴욕에서 저임금 노동으로 살아가는 빈민층 중 상당수는 히스패닉, 흑인 등 이른바 '유색인종'이거나 이주노동자입니다. 이들은 맨해튼이나 스태튼아일랜드같이 집값과 임대료가 비싼 곳에 살 수 없지요. 뉴욕시는 미국에서도 손에 꼽을 정도로 지대가 비싼 도시이다 보니, 빈민층은 어쩔 수 없이 점이지대와 같이 환경이 열악해서 비교적 지대가 싼 곳으로 몰리게 됩니다.

일정 수준 이상의 경제·사회적 지위를 지닌 사람들은 환경이

뉴욕시 맨해튼(위)에는 세계 경제를 좌우하는 금융기관과 다국적기업의 본사가 집적해 있다. 세계 자본주의 경제 질서와 미국의 강대한 국력을 상징하는 화려하고 세련된 장소라 할 만하다. 반면 뉴욕시 브롱크스의 슬럼가(아래)는 같은 뉴욕시임에도 맨해튼과 비교하기 어려울 정도로 낙후되고 열악한 장소다.

열악하고 빈민들이 모여 사는 곳을 꺼립니다. 그뿐만 아니라 빈민가는 민간기업의 투자와 공공부문의 지출에서도 우선순위가 밀려나지요. 그러다 보니 주거 여과가 일어날 대로 일어난 끝에 사회적 서열과 소득이 가장 낮은 극빈층이나 이주노동자만이 모이게 됩니다. 이에 따라 교육이나 치안 등은 계속 악화되고, 발전적이지 못한 문화까지 퍼지게 되지요. 이러한 상황은 더욱 심한 사회지리적 차별과 격리, 배제로 이어지는 악순환을 낳습니다.

사회지리적 차별은 왜 일어날까?

***

사회지리적 차별이 일어나는 가장 큰 요인은 빈부격차입니다. 빈부격차가 심한 사회일수록 경제적 요인에 따른 사회지리적 분단과 차별의 정도가 심하고, 특히 소외받는 계급이나 계층이 살아가는 구역의 주거환경이 극히 열악합니다. 그 대표적인 사례가 브라질 리우데자네이루의 파벨라favela이지요. 파벨라는 브라질에서 슬럼, 즉 빈민가를 가리키는 말입니다. 급속한 산업화와 도시화를 겪은 브라질 리우데자네이루에는 농어촌의 빈민들이 몰려들어 도시 외곽 구릉지에 파벨라가 형성되었습니다. 브라질의 경제·사회적 모순과 심각한 빈부격차 속에서 파벨라는 사실상 군용 무기로 무장한 갱단이 지배하는 세계 최대·최악의

브라질 리우데자네이루 구릉지에 형성된 파벨라.

빈민가가 되었지요.

주류 사회공간으로부터 철저히 배제된 파벨라에서 나고 자란 많은 사람이 교육과 복지 혜택을 받지 못한 채 빈민가를 벗어나지 못하고 있습니다. 그러한 가운데 파벨라를 지배하는 갱단의 질서와 문화에 포섭당해 범죄의 길로 빠지는 빈민들도 늘어나고 있지요.

하지만 사회지리적 차별은 단지 경제적 요인으로만 나타나는 것이 아닙니다. 인종적·민족적 요인에 따른 차별과 배제도 무시하기 어렵지요. 이러한 불평등은 특히 미국에서 오랫동안 문제가 되어왔습니다. 미국에서는 1863년 노예해방 선언이 이루어졌지만, 그 이후로도 흑인에 대한 차별은 오랫동안 법과 제도에 남아 있었습니다. 사회적 부조리와 차별을 극복하고 성공하거나 부유해진 흑인들도 있었지만, 그들조차 미국 사회에서 비주류, '이등 시민' 취급을 받으며 백인 주거지와 격리된 곳에서 살아야 했지요. 오늘날 미국 사회는 과거에 비해 인종차별 문제가 크게 개선되었지만, 그렇다고 해서 차별이 완전히 사라진 것은 아닙니다. 할렘이나 브롱크스 같은 뉴욕의 슬럼가를 보면 알 수 있듯, 남아 있는 차별은 여전히 사회지리적으로도 나타납니다.

경제의 세계화에 따라 노동의 국제이주가 눈에 띄게 활발해지고, 국제정세의 불안에 말미암은 난민 이주까지 증가하면서 인종이나 민족 집단에 따른 사회지리적 차별은 세계 여러 나라가 떠안은 문제가 되었습니다. 1990년대 이후 급속히 다문화사회로 전환하고 있는 우리나라에서도 인종과 민족에 따른 공간의 분화, 그리고 이에 따른 격리와 차별의 문제가 점점 커지고

중국계 이주민이 대거 유입되어 중국어 간판이 주를 이루게 된 서울 영등포구 대림동 거리의 경관.

있습니다.

생애주기 문제도 사회지리적 차별에 관여합니다. 우리나라에서는 1인 가구, 신혼부부, 자녀가 있는 부부, 은퇴자 등 생애주기에 따라 주거지가 구획화되고 차별화되는 현상이 나타나고 있지요. 그 대표적인 사례가 학군에 따른 집값 폭등과 그로 인한 지역 차별 및 계급화입니다. 자녀가 있는 가정의 경우, 청소년 자녀(이르면 유소년부터)를 위한 교육 여건이 주거지 선택에 중요한 요인이 됩니다. 이 때문에 서울의 강남구, 대구의 수성구 등 이른바 '학군이 좋은' 지역은 집값이 폭등하고, 부유층과 상류층의 주거지가 되지요. 학군에 따른 사회지리적 차별은 사회계급이나 불평등을 고착시키는 데 영향을 미치지요. 최근에는 초고령화와 빈부격차가 맞물리면서 빚어낸 노인 빈곤과 주거도 중대한 사회문제가 되고 있습니다. 빈곤 노년층은 연금소득이나 저축 등을 기대하기 어려운 데다 취업 시장에서도 소외되지요. 기본적인 냉난방조차 제대로 할 수 없는 쪽방촌으로 내몰리며 사회지리적으로 더 큰 소외를 당하는 악순환이 일어나고 있습니다.

이외에도 여러 요인이 사회지리적 분화와 차별에 영향을 미칠 수 있습니다만, 일부 사회지리학자는 경제·인종·가족적(생애주기적) 지위라는 세 가지 요인이 실제 공간을 사회지리적으로 분단하고 구조화하면서 질서를 만들어낸다는 논의를 제시해오고 있습니다. 사회적 지위와 관련한 요인들이 실제 공간의 구

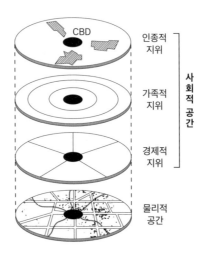

요인생태학의 관점에 따른 사회지리적 공간의 형성 과정.

조를 사회지리적 질서에 따라 재편한다는 이러한 관점을 요인
생태학factorial ecology이라고 부릅니다.[144] 이에 따르면 경제적 지
위가 물리적 공간을 일차적으로 격리하고 분리하며, 그 위에 가
족적 지위와 인종적 지위에 따른 사회지리적 질서가 더해지면
서 현실의 차별과 도시공간의 분리가 나타납니다.

젠트리피케이션: 자본에 잠식당한 낡은 공간의 재탄생

***

'젠트리피케이션gentrification'이라는 단어가 언제부터인가 언론
지면과 방송에서 심심치 않게 들리기 시작했습니다. 몇 해 전에

는 외식 사업가로도 유명한 방송인 홍석천 씨가 젠트리피케이션으로 인한 임대료 급등으로 결국 운영하던 식당들을 모두 정리했다고 토로하기도 했지요.[145] 한때 외식업계를 선도했던 유명 방송인조차 감당하지 못할 정도이니, 젠트리피케이션으로 인한 임대료 급등이 자영업자와 서민에게는 얼마나 큰 부담과 피해를 주는지 말할 필요도 없겠지요.

그렇다면 젠트리피케이션은 사람들의 삶을 어렵게 만들기만 하는 나쁜 현상일까요? 젠트리피케이션이라는 말의 어원을 들여다보지요. 젠트리gentry라는 단어는 원래 '집안이 좋은 사람들'이라는 뜻이고, 학술적으로는 중세 말기부터 근대까지 영국 사회를 주도했던 중소 규모의 지주층을 뜻하는 말입니다. '신사'라는 뜻의 젠틀맨gentleman도 이 젠트리라는 단어에서 비롯되었지요. 어찌 보면 부정적이기는커녕 아주 긍정적으로 느껴지는 어원인데, 젠트리피케이션이라는 용어는 왜 이렇게 부정적인 현상에 쓰이게 된 것일까요?

사실 젠트리피케이션은 도시가 확대되면서 낙후된 구도심이 재생되는 현상을 설명하는 개념입니다. 1964년 영국의 사회지리학자 루스 글래스Ruth Glass가 낙후된 런던의 구도심에 중산층이 몰려들고 주거환경이 개선되면서 활기를 되찾기 시작한 현상을 설명하기 위해 젠트리피케이션이라는 용어를 처음 사용했지요.

구도심은 세월이 오래되어 건물들이 낡고 도로 폭도 좁은 경

미국 미네소타주 미니애폴리스시 구도심의 낡은 창고 거리는 도시의 깊은 역사의 정취를 느낄 수 있는 콘도미니엄 골목으로 변모했다. 이 사례는 젠트리피케이션의 특징을 잘 보여준다.

우가 많지만, 역사가 깊은 도시의 구도심일수록 오래전에는 화려하게 번영했던 곳이기 때문에 그 도시의 역사와 문화를 간직한 공간이기도 하지요. 접근성도 좋은 편이어서 낡은 건물과 시설을 정비하면 마치 '고풍스럽게 차려입은 영국 신사(젠틀맨)'와도 같은 공간으로 탈바꿈할 수 있는 곳입니다.

사실 애당초 글래스가 젠트리피케이션과 관련하여 문제의식을 가졌던 부분은, 젠트리피케이션으로 인해 구도심에 거주하던 노동자 계층과 저소득층이 역으로 구도심에서 밀려나 외곽

으로 이주하는 현상이었습니다.[146]

그런데 오늘날 사회에서 젠트리피케이션은 글래스가 착안했던 방향과는 다르게 흘러가는 경우가 많습니다. 문제는 바로 지대, 즉 땅값이지요. 구도심은 도시 고유의 정체성과 문화, 역사를 재현한 매력적인 장소가 될 수 있고, 피난민이나 무명 예술인, 가난한 이주자 등이 모여 살면서 독특한 경관과 장소성을 만들어낼 수도 있는 곳입니다. 그러한 구도심의 매력이 사회적으로 주목받으면서 상업과 관광, 문화의 명소, 요즘 말로 '핫플레이스hot place'라고 불리는 장소로 거듭나기도 하지요. 그러한 젠트리피케이션 덕분에 방문객이 급증해 주민들의 수익이 늘어나지만, 그 이상으로 지대와 임대료가 올라갑니다. 그 지역을 명소로 만들어낸 원래 주민들은 감당하기 어려운 수준의 임대료를 버티지 못해 재생된 구도심에서 결국 밀려나게 되지요.

폭등한 지대와 임대료를 감당할 수 있는 주체는 프랜차이즈를 운영하는 대기업입니다. 결과적으로 구도심 재생과 이에 따른 젠트리피케이션은 지대와 임대료의 폭등을 불러오며, 재생된 구도심을 대기업 프랜차이즈 일색의 장소로 변질시키는 셈입니다.

미국 뉴욕시의 브루클린은 젠트리피케이션의 폐해를 보여주는 대표적인 사례입니다. 브루클린은 본래 가난한 이민자들이 모여 살던 빈민가였습니다. 그런데 허드슨강을 끼고 있는 브루클린 서부는 지역 예술가들의 활동과 이민자들의 삶을 조명한 대중매체의 영향으로 뉴욕시의 대표적인 문화·관광 명소로 거듭났습니다. 그 덕분에 브루클린 서부의 주거환경과 경관은 크게 개선되었지만, 이에 따른 지대와 임대료 폭등이라는 부작용 또한 겪고 있습니다.

우리나라에서도 이른바 '핫플레이스'로 떠오르는 장소들이 젠트리피케이션의 부작용을 겪고 있지요. 그러한 장소들이 가진 고유한 매력과 분위기를 잃고 결국 대기업 프랜차이즈만 모인 장소로 전락하는 경우가 늘고 있습니다.

젠트리피케이션은 분명 노후하고 낙후된 구도심이나 점이지대의 환경을 개선하는 효과가 있습니다. 하지만 그렇게 개선된 장소로부터 주민들을 밀어내고, 그 장소 고유의 정체성과 매력을 잃게 만들기도 하지요. 무엇보다 그 장소를 삶의 터전으로 삼고 더 좋은 곳으로 만들기 위해 애쓴 원주민들이 정당한 대가를 받지 못하고, 뒤늦게 들어온 기업들만 이익을 챙긴다는 것이 문제입니다. 쇠락한 구도심은 도시화와 자본주의 경제가 낳은 부작용입니다. 그렇다면 이러한 공간들을 젠트리피케이션의 폐해 없이 되살릴 방법이 있을까요?

소외된 공간에서 움트는
저항의 변증법

사회적으로 차별받고 격리된 지역에 살아가는 사람들이 빈곤과 차별을 운명처럼 받아들이고 거기에 굴종하기만 하지는 않습니다. 노동운동가로 거듭난 『난장이가 쏘아올린 작은 공』 속 막내 딸처럼 말이지요. 차별받고 격리된 곳에 살아가는 사람들은 동질감을 느끼며 단결하고, 차별과 격리에 저항하는 힘을 얻기도 합니다. 1950~1960년대 미국 전역에서 일어나 미국 사회를 크게 뒤흔든 흑인 민권운동Civil Rights Movement은 그러한 저항의 한 사례입니다.

오늘날에도 미국 사회에서 인종차별 문제는 현재진행형이지만, 당시만 해도 미국에서 흑인에 대한 인종차별은 우리의 상상을 초월할 만큼 심각했습니다. 단지 노예 신분만 아니었을 뿐 버스에서는 백인과 분리된 공간에 탑승해야 했고, 학교나 직장에서도 숱한 차별을 받았습니다. 심지어 제2차 세계대전 당시 미군은 흑인 병사들을 백인 병사들과 분리된 막사에서 생활하게 했고, 흑인만으로 이루어진 부대를 따로 운영할 정도였지요.

그러나 마틴 루터 킹Martin Luther King Jr.과 맬컴 엑스Malcom X 등이 주도한 민권운동의 성과로 1960년대에 접어들어 미국에서는 인종차별을 금지하고 흑인의 인권을 보장하는 제도적 장치들이 마련됩니다. 차별이 완전히 사라지지는 않았지만, 노골적이고 극단적인 차별은 줄어들었고, 흑인들의 사회 진출도 과거에 비해 크게 늘어났습니다.

흑인 민권운동이 의미 있는 성과를 낼 수 있었던 배경에는 뉴욕 할렘가와 같은 흑인들의 집단 주거 지역이 있었습니다. 그러한 곳들은 미국 사회에서 차별받고 배척받는 장소였지만, 역설적으로 가난과 차별에 시달리던 흑인들이 모여 살면서 단결을 이룰 수 있는 장소로도 작용했지요. 특히 맬컴 엑스는 할렘을 근거지로 삼아 민권운동을 벌여 흑인들의 각성과 단결을 이끌었고, 이를 통해 민권운동의 성과에 크게 이바지했습니다.[147] 할렘 자체는 여전히 뉴욕에서 낙후된 지구에 속하지만, 오늘날 할렘 일부 지역은 슬럼가를 벗어나 민권운동의 역사와 이에 따른 미국 사회의 발전, 그리고 할렘에서 태동한 미국 흑인문화를 재현하는 역사·문화적 명소로 거듭나고 있습니다. 이처럼 분단되고 격리된 사회지리적 장소는 약자와 소수자의 결집과 단결을 일으켜 차별과 배제에 저항하고 잘못된 관행과 제도를 바꾸는 역할을 하기도 합니다. 사회지리적 공간이 인간집단과 사회구조에 영향을 미치고, 영향을 받은 인간이 다시금 사회지리적 공간에 변화를 일으키는 이러한 쌍방향적인 관련성을 사회공간변증법socio-spatial dialectic이라고 부릅니다.[148] 변증법은 정正과 반反이라는 대립하는 두 가치가 상충하며 관계를 맺는 가운데 합合이라는 새로운 가치 또는 대안을 낳는 것을 말합니다. 이러한 변증법의 논리처럼, 사회지리적 공간과 장소, 환경은 사회적 차별과 모순, 지배-피지배 관계를 지표공간에 각인하고 고착하는 한편으로, 차별받고 지배당하는 사람들의 각성과 단결을 이끌어내는 무대로 작용하면서 지표공간 위의 사회적 질서에 변화를 일으키기도 합니다.

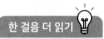

마이클 잭슨과 파벨라

1970년대 말부터 2000년대 초반까지 활동하며 '팝의 황제'라 불릴 정도로 세계적인 인기를 끌었던 가수 마이클 잭슨Michael Jackson은 1996년 리우데자네이루 인근 파벨라에서 길거리 공연을 하고, 뮤직비디오를 촬영합니다. 현지 주민과 어린이들과 함께 찍은 「They Don't Care About Us(그들은 우리를 신경 써주지 않아)」 뮤직비디오와 노래는 사회적 약자와 그들에 대한 차별을 주제로 다룹니다. 잭슨이 다녀간 파벨라에는 그의 동상이 세워졌습니다.

파벨라는 주거환경이 극도로 열악한 빈민가이지만, 이곳에서 나고 자란 사람들이 무조건 극빈층의 삶을 물려받거나 범죄자로 전락한다고 단정 지을 수는 없습니다. 파벨라라는 악명 높은 빈민가를 직접 방문해 공간적 무대로 삼아 평등과 희망의 메시지를 노래한 잭슨의 시도는 사회공간변증법적 실천으로 해석할 수 있습니다.

파벨라에 세워진 마이클 잭슨 동상.

지역공동체와 마을만들기

***

사회지리적 분단과 격리, 차별은 자본주의와 관계가 깊습니다. 젠트리피케이션과 자본주의적인 부동산 및 도시개발 정책, 주택과 부동산의 상품화는 장소가 가지는 가시적인 모습, 즉 경관을 화려하고 깔끔하게 만들기는 하지만 그렇게 '개선'된 장소에는 불평등이 심해지는 문제점이 생기지요. 자본의 힘으로 세련되고 깔끔하게 변모한 장소는 그에 걸맞은 자본을 가진 사람들에게만 그 장소를 누릴 권리를 부여하는 경우가 많습니다.

2000년대 이후 서울에서는 '뉴타운'과 같은 이름의 낙후지역 재개발 사업이 활발하게 이루어졌습니다. 뉴타운 개발은 달동네 같은 낙후된 지역의 경관과 환경을 완전히 바꿔줍니다. 그 대표적인 사례가 '난곡 달동네'라 불렸던 서울시 관악구 난곡동·난향동 일대입니다. 1990년대 말부터 2000년대 초반까지만 해도 달동네의 대명사처럼 쓰이던 '난곡'은 대대적인 재개발을 통해 옛 모습을 흔적조차 찾을 수 없는 대단위 아파트 단지로 바뀌었습니다.

하지만 난곡 재개발이 난곡 달동네에 살던 빈민들의 주거환경을 개선했다고 보기는 어렵습니다. 대규모 재개발과 대단위 아파트 건설로 지가가 상승하면서 원래 난곡에 살던 빈민이 재개발된 난곡 아파트에 입주하는 비율, 즉 원주민 재정착률은 8.8퍼센트에 불과했으니까요. 부동산 투기꾼들만 배를 불린 결과를 낳았다는 비판이 제기되기도 했지요.[149] 난곡 재개발을 다룬 또 다른 연구에 따르면, 재정착한 원주민이 거주하게 되는 곳은 가격이 비싸고 자산가치가 높은 분양아파트가 아닌 임대아파트인 경우가 많다고 합니다.[150] 재개발로 인해 달동네나 빈민가에서조차 밀려난 다수의 도시 빈민이 반지하와 고시원, 쪽방촌 등 기존의 달동네보다 더 환경이 열악하고 사회로부터 은폐된 장소로 밀려나는 경우가 허다합니다. 사회지리적으로 더

욱 심각한 소외와 차별에 시달리게 되는 것이지요.[151]

게다가 대규모 재개발은 그 장소나 지역에 재현된 주민들의 기억, 그리고 장소와 지역이 지닌 문화·역사적 가치를 파괴하는 행위이기도 합니다. 빈민가나 달동네 등 낙후된 지역이 자산가치가 낮고 시설이 노후했을 수는 있겠지만, 엄연히 주민들이 삶을 살아가는 장소이자 피땀 흘려 일군 그들의 보금자리입니다. 주민들의 애착과 기억, 소중한 인간관계의 실천과 재현이 그 땅에 녹아들어 있습니다.

하지만 대규모 재개발은 재개발 대상지에 재현된 역사와 문화, 기억을 무시하고 파괴합니다. 나아가 건설회사나 부동산업체, 투기세력 등에 의해 원주민들은 재건축된 주택 가격보다 훨씬 낮은 헐값의 보상금만 받은 채 떠밀려 나가는 부조리한 경우도 일어나지요.[152] 재개발 같은 대규모 토목건설 사업을 통해 이윤과 자본의 축적을 추구하는 토건주의가 사회를 지배하면서 공간이 획일화되고 삭막해짐은 물론 사회지리적 차별과 양극화까지 더한층 악화하는 악순환이 일어납니다.

미국의 사회운동가이자 저술가였던 제인 제이콥스Jane Jacobs는 1961년 발간한 저서 『미국 대도시의 죽음과 삶Death and Life of Great Ameerican Cities』을 통해 주민의 삶과 장소의 정체성, 역사와 문화를 배제하는 지나치게 획일적인 도시개발은 도시의 주거환경을 악화하고, 궁극적으로는 도시의 '죽음'을 가져온다는 주장을 제기합니다. 도시를 생명체로 여긴 그는 획일화된 재개발과 도시계획 대신, 사람들의 공동체적 삶이 직접 이루어지는 근린 환경neighborhood environment을 중심으로 다양한 정체성이 어우러지고, 오래되고 작은 건물과 새롭게 만든 인프라가 조화를 이루는 '살아 있는' 도시를 만들 필요성을 역설했지요.[153]

제이콥스의 주장은 근린환경과 공동체를 중심으로 한 새로운 사회공간을 모색하고 추구하려는 움직임에 중요한 영향을 미쳤습니다. 우리나라에서 2000년대부터 실천하고 있는 '마을만들기' 또한 그 영향을 받은 사례입니다. 여러 부작용을 낳는 토건주의와 대규모 재개발을 배격하고, 근린환경과 지역공동체를 중심으로 주민 참여를 통해 주거환경을 개선하고, 사회지리적 문제에 대처하려는 운동이지요.

마을만들기의 대표적인 사례는 서울 성북구 장수마을입니다. 장수마을은 시설과 건물이 노후하여 재개발지구로 지정된 곳이었으나 이런저런 문제로 재개발이 지연된 데다 기존 마을을 완전히 철거하는 재개발은 장수마을을 지나는 한양도성 문화재를 훼손할 위험이 컸습니다. 그래서 장수마을은 시민단체, 주민자치단체, 서울시와 성북구의 지자체 등이 협력하여 로컬 거버넌스local governance 과정을 거칩니다. 로컬 거버넌스란 중앙정부와 지방정부, 지역 주민, 시민단체, 기업 등 다양한 차원의 이해당사자들이 참여해 상호 신뢰를 토대로 지역사회의 문제 해결과 발전을 추진하는 방식입니다. 이러한 과정을 거쳐 장수마을은 완전 철거 방식의 재개발 대신 기존 공동체와 근린환경을 살려

두되 노후화된 시설과 인프라를 개선하고, 역사관 등을 세워 마을의 역사와 정체성을 보존하며, 한양도성과도 자연스럽게 어우러지는 마을공동체를 만들기로 합니다.[154] 장수마을은 대표적인 마을만들기 사례로 언론과 학계는 물론, 수많은 사람의 주목을 받았습니다. 경남 통영시의 동피랑마을, 강원도 강릉시의 명주동 재생 사업도 마을만들기의 대표적인 성공 사례라 볼 수 있지요.

하지만 마을만들기에는 현실적인 어려움도 많습니다. 가장 큰 어려움은 지속적인 참여와 관리 문제입니다. 지속적인 주민 참여와 자치를 끌어내는 일은 생각 이상으로 어렵습니다. 또한 마을만들기 사업을 보여주기식 행정으로만 처리하는 관료주의

통영시의 빈민가였던 동피랑은 마을만들기 사업을 통해 통영 앞바다가 내려다보이는 언덕 풍경과 벽화 그리고 통영성 동포루라는 역사 경관이 어우러진 명소로 탈바꿈하여 통영시의 관광 수입을 크게 올려주었다.

에서 비롯된 문제도 있지요. 의욕적으로 추진한 벽화마을 조성 사업이 용두사미로 끝나 관리되지 않은 벽화가 시간이 흘러 흉물로 전락하기도 합니다[155]. 2019년에 장수마을로 답사를 갔을 때, 장수마을 역사관이 주민 참여를 통한 관리가 이루어지지 않아서 운영이 중단된 사실도 확인한 바 있습니다.

게다가 마을만들기는 주택과 부동산 시장의 활성화, 즉 쉽게 말해서 부동산으로 돈 버는 일과는 지극히 거리가 멀기 때문에 건설업자나 부동산업자, 부유층 그리고 이들의 지지를 받는 정치집단으로부터 공격을 받기도 합니다. 정치적인 이유로 지역 공동체와 마을만들기 관련 정책과 운동이 중단되고, 대규모 재개발 사업이 다시 추진되는 사례도 생겨나고 있습니다.[156]

마을만들기와 재개발 가운데 어느 쪽이 절대적으로 옳다고 단정해서는 곤란합니다. 애초에 제인 제이콥스도 근린환경과 노후한 건물 및 인프라를 하루아침에 '갈아엎는' 식의 재개발을 반대했을 뿐, 새로운 건물이나 인프라 건설을 무조건 반대하지는 않았으니까요. 하지만 획일적인 도시계획과 대규모 재개발 일변도의 도시정책으로 인한 부작용은 『미국 대도시의 죽음과 삶』이 출간된 1960년대 초반에 이미 많이 불거져 있었고, 이에 따른 사회지리적 차별과 부조리는 오늘날 우리 사회에도 크나큰 걸림돌이 되고 있습니다.[157] 무분별한 개발은 기후위기, 환경문제에도 악영향을 미칠 수밖에 없습니다. 과도한 개발주의와 토건주의, 부동산 양극화가 불러온 사회지리적 차별과 모순에 효과적으로 대처할 수 있도록, 자본이나 토건이 아닌 사람이 사회공간의 주인이 될 수 있는 방안을 적극적으로 모색해야 할 때입니다.

소수자의 사회지리

***

　　"수십 년 세월을 골방에 갇혀 시설에 처박혀…."

〈장애인 차별 철폐 투쟁가〉라는 노래 가사의 첫 소절입니다. 이 소절은 다분히 사회지리적인 메시지를 담고 있습니다. 장애인 이라는 이유로 '골방에 갇히고' '시설에 처박혀' 주류 사회공간 에서 배제당하는 현실을 노래하고 있지요.

　사회지리적으로 차별받아온 소수자는 장애인뿐만이 아닙니 다. 앞서 살펴본 미국 사회에서 흑인을 대상으로 한 차별 또한, 인종적 소수자에 대한 사회지리적 차별에 해당하지요. 여성에 대한 차별 또한 그 역사가 유구하며, 오늘날 선진국에서도 여전 히 현재진행형인 문제입니다. 전근대 가부장제 사회에서 여성 들은 가사와 육아의 공간에만 머무른 채, 사회생활과 교육, 경 제, 정치 등이 이루어지는 공간으로의 진출을 차단당했지요.

　과거 성매매 여성을 완곡히 일컫는 용어로 쓰였던 '직업여성' 이라는 단어는 그러한 젠더의 사회지리적 차별을 여실히 보여줍니다. 여성이 머물러야 할 가사와 육아의 공간인 집을 벗어나 직업을 가지고 사회적 공간에서 경제활동을 한다는 것은 성매매 여성이나 하는 일이라는 인식이 깔려 있습니다. '밤늦게 다니는 여성은 범죄를 당해도 싸다'라는 식의 극심하게 왜곡된 젠더 인식 역시, 여성이 사회공간에서 행동을 제약하는 사회지리적 차별과 무관하지 않습니다.

젠더의 사회지리적 차별은 산업혁명을 계기로 극심해집니다.[158] 산업혁명 이전에도 수많은 국가와 사회, 문명에서 가부장제와 젠더 차별이 있었지만, 전근대의 농어업이나 수공업에서는 여성의 일손이 많이 필요해 경제활동에서 여성의 비중이 적지 않았지요. 일례로 옷감을 짜고 옷을 만드는 일은 동서양을 막론하고 여성의 몫인 경우가 많았습니다. 전쟁이 잦았던 중세 유럽에서는 전쟁이 일어나면 귀족이나 영주 집안의 연장자 여성이 전쟁터로 떠난 영주나 남성 가장의 대리 역할을 하기도 했습니다.

하지만 산업혁명은 경제활동에서 남녀의 성 역할을 철저히 구분 지었습니다. 여성의 경제활동 영역을 비서, 타자수, 경공업이나 판매업 일부로 국한했지요. 그나마 여성에게 할당된 이러한 일자리 역시 결혼하면 그만둬야 하는 저임금 임시직인 경우가 대부분이었습니다. 이러다 보니 젠더에 따른 공간의 격리는 더한층 확대되었고, 여성은 경제와 정치의 공간에서 배제된 채 출산과 육아, 가사노동의 공간으로 내몰렸습니다.

따라서 직장이나 인프라 공공시설은 대부분 지극히 남성 중심적인 공간 구조를 띱니다. 요즘에는 조금씩 개선되고 있지만, 직장에 육아를 위한 시설이나 여성 노동자들이 편안하고 안전하게 휴식할 수 있는 시설이 제대로 갖춰지지 않은 경우가 많지요. 출산과 육아, 가사노동을 도맡은 여성들은 보육시설이나 학교와 거리가 가깝고, 급여가 낮거나 고용 형태가 불안정한 직장으로 이직을 사실상 강요당합니다. 그 과정에서 흔히 사회적 지위 하락과 경력 단절이 따릅니다. 이러한 문제 또한 젠더에 따른 사회지리적 불평등과 차별의 사례로 볼 수 있지요.[159]

성소수자의 경우에는 여성이나 인종에 대한 차별과도 비교하기 어려울 정도로 극심한 배제를 당해왔습니다. 20세기 중반까지만 해도 성소수자는 미국이나 서유럽에서 범죄자로 처벌받을 정도였으니까요. 이들은 게이바, 레즈비언바, 트랜스젠더바, 심지어 공중화장실 같은 주류 사회로부터 차단되고 격리된 장소 안에서만 자신의 성 정체성을 드러낼 수 있었습니다. 성소수자들이 모이는 장소는 수십 년 전만 해도 간판을 달기는커녕 정상적인 영업 허가조차 얻지 못해 불법화되고 지하화된 공간이 되기 일쑤였지요.[160]

흑인 민권운동의 사례에서와 마찬가지로, 소수자들의 공간에도 사회공간변증법 개념이 적용됩니다. 소수자들은 자신들이 격리당하고 차별당한 장소를 공간적 배경으로 삼아 억압과 차별, 격리에 저항하고 해방을 시도하는 동력을 얻습니다.

일례로, 19세기 말에서 20세기 초반까지 유럽과 미국, 호주 등 서구 세계에서 대대적으로 일어났던 여성 참정권 운동이 있습니다. 자유주의 혁명과 민주공화국 수립(미국독립혁명, 프랑스대혁명 등)이 시작된 지 백 년이 넘도록 정치에서 철저히 배제되어 온 여성들은 19세기 후반부터 광장이나 대로 같은 공공 공간에서 집회를 열면서 참정권을 얻기 위한 투쟁을 시작했습니다. 당시만 하더라도 여성이 공공장소에서 집회하거나 권리를 주장하며 정치적 의견을 적극적으로 밝히는 것은 상상하기 어려운 일이었습니다.

여성 참정권 운동의 거리 집회는 정치공간에서 배제당한 채 가정에 머물기를 강요당하던 여성들이 참정권을 요구하며 남성

1915년 10월 23일 여성 참정권 운동가들이 뉴욕시의 거리에서 행진하는 모습.

만이 전유했던 정치공간으로 당당히 진출한 사회지리적 혁명이었습니다.[161] 성소수자들이 주류 사회의 공간에서 그들의 성 정체성과 지향을 적극적으로 표현하며 인정과 존중을 요구하는 퀴어축제 또한 마찬가지이지요. 이주노동자들은 그들이 모여 사는 장소를 그들만의 정체성이 담긴 음식이나 경관 등을 즐길 수 있는 명소로 발전시키고, 다문화 축제 같은 행사를 개최하기도 합니다. 성폭력이나 가정폭력, 데이트폭력 등의 피해를 받았거나 그에 대한 공포와 분노를 공유하는 여성들이 그러한 범죄가 일어난 장소를 추모의 공간으로 재구성하기도 하지요. 이러한 사례들은 소수자가 겪는 사회지리적 차별과 배제, 혐오에 대한 사회공간변증법적 저항의 시도라고 볼 수 있습니다.

8장

문화·역사

땅 위에 숨겨진 이야기를
읽는 법

일제강점기의 한국문학 작품들을 보면, 한국의 토속적인 자연 환경과 문화가 담긴 경치를 묘사한 경우가 많습니다. 이효석의 소설 『메밀꽃 필 무렵』(1936년)에는 메밀밭과 봉평 장터의 풍경이 그려지고, 정지용의 시 「향수」(1923년)에는 '넓은 벌 동쪽 끝으로 실개천이 휘돌아 나가고 얼룩박이 황소가 해설피 금빛 게으른 울음소리를 내는, 꿈엔 듯 잊힐 리 없는' 우리나라 농촌의 토속적인 모습이 서정적으로 묘사되지요. 독립운동에 직접 참여한 실천문학가이기도 했던 월북작가 김사량 역시 일제강점기 평양 빈민들의 삶을 다룬 소설 『물오리섬』(1942년)에서 평양을 연광정, 만경대 등 한국 고유의 문화와 역사가 깃든 명승지이자 버드나무, 솔숲 등 전통적 자연미가 어우러지는 장소로 그린 바 있습니다.[162]

이처럼 일제강점기 한국 문인들이 우리나라의 자연과 문화를 담아낸 까닭은 낭만적인 분위기나 서정성 때문만은 아닙니다. 일제가 식민 지배를 영구히 하고 독립운동을 뿌리 뽑기 위해 조선의 문화를 말살하고 탄압하던 시기였기에, 문인들은 조선의 전통과 문화를 보존하고 일제의 탄압에 저항하기 위해 조선 땅의 자연과 문화, 역사를 작중에 재현했던 것이지요.[163] 즉, 식민지 조선의 자연경관과 인문경관은 그 자체가 조선의 문화이자 역사였던 셈입니다. 식민지 조선의 문인들은 한반도의 고유한 경관을 문학작품 속에 재현함으로써 조국을 지키려 했으며 독립을 염원했습니다.

지표공간은 위치와 지역, 장소에 따라 다양하면서 고유한 모습을 지닌 경관을 연출합니다. 지형과 기후는 지역이나 장소가 지닌 고유의 자연경관을 만들고, 사람들이 그러한 자연환경에 다양한 방식으로 적응하는 가운데 그 지역과 장소만의 독특한 인문경관이 형성됩니다. 버드나무, 솔숲과 같은 자연경관, 그리고 연광정과 만경대 같은 인문경관이 어우러져 평양이라는 식민지 조선의 문화경관이 그려지는 것과 같이, 문화는 지표공간의 지리적 환경과 매우 밀접하게 연결됩니다.

지표공간에 다양한 모습으로 나타나는 자연경관과 인문경관은 그저 멋진 경치를 이루는 수준을 넘어 그 땅만이 가진 고유한 문화와 정체성을 보여주는 지리적 기호이자 텍스트입니다. 때로는 이러한 경관이 문화의 양상에 영향을 미치며, 문화의 변화와 발전을 견인하기도 합니다. 문화지리학은 바로 이러한 지리와 문화의 관계를 다룹니다.

인간이 만든 공간에는
문화가 반영된다

이야기의 초점을 문화라는 단어에 맞춰보겠습니다. 문화란 무엇일까요? 흔히 '문화생활'이라는 말을 쓰듯이, 음악이나 미술을 향유하고 고상한 이야기를 나누는 행위를 문화라 부를 수도 있습니다. 하지만 문화는 이러한 활동만을 의미하는 개념이 아닙니다. 넓게 보자면, 인간이 살아가는 방식 전반이 바로 문화입니다. 그리고 문화는 인간을 다른 동식물과 구분 짓는 중요한 기준이기도 하지요.

인간이나 다른 동식물이나 살아가는 데 있어 본능을 충족하는 것이 중요함은 말할 필요가 없습니다. 식욕이나 수면욕을 충족하지 못한다면 병이 들어 결국 죽을 테지요. 하지만 인간이 본능을 충족하는 방식은 다른 동식물과는 다릅니다. 예를 들어, 야생동물이 먹이를 두고 싸우거나 분뇨로 영역 표시를 하는 행위를 죄악시하는 사람은 없습니다. 맹수가 초식동물을 잡아먹거나 포유동물의 수컷들이 마음에 드는 암컷을 놓고 몸싸움을 벌이는 일을 비난하는 것 또한 터무니없는 일일 테지요. 동물들은 그저 본능에 따라 살아갈 뿐입니다.

하지만 인간이 그저 본능에만 충실하게 살아간다면, 다른 사람들에게서 인간 대접을 받지 못할 것입니다. 배가 고프다고 남의 음식을 빼앗아 먹는다든가, 분뇨를 아무 데나 배설한다든가 하면 사회생활을 제대로 할 수 없겠지요. 경우에 따라 범죄자가 되어 처벌을 받을 수도 있습니다. 인간은 인간이 만든 인위적인 생활방식, 즉 문화에 따라 살아가기 때문입니다. '짐승 같다'라는 표현이 욕설인 까닭은 그만큼 인간이 동물과 달리 문화가 필수인 존재이기 때문입니다.

동식물의 본능과 달리 인간이 만든 문화는 지역이나 집단마다 서로 다릅니다. 당장 한·중·일 3국의 문화는 유교, 불교, 한자 등 공통분모가 많음에도 다른 부분이 꽤 있습니다. 우리나라 불교는 중국이나 일본의 불교와 마찬가지로 대승불교임에도 세부적인 교리가 매우 다릅니다. 조선 성리학은 명·청대의 유교 학파인 양명학이나 고증학은 물론이고 그 뿌리인 북송의 주자학과도 차이가 있습니다. 한국인은 밥상에 밥그릇을 올려두고 밥을 먹지만, 일본인은 밥그릇을 손에 든 채 밥을 먹지요. 조선의 사대부들은 부모에게 물려받은 머리카락을 훼손하지 않으려 상투를 틀고 집 안에서도 갓을 쓴 채 버선발로 생활했지만, 중세 일본의 지체 높은 무사들은 앞머리를 말끔히 밀었고 아무리 점잖은 자리라 해도 실내에서는 발을 깨끗이 씻은 다음 맨발로 활동했습니다. 유럽이나 인도, 아프리카 등지의 문화는 중국, 일본과는 비교할 수 없을 정도로 우리 문화와 현격한 차이가 있지요.

인류는 왜 이렇게 각기 다른 다양한 문화를 이루었을까요? 문화의 다양성은 인간이 지표공간에 적응하는 과정과 매우 깊은 연관이 있습니다. 인류는 다른 동물에 비해 신체가 약하고 속도도 느리지만, 두뇌를 사용하는 능력만큼은 비교할 수 없을 정도로 뛰어납니다. 그랬기에 인류는 불과 도구를 사용하여 다양한 지리적 환경에 적응하고 살아갈 수 있었지요. 사자나 호랑이 같은 맹수도, 몸집이 거대한 코끼리나 코뿔소도 서식지의 환경이 변화하면 생존할 수 없습니다. 빙하기에 존재했던 매머드와 검치호 같은 동물은 빙하기가 끝나면서 지구환경이 급격히 바뀌자 결국 멸종하고 말았지요.

하지만 인류는 뛰어난 두뇌를 활용한 덕분에 추운 곳과 더운 곳, 습한 곳과 건조한 곳을 가리지 않고 지구 각지에 퍼져 살아갈 수 있었습니다. 다양한 환경을 가진 장소에 퍼진 인류는 각자 자신들이 사는 장소의 환경에 맞는 생존 방식을 터득하고 전승·발전시켰지요. 추운 곳에서는 추위에 적응하고, 더운 곳에서는 더위에 적응하며 살아가는 과정에서 인류의 생존 방식은 점차 다양한 방향으로 갈라지게 됩니다. 마지막 빙하기가 끝난 1만 년 전쯤에 인류는 농경과 목축을 시작해 문명의 막을 올

립니다. 인류는 논밭을 일구고 저수지와 제방을 만드는 등 자연
환경을 자신들의 삶에 적합한 방식으로 조절하고 바꾸는 경지
에 이르게 되지요. 이에 따라 집단의 규모가 커지고 농경과 목
축을 통한 잉여 생산물이 부와 권력을 낳으면서 인류는 체계적
인 사회제도와 과학기술을 빠른 속도로 발전시켜 문명을 일구
었습니다.

문명 발전의 속도가 빨라지면서 그 규모와 체계는 점점 거대
해지고 정교해졌습니다. 인류는 자신들의 집단을 유지하기 위
해 법률·예술·종교·가치관·이데올로기와 같은 대단히 복잡하
고 체계적이면서도 추상적인 문화체계를 만들었습니다. 아무리
재화가 풍부하고 강대한 무력을 가진 집단이라고 해도 이러한
문화체계가 없다면 서로 이해관계를 다투다 사분오열해 흩어
질 수 있습니다.[164] 인간집단이 씨족에서 부족으로, 부족에서 고
대국가로, 나아가 중앙집권적인 국가나 대제국으로 발전할수록
문화체계는 더한층 복잡하고 체계적으로 변하고 추상화되었습
니다.

지리와 문화의 긴밀한 상호관계

***

그렇게 만들어진 문명과 문화는 인류의 세련되고 체계적인 적
응의 결과이자 지표공간과 인간집단 간의 복잡한 상호작용의

산물입니다. 문명의 탄생은 마지막 빙하기의 종식이라는 자연
환경의 대대적인 변화를 토대로 이루어졌고, 농경과 목축 역시
자연환경에 적응한 결과이지요.

농경이나 목축을 하려면 일단 지형과 토질, 기후 등의 조건이
맞아야 합니다. 남극이나 북극 같은 영구동토층에서 농경과 목
축을 기대하기란 어렵지요. 동식물의 분포도 중요합니다. 지구
상에 존재하는 수많은 동식물 가운데, 인류가 품종개발을 통해
농작물로 전환할 수 있는 식물은 제한적입니다. 가축으로 길들
일 수 있는 동물 종 또한 마찬가지이지요.[165] 아프리카의 얼룩말
이나 아메리카의 들소는 우리가 익히 아는 말, 소와 크게 다를
바 없어 보이지만, 이런 동물들은 지나치게 사나워 길들일 수
없습니다. 도토리 역시 참나무의 느린 생장 속도와 도토리의 조
리하기 어려운 특성 등으로 인해 우리나라에서 도토리묵을 만
들어 먹는 정도를 제외하면 식량 자원으로 재배하지 않습니다.

문명이 발달할 수 있는 지리적 조건을 갖추었다고 해도, 환경
에 따라서 문명이 발달하는 방향은 눈에 띄게 달라집니다. 한국
인이 쌀밥을, 서양인이 빵을 주식으로 삼는 이유도 환경 때문이
지요. 지리적 차이로 인해 주식으로 삼을 만한 식용작물의 종류
가 달라지고, 그 결과 식문화도 달라지는 것입니다.

외부와 교류하기에 적합한 지리적 환경을 가졌는가도 중요
합니다. 문명 간의 교류가 이루어질 수 있다면 문명의 발전 속
도를 더한층 올릴 수 있을 테니까요. 한국인의 식생활에서 빠

질 수 없는 고추, 마늘, 배추 같은 식재료들도 다른 지역에서 들여온 것이고, 한국의 전통문화 역시 유교, 불교, 한자 등 외부로부터 받아들인 문화를 우리 식으로 재구성해 만든 산물입니다. 문명 교류는 지리적 환경에 절대적인 영향을 받습니다. 인간이 이동할 수 있는 범위를 넘어서는 천연 장애물이 있다면 당연히 교류는 크게 위축되거나 이루어지지 못할 테지요. 반면 이동과 교통에 유리한 지리적 조건을 갖추었을수록 교류도 그만큼 활발해질 것입니다.[166]

이처럼 지표공간의 자연환경에서 나는 차이는 물질문명의 지리적 차이를 빚어내고, 이는 정신문화의 지리적 차이로까지 이

러시아 모스크바의 붉은광장. 광장의 가운데에 성 바실리 대성당이 있고, 오른쪽으로 크렘린 성벽의 시계탑이 보인다. 그리스도교 전통이 강한 유럽 문화권에서는 역사가 깊고 규모가 큰 도시일수록 광장에 대성당이 자리 잡는 경우가 많다. 문화가 도시의 인문경관에 영향을 미치는 사례.

어집니다. 세계 여러 지역은 서로 다른 자연환경을 지녔고, 지리적으로 멀리 떨어져 있습니다. 아시아와 유럽, 아프리카의 문화가 크게 다르고, 같은 아시아라 해도 동아시아, 서남아시아, 중앙아시아 등의 문화가 다른 것도 이 때문입니다.

이처럼 문화는 지리적 환경에 따라 다양하게 나타납니다. 동식물은 생존에 적합하지 않은 자연환경에서는 살 수가 없는 반면, 인류는 지리적으로 완전히 다른 여러 장소와 지역에서 그곳의 자연환경에 맞게 다양한 방식으로 적응할 수 있습니다. 자연환경에 적응하며 발전시킨 문명과 문화는 지표공간 위에서 다양한 인문환경으로 나타나 다채로운 경관을 연출합니다. 한마디로 문화는 지리적 환경이라는 토대 위에서 형성·발달하고, 그 문화는 지표공간의 모습과 형태에 영향을 미쳐 지표공간을 더욱 다채롭게 바꾸어갑니다. 그러므로 지리학은 문화와 떼려야 뗄 수 없는 관계입니다.

지표공간이 재현하는 문화경관

***

19세기 후반 근대 지리학이 정립되었을 때, 수많은 지리학자는 환경이 인간의 삶을 결정짓는다는 환경결정론을 신봉했습니다. 자연환경과 인간의 사회·문화 사이의 관련성을 학문의 영역에서 본격적으로 다루었다는 점에서 환경결정론은 그 가치가 큽니다.

하지만 환경결정론은 그 한계도 뚜렷합니다. 인간의 삶과 사회, 문화가 자연환경에 의해 오롯이 결정된다는 관점은 비슷한 환경을 지닌 여러 지역에서 서로 다른 문화가 생겨난다는 점을 제대로 설명해내지 못했습니다. 게다가 환경결정론은 제국주의를 정당화하는 데 악용되기도 했습니다. 자연환경이 온화한 유럽에서 이성과 과학이 높은 수준으로 발전했으니, 너무 덥거나 건조한 환경 탓에 이성과 과학이 제대로 발전하지 못한 아시아와 아프리카를 유럽인이 지배하여 무지한 그들을 구제해야 한다는 논리였지요.

이런 논리는 도덕적으로 정당하지 못할 뿐 아니라 사실에도 맞지 않습니다. 유럽의 국력과 경제력, 과학기술 수준이 이슬람 문화권을 포함한 아시아를 추월하기 시작한 시점은 앞당겨 잡아도 18세기 이후이니까요. 게다가 서구 문명의 뿌리 또한 유럽이 아닌 아시아의 메소포타미아 문명, 아프리카의 이집트 문명이었습니다.

20세기에 접어들며 환경결정론은 서서히 시대에 뒤처진 담론으로 비판받기 시작합니다. 여러 지리학자는 환경결정론을 대체할 새로운 지리학 담론을 모색하려고 노력했지요. 그러한 가운데 독일의 지리학자 오토 슐뤼터Otto Schlüter는 지리학의 본질이 다양한 지역의 지리적 특성을 이해하는 데 있다고 보았습니다. 이를 위해서 그는 지역에서 나타나는 가시적인 현상, 즉 경관landscape을 분석하여 지역을 파편화된 방식이 아닌, 전체·관계·유기적 관점에서 이해하고 연구해야 한다는 주장을 펼치지요. 슐뤼터의 경관론은 미국의 지리학자 칼 사워Carl O. Sauer가 계승해 문화지리학이라는 학문 분야를 성립하는 결과로 이어집니다.

사워는 문화를 환경에 대한 인간의 다양한 적응 방식으로 규정합니다. 인간을 자연환경에 의해 일방적으로 결정되는 수동적 존재가 아니라 다양한 방식으로 환경에 적응하는, 능동적이면서 다양성을 지닌 존재로 보았지요. 인간이 만든 공동체를 같은 문화를 공유하는 유기적인 인간집단으로 여겼고, 이러한 문화공동체가 그 존재를 영위하는 지표공간을 문화적 영역이라고 규정합니다. 사워의 관점에 따르면, 예컨대 동아시아 문화권은 동아시아 문화를 공유하는 영역이고, 한국 문화권은 동아시아의 다른 나라들과는 차별화되는 한국만의 문화가 지배하는 영역입니다.

그렇다면 문화적 영역은 어떻게 규정짓고, 구분하고, 연구할 수 있을까요? 여기서 사워가 착안한 개념이 바로 문화경관文化景觀, cultural landscape입니다. 문화경관이란 어떠한 문화적 영역에 속한 인간집단이 지표공간 위에 형성하는 가시적인 형태나 패턴을 말합니다.

한 가지 예를 들어볼까요? 조선시대 서원을 보면 공간 구조가 매우 규칙적이고 엄격합니다. 서원의 정문은 대개 세 부분으로 구획되어 있는데, 그중 널따란 가운데 부분은 스승이나 그에 준하는 사람만이 출입할 수 있고, 학생들은 좌우의 좁은 통로로 출입해야 합니다. 스승이 가르침을 베푸는 공간인 입교당立敎堂은 서원의 정중앙에 있고, 기숙사인 동재東齋와 서재西齋는 입교당의 좌우 앞쪽에서 서로 마주 보는 형태를 취하고 있지요. 게다가 입교당은 높게 쌓은 단 위에서 동재와 서재를 내려다보는 구도입니다. 스승의 공간과 학생의 공간을 구분함으로써 공간적으로 성리학적 질서를 재현한 것이지요. 동재와 서재 앞에는 대개 정자나 누각을 세우는데, 이는 유교 교육에서 중시하는 심신 수양과 풍류의 공간인 동시에 양반 지배층이 대다수였을 서원의 구성원들이 농민과 백성을 감시하면서 서원 내부를 그들의 시선으로부터 차단하려는 장치이기도 했습니다.

아울러 서원은 공간의 맨 안쪽, 그러면서도 가장 높은 곳에 제사를 지낼 사당을 반드시 마련했습니다. 성리학에서는 제사가 절대적인 중요성을 지녔고, 서원은 단순히 수업만 하는 공간이 아니라 제사를 통해 성현을 본받고 그 가르침을 실천한다는 유교의 교육 원리인 법성현法聖賢을 핵심으로 삼는 공간이었기 때문입니다. 사당은 서원을 서원답게 만들고, 공간의 정체성을 부여하는 가장 핵심적인 장소였습니다.

우리나라 최초의 서원인 경상북도 영주시의 소수서원은 엄격한 성리학적 질서가 선명하게 재현되어 있지는 않습니다. 학문을 가르치는 장소인 강학당이 정문 바로 앞에 있는가 하면, 유학자 안향을 모시는 문성공묘는 담을 둘러싸기는 했지만 강학당 바로 옆에 자리 잡고 있습니다. 건물 간의 위계가 분명하게 나타나지 않지요. 애초에 소수서원이 사찰 터에 세워진 까닭도 있겠지만, 아무래도 조선에서 처음으로 세운 서원이고, 서원을 기반으로 삼았던 사림파土林派가 아직 조선 사회에서 기득권을 잡지 못했던 이유도 컸을 겁니다. 하지만 얼마 지나지 않아 조선 사회는 큰 변화를 맞이합니다. 1567년 즉위한 선조宣祖에 의해 옛 기득권인 훈구파勳舊派가 힘을 잃고, 그들에게 견제받으며 여러 차례에 걸친 사화土禍의 피해를 감수해야 했던 사림파가 득세하게 되지요.

지역 유지로 지방에 기반을 두며 성리학 원리에 충실한 정치를 중시했던 사림파가 조선 정치와 사회의 헤게모니를 잡으면서 그들의 정치·학문적 기반이었던 서원은 그 수가 크게 늘었습니다. 서원의 공간 구조 역시 소수서원보다 훨씬 더 강하게 성리학 이념을 재현하는 형태로 만들어지지요. 그 대표적인 사례가 1575년 건립된 경북 안동시의 병산서원입니다. 병산서원 앞의 만대루晩對樓는 유생들이 자연 속에서 심신을 단련할 수 있는 멋진 경치를 제공하는 한편, 평민들의 시선을 차단하면서 양반이 평민을 감시할 수 있는 문화지리적 장치입니다. 만대루 뒤에는 동재와 서재, 입교당 그리고 서애 류성룡 선생을 모신 사당인 존덕사尊德祠가 엄격한 위계질서에 따라 배치되어 있습니다. 병산서원은 소수서원과 달리, 성리학적 위계질서를 매우 선

경상북도 안동시 병산서원의 건물 배치와 공간 구조는 성리학적 질서를 재현하는 양상을 매우 잘 보여주는 대표적인 성리학적 문화경관이다.

명하게 재현한 문화경관의 성격을 보여줍니다.

이처럼 문화경관은 어떤 지역이나 사회의 문화적 특성을 시각적으로 재현한다는 특징이 있습니다. 단순히 문화를 수동적으로 나타내기만 하는 것이 아니라 그 장소가 재현하는 문화의 발전과 확산에 기여하기도 하지요. 문화경관을 이해하면 그 땅의 문화를 이해할 수 있을 뿐만 아니라, 그 문화가 어떻게 형성되었고 변화했는지를 읽을 수 있습니다. 소수서원과 병산서원의 비교를 통해, 조선 정치의 기득권 변화를 읽을 수 있는 것처럼 말이지요.

아울러 문화경관은 문학, 회화, 영화, 음악 등 다양한 예술작품에도 영향을 미칩니다. 8장 도입부에서 살펴본 바와 같이 문화경관은 작품 속 내러티브나 메시지와 긴밀하게 연결되고, 창작의 소재나 영감이 되는 경우가 많기 때문입니다. 예를 들어, 앞에서 다뤘던 식민지 조선의 문학작품같이 민족주의나 민족 정체성을 문화지리적으로 재현한 예술작품은 흔히 찾아볼 수 있습니다. 체코의 작곡가 베드르지흐 스메타나Bedřich Smetana의 교향시 〈나의 조국Má vlast〉은 블타바강Vltava이나 보헤미아Bohemia 같은 체코 고유의 문화경관을 소재로 한 작품이고, 러시아 작곡가 알렉산드르 보로딘Alexandr Borodin의 교향시 〈중앙아시아의 초원에서In the Steppes of Central Asia〉 또한 러시아인과 아시아인이 교류하는 대초원의 경관을 소재로 한 작품이지요.

신문화지리학: 문화경관 속의 권력과 차별, 불평등
***

칼 사워는 환경결정론을 비판하고 새로운 지리학 담론을 제시했으며 현대 문화지리학을 오롯이 정립했다는 점에서 위대한 문화지리학자라 불릴 만한 인물입니다. 하지만 그의 문화지리학 이론과 문화경관론 역시 한계가 있습니다. 가장 크게 비판받는 지점은 그가 문화적 영역과 문화경관을 유기체로 보았다는 것입니다.

인문사회과학에서 유기체有機體란 다양한 부분이 모여 집합을 이루며, 전체가 각 부분의 합을 능가하는 체제를 은유하는 개념입니다. 예를 들어 인간을 이루는 골격, 근육, 내장 기관, 신경 계통 등을 다 모아둔다고 해서 그것이 곧 살아 있는 인간이 되지는 않지요. 또한 신체 부위 중 어느 하나가 없거나 제 기능을 하지 못한다면 인간은 나머지 부위가 아무리 온전해도 살아가는 데 불편을 겪거나 생명을 잃을 수 있습니다. 즉, 무언가를 유기체로 본다는 것은 전체의 조화로운 기능을 중시한다는 뜻입니다.

사워의 유기체적 경관론은 여러 문화의 지리적 다양성을 밝히는 데 의의가 있지만, 문화적 영역 내부의 다양한 관계나 갈등, 대립을 밝히는 데는 한계가 뚜렷합니다. 예를 하나 들어볼

1995년 유네스코 세계문화유산으로 등재된 종묘는 한국을 대표하는 문화경관이지만, 어디까지나 조선 왕실, 즉 지배층 문화를 재현하는 공간이다. 조선의 평민이나 하층민 문화와는 관련이 없다.

까요? 경복궁과 종묘, 창덕궁은 한국의 전통문화를 상징하는 대표적인 문화경관입니다. 종묘와 창덕궁은 유네스코 세계문화유산으로 등재되기도 했지요. 마찬가지로 유네스코 세계문화유산으로 등재된 안동 하회마을, 경주 양동마을과 같은 전통 마을도 우리나라의 전통문화를 잘 재현한 문화경관입니다.

하지만 이러한 경관들이 한국 문화를 온전히 재현하고 있다고 보기는 어렵습니다. 경복궁과 종묘, 창덕궁은 조선 왕실의 왕궁과 사당이고, 전통 마을 역시 대부분 집성촌, 즉 양반들의 마을입니다. 문화재로 지정된 전통 마을의 고택은 대부분 지체 높은 양반이 살았던 큰 기와집이지요.

조선 문화, 우리나라의 전통문화를 오직 조선 왕실과 양반들의 문화로만 한정할 수 있을까요? 당연히 아닙니다. 조선 사회에서 왕족과 양반은 소수에 불과한 지배층이었고, 백성 대부분은 상민과 천민이었습니다. 오직 왕족과 양반의 문화경관만으로 조선, 그리고 한반도라는 문화적 영역을 이해하는 것은 적절하다고 보기 어렵지요. 양반들의 문화 또한 일률적으로 재단해서는 곤란합니다. 양반 중에서도 동인·서인·남인·북인 등 계파가 갈렸고, 학문·정치적 지향점이나 사회·문화를 보는 관점도 각자 달랐을 겁니다. 그중에는 조선 후기에 천주교를 주도적으로 받아들인 이들도 있었지요.

사워의 문화지리학은 이처럼 문화경관에 내재한 다양한 계급, 사회구조, 사회적 차별 및 갈등을 제대로 짚어내지 못한다

마재성지의 한복 입은 예수상

경기도 남양주시에 소재한 천주교 마재성지에는 한복을 입은 예수상이 있습니다. 이 조형물은 우리나라에 천주교가 유입되면서 전통문화가 변화·융합한 양상을 잘 보여줍니다. 문화와 문화경관을 올

바르게 이해하기 위해서는 문화경관의 유기체적 성격은 물론, 그 변화와 융합 그리고 문화 사이의 권력과 갈등 관계에도 초점을 맞출 필요가 있습니다. 한복을 입은 예수상의 역사적 배경에는 조선 후기에 일어난 천주교 박해가 있듯이 말이지요. 이것이 신문화지리학의 화두이자 문제의식입니다.

는 한계가 있습니다. 사회·문화는 유기체적인 성격을 지니면서 동시에 개별성과 다양성, 권력 관계에 따른 계급 구조와 갈등도 따릅니다. 사워는 문화경관의 이러한 측면을 간과했습니다.

1980년대와 1990년대를 거치면서 여러 문화지리학자는 사워의 문화지리학이 지나치게 주류·전체만을 강조했다는 비판을 토대로 신문화지리학이라는 새로운 문화지리학의 흐름을 주도합니다. 신문화지리학은 문화의 다양성과 권력 및 갈등 관계에 초점을 맞춰 문화경관에 대한 새로운 해석을 시도하지요.[167]

젠더, 자본주의적 불평등, 지배-피지배 관계, 제국주의와 탈

식민주의 등은 신문화지리학의 주된 연구 주제입니다. 신문화지리학 연구의 대표적인 사례로는, 대도시와 세계도시의 고층 건물 형태와 스카이라인을 분석해 자본주의 문화의 공간적 의미와 재현을 연구하는 동향,[168] 영국의 예술비평가 존 러스킨 John Ruskin이 저서 『베네치아의 돌Stones of Venice』에서 제시한 베네치아 문화·예술 경관에 대한 비판적 분석을 통해 베네치아에 대한 사회·문화적 환상과 신화가 형성되는 과정을 분석한 데니스 코스그로브Denis Cosgrove의 연구,[169] 집이라는 장소와 그 경관이 가정폭력과 여성 차별·억압을 어떻게 은폐·정당화하는지에 대한 비판적 분석,[170] 산업시설이나 도시, 농장 등의 경관이 노동자에 대한 착취나 차별을 은폐하고 자본주의 체제를 정당화한다는 돈 미첼Don Mitchell의 논의[171] 등이 있습니다.

지리를 알면 역사의
숨은 이야기가 보인다

지리학과 역사학은 한 뿌리에서 출발한 학문입니다. 인간은 시공간이라는 무대 위에 존재하면서 사회생활을 하고 문명을 발전시키는 존재이니, 공간을 다루는 지리학과 시간을 다루는 역사학은 태생적으로 뿌리가 같을 수밖에 없지요. 서구 지리학과 역사학은 헤로도토스의 『역사』라는 공통된 시초를 가지고 있기도 합니다.

지리와 역사를 동시에 연구한 사람은 헤로도토스뿐만이 아니었습니다. 전근대의 수많은 학자가 지리와 역사를 동시에 연구했지요. 역사를 제대로 이해하기 위해서는 지리에 대한 이해와 연구가 필수였으니까요. 예를 들어, 이븐 할둔은 몽골제국을 비롯한 유목민 제국의 흥망사를 지리적 관점에서 서술했습니다. 그는 유목민들이 강인한 체력과 뛰어난 기마술을 통해 농경 국가를 정복하며 대제국을 세우지만, 부와 권력을 손에 쥔 그들의 후손이 유목민의 터전인 스텝지대를 떠나 호화스러운 생활에 탐닉하며 유목민다운 용맹을 잃어버린 끝에 제국이 무너졌다고 보았습니다. 이븐 할둔의 이러한 통찰에는 지리적 환경의 차이와 변화가 역사의 흐름으로 이어진다는 관점이 녹아 있습니다.

하지만 19세기 후반 학문의 분야가 여러 갈래로 나뉘고 근대 지리학이 성립하면서 지리학은 역사학과 분리된 별개 영역으로 발전합니다. 지리학은 역사의 흐름과 관련된 영토나 국경의 변화, 국가나 민족집단의 분포 외에도 쾨펜의 기후구분, 생물의 지리적 분포, 지질학적 지식 등을 포괄하면서 역사학과 점점 차별화되어가지요.

그럼에도 지리와 역사의 연결이 아예 사라진 것은 아닙니다. 학문적으로나 제도적으로나 여전히 둘은 깊이 연관되어 있지요. 일례로 많은 나라에서는 공교육에서 지리와 역사를 완전히 분리된 교과가 아니라 연관된 학문으로 여깁니다. 영국의 경우에는 초등학교와 중학교에서 지리와 역사를 하나로 묶어 가르치고, 그 이후부터는 두 과목을 분리하는 식으로 교육과정을 운영합니다. 미국에서 만들어진 사회과social studies 역시 사회과학과 더불어 지리, 역사를 통합해 가르치는 과목이지요. 미국의 교육제도를 따른 한국도 초등학교부터 고등학교 1학년 무렵까지는 사회 교과서로 공부하다가 그 이후로 지리, 세계사 등으로 과목을 나눠 배웁니다.

이처럼 지리와 역사는 엄연히 다른 학문이면서도 같은 뿌리에서 발달한 매우 밀접한 학문 분야입니다. 역사를 올바르게 이해하기 위해서는 역사의 지리적 맥락을 알아야 합니다. 페르시아전쟁을 온전하게 이해하기 위해서 헤로도토스가 전쟁과 연관된 다양한 장소와 지역의 지리 지식을 수집하고 분석한 것처럼 말이지요. 지리학과 역사학이 독립된 별개의 학문 분야로 나뉜 오늘날에도, 역사를 올바르게 이해하려면 역사적 사건뿐만 아니라 그 사건이 일어난 곳의 지리적 맥락도 함께 분석해야 한다는 사실에는 변함이 없습니다. 오늘날의 지리학에 역사지리학이라는 분야가 존재하는 까닭은 바로 이 때문입니다.

지리를 통해 역사를 새롭게 이해하기
***

역사 연구에서 가장 중요한 것은 무엇일까요? 관점에 따라서 다양한 대답이 나올 수 있겠지만, 사료史料의 중요성을 부정하는 사람은 아무도 없을 것입니다. 영국의 역사학자 에드워드 H. 카Edward H. Carr는 역사를 과거와 현재와의 대화라고 규정했지요. 역사는 경험할 수도, 되돌아갈 수도 없는 과거의 일을 다루기 때문에 역사학에서 신빙성 있는 기록과 그 기록이 사실임을 입증하는 유물·유적의 중요성은 절대적입니다. 예를 들어, 조선왕조실록은 왕조차도 열람할 수 없을 정도로 엄격하게 기록되었기 때문에 사료로서 매우 높은 가치를 인정받습니다. 반대로 집안에서 기록한 족보의 경우에는 문화인류학적 가치는 있 겠지만, 대개 집안의 조상을 찬양하거나 미화하는 경향이 많아 서 사료로서의 가치는 낮은 편입니다. 한편, 사마천司馬遷의『사 기史記』는 중국 고대사 연구에서 최고의 권위를 인정받는 사료 이지만, 그중에서 고대 은나라의 역사를 담은 「은본기殷本紀」는 역사보다는 전설로 취급받았습니다. 그러나 20세기 초반에 은 나라 마지막 도읍인 은허殷墟의 유적이 발굴되면서 제대로 된 역사 기록으로 인정받을 수 있었지요.

이처럼 사료는 역사학에서 가장 중요한 자료이고, 역사학자 는 사료를 바탕으로 과거의 사실을 재구성하여 그것이 오늘날 에 어떤 의미를 주는가를 해석하고 평가합니다. 그럼으로써 '과 거와 현재와의 대화'가 이루어질 수 있지요.

이처럼 역사학에서 사료의 중요성은 부정할 수 없지만, 사료 만으로 역사를 온전하게 이해하는 데는 여전히 한계가 있습니 다. 역사라는 학문은 인간이, 그리고 문명과 사회가 시간의 흐 름에 따라 존재하고 흥망성쇠를 거듭해온 연대기를 다루는 것 인데, 그러한 인간과 문명, 사회의 활동은 지표공간에 나타나는 환경의 다양성과 분리해서 생각하기 어렵기 때문입니다.

삼국시대의 신라, 고구려, 백제는 왜 하필 한강 유역을 두고 쟁탈전을 벌였을까요? 고구려는 북쪽에 드넓은 만주벌판이 있 고, 백제는 고대 동아시아에서 손꼽히는 해양 제국이었는데도 왜 굳이 한강 유역에 그토록 집착했을까요? 그리고 조선은 왜

한강 유역에 도읍을 정했을까요? 드넓은 중국에서도 왜 하필 황허강 중류 일대에서 발달한 은殷, 주周 등의 고대 왕조가 오늘날 중국의 직접적인 조상이 되었을까요? 이런 질문에 대한 답을 구하기 위해서는 역사의 흐름에 영향을 미친 지리적 요인과 맥락을 함께 고려해야 합니다.

역사지리학은 지형과 기후, 지정학적 위치 및 관계, 국가나 민족집단의 영역과 같은 지리적 요인이 역사에 미친 영향을 분석하는 인문지리학의 한 분야입니다. 지리의 눈으로 역사를 바라보려는 시도는 전근대에도 있었습니다. 유목민 제국의 흥망성쇠를 지리적 환경과 결부했던 이븐 할둔의 논의는 역사지리학의 고전이라고 할 만하지요. 따지고 보면 환경결정론이나 레벤스라움 같은 지리학 이론도 넓은 의미에서 역사지리학과 접점이 있습니다. 환경 혹은 영역 확보가 역사의 흐름에 영향을 미친다는 관점을 내포하니까요.

미국의 지리학자 엘즈워스 헌팅턴Ellsworth Huntington은 역사지리학의 흐름에 기념비적인 업적을 남깁니다. 그는 서기 2세기 이후 로마의 농업 생산성 저하와 이로 인한 로마의 쇠퇴를 기후변화라는 측면에서 분석한 연구[172]를 선구적으로 발표합니다. 이로 인해 역사지리학이 본격적으로 발전할 수 있는 기틀을 마련하지요. 비록 헌팅턴은 환경이 쾌적한 유럽이 그렇지 않은 아시아, 아프리카에 비해 역사적으로 빠른 진보와 발전을 거듭해 선진 문명으로 자리매김했다고 주장하는 등 제국주의적 환경결정론에서 벗어나지 못했지만, 기후라는 관점에서 역사의 흐름을 재해석하는 방법을 선구적으로 제시함으로써 역사지리학에 큰 획을 그었습니다.

오늘날에는 기후위기가 현실로 다가오고, 과거의 기후를 분석하는 수단이 발전하면서 기후가 역사의 흐름을 어떻게 바꾸었는지에 대한 연구가 활발히 일어나고 있습니다. 이런 연구는 대개 역사지리학 외에도 다양한 분야의 전문가들이 함께 참여하는 학제 간 연구의 형태를 취하는 경우가 많지요. 시베리아 잣나무의 나이테 분석을 통해 13세기 초반 몽골 스텝지대에 역사상 최대 규모의 비가 내렸고, 전무후무하게 습윤해진 스텝지대 덕분에 인구부양력과 군마의 양적 규모와 질적 수준이 급등하여 몽골이 세계 제국을 세울 수 있었다는 하버드 대학교 연구진의 연구[173]는 기후변화를 주제로 한 역사지리학 연구의 대표적인 사례입니다.

최근에 주목받고 있는 일종의 융합 학문인 빅히스토리big history 역시 역사지리학과 관계가 깊습니다. 언어·문화·지형·자연 등 인류 문명과 관련되는 다양한 요인을 아우르며 인류 역사와 문명에 대한 한층 폭넓은 접근을 추구하는 빅히스토리는 문명과 역사의 공간적 배경인 지리를 중요하게 다룹니다. 『총, 균, 쇠』의 저자로 널리 알려진 재레드 다이아몬드Jared Diamond나 세계화를 다룬 저서 『지리 기술 제도』를 쓴 경제학자 제프리 삭스Jeffery Sachs는 오늘날 빅히스토리와 역사지리가 지닌 위상을 잘 보여줍니다.[174] 이들은 지리학의 개념과 이론을 토대로 인류 문명의 발전과 세계의 분화·통합을 설명해냅니다.

예를 들어, 다이아몬드는 『총, 균, 쇠』에서 동서로 긴 형태의 유라시아대륙은 이에 따라 이동과 소통을 가로막는 극단적인 기후 지역이 비교적 적어 대륙의 동서축(실크로드)을 따라 고대부터 문화교류가 이어질 수 있었던 반면, 남북으로 긴 형태의 아프리카, 남북아메리카는 위도 차로 인해 대륙의 남북축을 따라 사막, 사바나, 열대우림 등 극단적인 기후 지역이 교류를 가로막는 거대한 천연 장애물이 되었기에 교류를 크게 제한받았다고 설명합니다. 이로 인해 아프리카나 아메리카에서 농경이 먼저 시작되었음에도 문명의 발달은 유럽이나 아시아보다 뒤늦었다는 논의를 제시합니다.[175] 이처럼 빅히스토리를 비롯해 오늘날의 역사지리학은 학제 간 연구, 과학기술의 발달 등을 토대로 지리학과 역사학 그리고 인문학 전반의 지평을 넓히고 있습니다.

과거의 땅과 현재의 땅 사이의 대화

***

역사가 과거와 현재 사이의 끊임없는 대화라는 말은 역사가 그저 과거의 사실을 입증할 증거를 확보하는 학문이 아니라 과거 사실에 대한 재해석을 통해 현재와 미래를 돌아보며 성찰하는 데 목적이 있는 학문임을 뜻합니다. 역사지리학 분야도 마찬가지입니다. 오늘날의 땅이 지닌 모습과 특징, 경계와 영역은 그저 주어진 것이 아니라 역사적 변화와 발전을 통해서 형성된 산물이니까요.

예를 들어, 2014년 크림반도 사태와 그 연장선이라고 할 수 있는 러시아-우크라이나 전쟁은 두 국가와 크림반도의 역사지리적 의미와 맥락을 고려해야만 제대로 이해할 수 있습니다. 2014년 봄, 크림반도의 주민들은 크림반도에 잠입한 러시아군 특수부대를 도와 러시아의 크림반도 병합에 힘을 보탰고, 병합이 성사되자 러시아 국기를 흔들며 푸틴의 이름을 열창했습니다. 돈바스Donbass의 분리주의 세력은 러시아의 앞잡이 노릇을 하며 우크라이나 정부에 반기를 들기도 했지요. 이들은 외세의 침략에 빌붙은 반역자일까요?

근대 이후 우크라이나는 러시아, 폴란드, 합스부르크제국 등 여러 나라의 지배를 받다가 18세기 이후에야 러시아 영토가 됩니다. 19세기부터는 석탄 등 천연자원이 풍부한 우크라이나 동부가 제정러시아와 소련의 제조업을 책임지는 대규모 산업지대로 발전했지만, 서부는 농업지대로 머물러 있었지요. 게다가 1930년대에는 스탈린의 농업정책 실패로 인해 심각한 기근이 일어나 특히 서부 지역을 중심으로 수백만 명이 아사하는 끔찍한 사건(홀로도모르Holodomor)[176]까지 벌어졌습니다.

그러다 보니 우크라이나 동부는 러시아의 영향과 혜택을 크게 받고, 러시아계 이주민도 많아서 러시아 정체성이 강한 지역이 되었지만, 서부는 러시아의 영향을 덜 받았을 뿐만 아니라 러시아에 대한 적개심까지 강하게 자리 잡은 지역이 되었습니다. 이러한 우크라이나의 역사적 맥락이 빚어낸 지리적 분열은 크림반도와 돈바스가 우크라이나 정부에 반기를 든 이유가 되었고, 훗날 러시아가 우크라이나를 침공하는 데도 중대한 영향을 미쳤습니다.[177]

더구나 크림반도는 애초에 우크라이나와는 별다른 관련성이 없는 러시아의 영역이었다가 1954년 소련의 지도자 니키타 흐루쇼프Nikita Khrushchev에 의해 당시 소련의 구성국이었던 우크라이나 소비에트 사회주의 공화국으로 편입되었습니다. 우크라이나 출신이었던 흐루쇼프는 이를 통해 자신의 권력을 공고히 하려 했고, 소련 체제 아래서는 흐루쇼프의 조치가 별다른 문제를 일으키지 않았지요. 하지만 소련이 해체되면서 크림반도 영유권은 러시아와 우크라이나의 잠재적인 외교 문제의 불씨가 되었습니다. 크림반도 주민들은 법적으로는 우크라이나에 속했지만, 여전히 러시아인 정체성이 강했기에 크림반도에 침투한 러시아군을 환영한 것이었지요.

러시아-우크라이나 전쟁이 수많은 사람의 목숨과 평화를 앗아간 끔찍한 비극임은 말할 필요가 없습니다. 유가 상승 등 우리 삶에도 악영향을 미쳤고, 세계의 안보와 평화를 갉아먹고 있지요. 하지만 전쟁에 대한 제대로 된 비판이 이루어지려면 전쟁의 원인과 맥락을 먼저 분명하게 이해해야 합니다. 러시아-우크라이나 전쟁을 비롯한 여러 국제 분쟁의 원인은 역사지리적 요인 및 맥락과 매우 긴밀한 관련이 있습니다. 그러므로 오늘날의 세계 정세를 이해하고 미래에 대처하기 위해서는 역사지리를 읽고 해석하는 지리의 눈이 필요합니다.

9장

군사 · 지정학

전쟁의 승패를 읽고
세계 질서를 움직이는 힘

우리나라는 강대국일까요, 아니면 약소국일까요? 여러 문제와 부조리, 사회경제적 모순 등으로 인해 여전히 우리나라를 약소국 혹은 후진국이라 여기는 사람도 있을 듯합니다. 그러나 해외 언론이나 논문을 보면, 적어도 2010년대 이후에는 외국에서도 우리나라를 선진국이자 강국으로 인정하는 추세를 확인할 수 있습니다. 한류와 K팝이 세계적으로 열풍을 일으키고, 삼성, LG 등 국내 대기업도 세계 시장에서 활약하고 있습니다. 2023년 말에는 미국의 어느 군사력 평가기관이 대한민국의 군사력을 세계 5위라 평가하기도 했지요.[178]

하지만 우리나라가 동아시아의 정세를 주도할 만큼 강한 나라라고 보기는 어려울 듯합니다. 경제력과 군사력은 세계 10위권 안에 들 정도이지만, 인접한 미국·중국·러시아·일본이 우리나라보다 더 강대국들인 탓이지요. 어쩌면 그래서 우리나라를 아직도 선진국이나 강대국으로 인식하기 어려워하는 사람이 있는 게 아닌가 싶습니다. 만일 지금의 국력을 온전히 유지한 채 우리나라를 동남아시아나 남아메리카, 오세아니아 등지로 옮겨보면 어떨까요? 모르긴 해도 그 지역 최강의 패권국이 될 수 있으리라 봅니다.

이처럼 어떤 지역이나 나라가 지표공간의 어떤 위치에 입지하는가, 주변국이나 인접 지역과의 지리적 관계가 어떠한가의 문제는 정치에 큰 영향을 미칩니다. 이러한 지리와 정치의 관련성을 연구하는 지리학의 분야가 바로 지정학입니다.

지표공간의 형태와 구조를 비롯한 지리 정보와 지식은 전쟁에도 큰 영향을 미칩니다. 극지나 열대우림 같은 극단적인 자연환경에서는 전쟁이 일어나기 어렵습니다. 전근대의 기병과 오늘날의 전차는 지상전에서 최강의 위력을 발휘하지만, 산악지대나 습지 등 장애물이 많은 공간에서는 제 위력을 발휘하기 어렵지요. 탁 트인 개활지나 구릉은 방어에 불리하기 때문에 전근대의 성이나 오늘날의 군사 요새는 산악지대를 따라 구축하는 경우가 많습니다.

이처럼 지리는 군사적 측면에서 대단히 중요합니다. 군인, 특히 지휘관·참모 업무를 수행하는 장교에게는 지도를 읽고 이해하는 능력이 필수이지요. 최첨단 무기와 군사기술이 전장을 지배하는 현대전에서도 마찬가지입니다. GPS와 같은 지리정보기술은 군사 목적으로 개발되었고, 오늘날의 군사작전과 지휘 통솔은 다양한 지리정보기술을 활용해서 이루어지고 있습니다. 미래전을 위한 새로운 군사 교리 역시 지리적 측면을 많이 고려하고 있지요. 이처럼 군사활동과 직결된 지리학 분야를 군사지리학이라고 합니다.

그레이트 게임에서
신냉전 체제까지

19세기 후반 독일에서 근대 지리학이 본격적으로 막을 올렸을 때, 독일 지리학계를 주도한 인물은 프리드리히 라첼이었습니다. 이 무렵 신생 독일제국은 부국강병을 이루어 영국과 프랑스를 비롯한 쟁쟁한 서구 열강들과 경쟁해야 하는 상황이었습니다. 서구 세계는 사회적 다윈주의, 즉 약육강식의 법칙에 따라 강대국이 약소국을, 문명 국가가 미개한 나라와 민족집단을 정복하고 식민지로 삼는 게 자연스럽고 정당하다는 논리가 지배하고 있었지요. 이런 분위기 속에서 라첼은 '레벤스라움'이라는 지리학 개념을 정립합니다.

레벤스라움lebensraum이란 독일어로 삶, 생활, 생존 등을 뜻하는 단어 leben과 방, 공간 등을 뜻하는 단어 raum을 합쳐 만든 조어입니다. 이 때문에 우리나라 문헌 중에는 레벤스라움을 '생활공간'으로 번역한 사례가 꽤 있고, 영미권의 문헌에도 이를

'life space'라고 번역한 예가 제법 보이더군요.

하지만 레벤스라움은 그저 사람들이 살아가는 공간이나 장소 정도로 이해해서는 안 되는 개념입니다. 왜냐하면 레벤스라움이란 단순히 생활이 이루어지는 공간을 넘어 국가나 민족집단이 인구를 부양하고 국력을 신장하기 위해 수단과 방법을 가리지 않고 반드시 확보해야 하는 영역을 뜻하기 때문입니다. 라첼은 국가나 민족집단을 지속적으로 영토를 확보해야만 존속하고 발전할 수 있는 유기체 같은 존재로 간주합니다. 쉽게 말해서 충분한 규모의 레벤스라움을 확보한 국가나 민족은 영양소를 충분히 섭취하고 신체가 튼튼하게 발달한 생물처럼 번영하고, 그렇지 못한 국가나 민족은 영양실조에 걸린 생물처럼 몰락한다는 것이지요.

이런 점에서 레벤스라움은 다분히 국가지상주의적일 뿐만 아니라 제국주의적이고 팽창주의적인 성격이 강합니다. 물론 라첼은 다양한 문화의 공존과 융합을 인정했고, 레벤스라움의 규모는 크면 클수록 좋다는 식이 아니라 인구를 부양하는 데 필요한 정도여야 한다고 주장했습니다. 하지만 어찌 되었든 레벤스라움은 제국주의 시대에 만들어진 팽창주의적인 지정학 이론이라는 한계를 지닙니다. 당연하게도 오늘날의 지정학자들은 레벤스라움을 확보할 방안을 진지하게 논의하지는 않습니다.

하지만 레벤스라움은 지정학을 비롯한 인문지리학을 본격적인 근대과학으로 끌어올렸다는 점에서 지리학사에서 무시할 수 없는 중요성을 지닙니다. 아울러 20세기 초·중반 세계의 지정학적 질서에도 좋든 나쁘든 일정 부분 영향을 미치기도 했지요. 레벤스라움의 위상과 의미에 대해서는 오늘날에도 여러 연구와 분석, 비판이 이어지고 있습니다.

해양과 대륙의 대립에 주목하다

***

제국주의 시대에 등장했지만 레벤스라움과 달리 20세기 후반을 거쳐 오늘날까지도 재조명받는 지정학 이론이 있습니다. 영국 교육과정에서 지리가 중요 과목으로 자리매김하게 만드는 등 영국 근대 지리학의 발전을 이끈 지정학자 해퍼드 J. 매킨더Halford J. Mackinder의 심장지대heart land 이론입니다.

매킨더는 1904년 영국 왕립지리학회에서 발간하는 학술지 『지리학 저널Geographical Journal』에 발표한 논문 「지리학으로 본 역사의 추축The geographical pivot of history」에서 러시아와 캅카스, 이란과 아프가니스탄의 산악지대, 톈산산맥과 사얀산맥, 아나디리고원 서부를 잇는 선 안쪽을 추축 지역pivot area이라 규정합니다. 추축 지역이란 바다로 흘러가지 않는 내륙하천만이 흐르거나(예를 들자면, 세계 최대의 담수호인 카스피해로 흘러드는 러시아의 볼가강이 있습니다) 항해할 수 없는 북극해와 인접하고, 남쪽에는 거대한 산맥이 자리 잡고 있어서 해양 세력이 직접 침투할 수 없는 지역을 말합니다.

덧붙여 매킨더는 하천이 대양으로 흘러드는 지역을 내측 초승달 지역inner cresent, 그리고 내측 초승달 지역 바깥에 있는 지역을 외측 초승달 지역outer cresent이라고 분류합니다. 내측 초승달 지역에는 유럽 국가 대부분과 이란 남부, 터키, 인도, 인도차이나반도, 북서부 일부 지역을 제외한 중국의 대부분, 한반도, 일본 등이 포함되지요. 남북 아메리카, 오세아니아, 사하라 이남 아프리카 등은 외측 초승달 지역에 해당합니다. 내측 초승달 지역은 해양 세력의 영역으로 추축지역을 장악한 대륙 세력과 인접해 있어 서로 대항합니다. 외측 초승달 지역은 해양 세력의 배후에 위치하며 해양 세력과 밀접한 관계를 맺는 영역이지요.

매킨더의 지정학 이론은 해양 제국 영국과 대륙 제국 러시아가 '그레이트 게임great game'이라 불리는 패권 다툼을 벌이던 19세기 초반부터 1905년까지 이어진 국제정세에 뿌리를 둡니다. 하지만 1905년 제정러시아가 러일전쟁에 패배해 그레이트 게임이 종결된 뒤에도 심장지대 이론은 백 년이 넘도록 지리학 이론으로서 생명력을 이어갑니다. 매킨더는 제1차 세계대전이 끝나고 소련이 등장한 1919년 『민주주의의 이상과 현실Democratic Ideals and Reality』[179]이라는 저서로 추축 지역 이론을 수정·보완한 심장지대 이론을 제시하지요.

심장지대란 추축 지역에 발트해와 흑해 연안, 도나우강 중·하류 일대, 몽골, 캅카스 일대 등을 추가한 영역입니다. 인구,

면적, 자원의 분포 등에서 다른 대륙을 압도하며 국제정치와 세계 지정학적 질서의 중심으로 작용하는 구대륙, 즉 유라시아와 아프리카를 합한 영역인 세계도世界島, World Island의 심장부라는 의미에서 심장지대라는 이름이 붙었지요. 매킨더는 이곳을 대하천 유역의 비옥한 토지(발트해와 흑해 연안, 도나우강 중·하류 일대 등 동유럽)와 풍부한 지하자원(캅카스 일대 등)을 갖춘 세계 지정학의 중심지대로 간주합니다. 그리고 메소포타미아 문명의 발흥부터 유라시아 문명의 발전, 훈족 침입에 의한 서로마 멸망, 이슬람제국들의 흥망성쇠 같은 유라시아 문명사에 큰 전환을 가져온 대사건들이 심장지대가 지닌 지정학적 힘과 밀접한 연관이 있다고 주장합니다.[180] 아울러 그는 철도와 항공교통의 발달은 비교적 교통이 열악한 심장지대의 지정학적 가치를 비약적으로 올려줄 것이고, 심장지대를 통해 세계도를 하나로 연결하는 일이 현실이 될 것이라 예측하기도 했지요.[181]

매킨더는 동유럽을 중심으로 하는 심장지대를 장악한 세력이 비옥한 토지와 풍부한 지하자원을 바탕으로 해양 세력의 영역까지 진출해 궁극적으로는 세계를 지배할 것이라고 예견했습니다. 다음에 인용한 『민주주의의 이상과 현실』 속 문장들은 심장지대 이론과 매킨더 지정학의 핵심을 잘 보여줍니다. 나아가 매킨더는 제2차 세계대전이 한창이던 1943년, 심장지대를 품은 소련이 결국 나치 독일과의 전쟁에서 승리해 세계에서 가장 강한 나라가 될 것이라고 말하기도 했습니다.[182]

동유럽을 지배하는 자가 심장지대를 호령하고, 심장지대를
지배하는 자가 세계도를 호령하며, 세계도를 지배하는 자가
전 세계를 호령할 것이다.[183]

이처럼 대륙의 지정학적 힘을 다룬 매킨더의 심장지대 이론
은 해양 세력 미국의 정치학자이자 지정학자 니콜라스 스파이
크먼Nicholas J. Spykman의 관심을 끌었습니다. 스파이크먼은 심장
지대만으로는 세계의 지정학적 질서를 온전하게 설명하는 데
한계가 있다고 보았고, 서유럽과 아라비아반도, 인도반도, 동남
아시아, 동아시아를 잇는 지역을 대륙 세력과 심장지대에 대항
하는 해양 세력의 핵심부인 림랜드rimland라 규정했습니다. 그
리고 인구와 자본이 풍부하며 교통이 편리한 데다 해양과 대륙
양쪽으로 진출할 수 있는 지정학적 이점을 지닌 림랜드야말로
국제질서와 세계의 지정학적 질서를 좌우하는 핵심부라고 주장
했습니다. 림랜드 이론은 심장지대 이론에 비해 해양 세력의 중
요성에 무게를 더 둔 이론이고, 심장지대 이론이 상대적으로 간
과한 미국의 지정학적 중요성과 영향력을 한층 분명하게 파악
한 이론이라고 할 수 있습니다.

대영제국이 국제질서를 주도하던 시절에 나온 심장지대 이론
은 국제정치와 지정학적 질서가 크게 변한 뒤에도 계속 주목을
받았습니다. 냉전 시대에 소련 군부에서는 심장지대 이론을 강
력한 해군력을 동원해 소련을 봉쇄하고 견제하기 위한 미국 군

매킨더의 심장지대 이론에 따른 심장지대와 스파이크먼의 세계섬 이론에 따른 림랜드의 범위.

사전략의 사상적 토대로 여기기도 했지요.[184]

　신냉전에 대한 논의가 이루어지는 오늘날, 심장지대 이론은 스파이크먼의 림랜드 이론과 함께 다시금 조명받고 있습니다. 러시아와 중국은 중앙아시아를 축으로 연계하며 미국이 주도하는 국제질서에 도전하고 있고, 그에 맞서 미국은 그들을 견제하고 미국 중심의 국제질서를 이어가기 위해 인도양과 태평양 방면에서 세력을 강화하고 있습니다. 이러한 신냉전의 지정학적 대립은 마치 매킨더와 스파이크먼의 심장지대와 림랜드가 대결하는 양상을 떠올리게 합니다.[185]

지리학의 흑역사, 지정학의 변신

***

레벤스라움, 심장지대 이론과 같은 고전 지정학 이론들을 살펴보면, 환경결정론의 성격이 다분합니다.[186] 라첼은 환경결정론적 지리학의 제창자이기도 하고, 심장지대 이론 역시 해양과 대륙이라는 환경에 따라 모든 것이 결정된다는 환경결정론의 관점을 포함하고 있지요. 우리가 흔히 '한반도의 지정학적 위치'라고 하는 식의 논의는 대부분 환경결정론적 지정학의 연장선에 있습니다.

아울러 고전 지정학은 패권주의적이고 팽창주의적인 성격도 적지 않습니다. 레벤스라움은 물론이고, 심장지대 이론 역시 해양 세력과 대륙 세력의 대립과 팽창을 전제로 하고 있지요. 애초에 지정학이라는 학문의 태생 자체가 서구 열강의 제국주의적 경쟁에서 탄생했다고 봐야 합니다.[187]

이러한 지정학의 성격이 극단적으로 나타난 사례가 바로 나치즘과 제2차 세계대전입니다. 하우스호퍼를 통해 레벤스라움과 지정학을 배운 히틀러는 이를 왜곡하여 나치즘의 주된 교리로 삼습니다. 독일 민족이 생존하고 번영하려면 동유럽의 광대한 영역을 정복하고 유대인, 슬라브 민족 등 '열등한 민족'들을 절멸시킨 뒤 그곳을 '우수하고 순수한 독일 민족'만의 레벤스라움으로 확보해야 한다고 주장한 것이지요. 히틀러가 오스트리아와 체코슬로바키아를 병합한 데 이어 폴란드를 침공해 제2차 세계대전의 막을 열고 나중에는 소련까지 침공했던 배경에는 이러한 나치즘의 왜곡된 지정학이 있었습니다. 요즘 말로 지리학의 '흑역사'라 할 만합니다. 제2차 세계대전 이후 고전 지정학은 여러 비판에 직면했고, 심지어 학계와 정계에서 '지정학'이라는 용어가 금기시되기도 했습니다.[188]

그렇다고 해서 지정학이 그 중요성을 상실한 것은 아닙니다. 제2차 세계대전 이후 이어진 냉전체제 자체가 지정학적 성격이 강했기 때문이지요. 미국 대통령 리처드 닉슨Richard Nixon과 그의 최측근이었던 국무장관 헨리 키신저Henry Kissinger는 냉전 시대 미국의 국익 증진과 체제 경쟁에서의 우위 확보를 위해 소련과 영토 분쟁 중이던 중국에 접근해 외교 관계를 개선하는 등 노골적인 지정학적 행보를 이어갔습니다.[189]

1980년대부터는 새로운 관점과 연구 방법론으로 지정학을 부활시키고자 하는 움직임이 일어납니다. 고전 지정학을 비판하며 출발한 비판 지정학critical geopolitics이 바로 그것이지요. 비판 지정학은 고전 지정학의 문제점과 한계를 답습하지 않으면서도 세계와 국제정치를 체계적으로 연결하는 지리의 힘을 재조명하려는 시도였습니다. 지정학이 절대로 바뀌지 않고 객관적인, 혹은 숙명적인 틀이 아니라 인위적이고 사회적인 산물이라는 관점에 토대를 둡니다.[190]

고전 지정학에서는 통계를 분석한 결과를 토대로 반도국이 외세의 침략에 취약한 지정학적 숙명을 가진다는 통념이 있었습니다. 비판 지정학에서는 이러한 통념이 잘못되었다고 지적합니다. 반도국이 대륙 세력과 해양 세력의 각축장이 되어 대립과 경쟁, 전쟁에 시달린다는 믿음은 폐기되어야 한다는 연구 결과도 있지요.[191] 비판 지정학은 제국주의 열강과 강대국, 남성 권력자, 자연환경의 절대·일방적 영향력, 정부와 국가권력 같은 고전 지정학의 '획일적인' 관점을 지양합니다. 대신 식민 지배에서 해방되었지만 여전히 후유증에 시달리는 나라(탈식민주의 지정학), 여성과 어린이(페미니즘 지정학), 기후위기와 환경문제(환경 지정학), 약소국과 소수민족 등 다양한 주체에 초점을 맞춰 다각적인 관점을 취합니다.

신냉전 체제가 자리 잡고, 러시아-우크라이나 전쟁, 가자지구 사태, 시리아 내전, 예멘 내전 등 각종 분쟁이 이어지는 오늘날, 지정학은 큰 주목을 받고 있습니다. 고전 지정학은 오늘날의 지정학적 문제와 위기, 변화를 설명할 큰 그림을 그려주고, 비판 지정학은 고전 지정학이 그린 스케치 위에서 다양한 분석과 해석, 대안을 제공하고 있지요. 왜곡된 지정학이 전 세계를 전쟁의 불길로 몰아넣었던 20세기와 달리, 지속적이고 다양한 지정학 연구가 인류 사회에 평화와 지속가능성을 찾는 지혜를 줄 수 있길 바랍니다.

지리를 아는 자가
전장을 지배한다

국방과 안보를 위해서는 군사 분야에서 중요하게 여겨야 할 사안이 많습니다. 첨단무기 개발, 효율적인 군수 보급체계, 실전을 대비하는 훈련, 강한 군기와 높은 사기, 군인 처우 개선 및 보훈 제도 정비 등이 있겠지요.

하지만 여기서 간과해서는 절대로 안 될 부분이 하나 더 있습니다. 바로 지리입니다. 정보 수집부터 작전 수행, 군수물자 보급 등 군사 분야의 모든 과정에서 예외 없이 결정적인 영향을 미치는 요소가 바로 군사활동이 이루어지는 전장공간의 지리적 환경입니다. 탁 트인 개활지와 험준한 산악지대에서 벌어지는 전쟁의 양상은 다를 수밖에 없고, 이처럼 완전히 다른 전장공간에서는 각각의 지리적 환경에 걸맞은 무기와 병과를 투입하고, 그에 맞게 작전을 수립해야 합니다. 지리를 파악하면 적의 침투나 방어에 취약한 지역을 경계하며 요새를 구축할 수 있고, 적을 타격하기에 적합한 지형지물을 이용해 유리하게 전투를 이끌 수도 있습니다. 이처럼 지리는 전쟁의 승패를 가르는 결정적인 요소가 될 수 있습니다.

자연지리뿐만 아니라 인문지리도 전쟁과 군사활동에 큰 영향을 미칩니다. 도로, 철도, 항만 등의 교통 시설이 지리적으로 어떻게 분포해 있는지를 파악하면 부대의 이동과 군수 보급을 효율적으로 행할 수 있습니다.

한 걸음 더 읽기

군사활동에 영향을 미치는 지리적 요인[192]

자연지리적 요인	인문지리적 요인
공간적 관계, 지형 및 배수, 지질과 토양, 해양과 연안, 기후와 기상, 빛과 어둠, 중력과 자기	인종·민족, 인구분포 패턴, 사회구조, 언어와 종교, 산업과 토지이용, 교통망과 통신, 군사시설

제2차 세계대전이 막바지였던 1944년 6월, 연합군은 영국 바로 너머의 파드칼레Pas de Calais 대신 프랑스 북서부의 노르망디Normandie 해안에 상륙해서 프랑스를 나치 독일의 점령으로부터 해방하고 나치 독일의 전력에 치명타를 입힙니다. 영국으로부터 거리는 파드칼레가 노르망디보다 훨씬 더 가까웠지만, 파드

칼레는 항만시설이 잘 갖춰져 있고 요새화되어 있어 상륙하기에 적절하지 않았습니다. 반면 노르망디는 항만시설과 방어시설이 충분하지 않은 데다 석회암 기반 지형이라 상륙하기에 유리했고, 상륙 이후 병력을 숙영하고 장비를 정비하기 위한 임시시설을 짓기에도 적합했습니다.

프로이센-프랑스 전쟁에서는 양국 모두가 상당한 규모의 철도부대를 운영해 아군의 철도 노선을 보호하고 적군의 철도망을 파괴하는 데 많은 공을 들였습니다. 오늘날에도 도로·철도·공항·항만 등의 교통시설과 인프라의 위치는 전쟁의 승패에 큰 영향을 미칩니다. 군사작전이나 첩보, 군수 보급 계획을 세울 때도 이러한 요인은 높은 우선순위로 고려되지요.

베트남전쟁, 아프가니스탄전쟁 등에서는 민족집단의 분포나 영역이 군사지리적으로 얼마나 중요한지 확인할 수 있습니다. 파슈툰족, 타지크족, 하자라족 등의 여러 부족집단이 배타적으로 영역을 차지하고 있는 아프가니스탄 내의 복잡한 지정학적 관계는 아프가니스탄전쟁에서도 무시하기 어려운 영향을 미쳤지요.[193]

토목기술과 정보통신기술이 눈에 띄게 발달하고, 스텔스기와 같은 첨단무기가 전장을 누비는 현대전에서도 지리는 여전히 중요합니다. 세계 최강의 군사력을 지닌 미국은 아프가니스탄에 총 수십만 명의 정예 병력과 각종 첨단무기를 투입했지만, 아프가니스탄의 험준한 지리적 환경을 극복하지 못하고 결국 아프가니스탄전쟁에서 유의미한 성과를 거두지 못했습니다. 러시아-우크라이나 전쟁에서는 양 국가 모두 막대한 숫자의 전차를 소모했는데, 전장공간이 탁 트인 개활지였기 때문입니다. 개활지는 전차가 자유롭게 활동할 수 있지만 동시에 대전차 공격, 특히 공중 공격에 취약합니다.[194]

전쟁에서 지리적 환경이 큰 영향을 미치는 만큼 지리는 동서고금을 막론하고 군사활동에서 매우 중요하게 여겨져왔습니다. 군사 계획을 수립하고 군대를 지휘하는 장교급 군인, 그중에서도 책임이 무거운 고위 지휘관과 고위급 장교일수록 지리적 역량과 안목은 필수입니다. 지도를 읽고 활용하는 기술인 독도법讀圖法은 장교의 기본적인 소양이고, 군대의 상황실과 브리핑 자리에는 지도가 빠지는 법이 없지요. 『손자병법孫子兵法』을 비롯한 수많은 병서와 군사이론에서도 하나같이 지리를 중요하게 다루고 있습니다.

지정학과 군사지리학, 무엇이 다를까?

지정학과 군사지리학은 얼핏 보면 그 차이를 분간하기가 쉽지 않습니다. 두 분야 모두 전쟁과 매우 밀접한 관계가 있으니까요. 군사지리학이야 이름부터 '군사'지리학이니 말할 필요도 없고, 지정학 역시 흔히 '지정학적 대립과 충돌'이라는 표현을 쓰듯이 전쟁과 깊은 관련이 있습니다. 그러다 보니 두 개념을 자칫 혼용할 여지도 있지요.

하지만 지정학과 군사지리학은 엄연히 다른 개념입니다. 지정학은 지리적 요인이 국가나 지역 간의 정치적 역학관계에 미치는 영향에 주목한 분야이고, 군사지리학은 전쟁이나 전투, 전략·전술, 군수 보급 등 군사 행위 자체에 초점을 맞추는 분야입니다. 예를 들어, 아프가니스탄이 고대부터 강대국의 각축전이 벌어지는 장소가 된 지리적 배경이나 요인은 지정학의 연구 주제입니다. 반면 아프가니스탄전쟁에서 미군의 작전이나 전술에 영향을 미친(주로 미군의 군사활동에 방해가 된) 아프가니스탄의 지리, 즉 기후와 지형 등의 자연환경과 부족 정체성, 영역성 등의 인문환경은 군사지리학의 연구 주제이지요.

전쟁의 승패를 뒤집는 지리의 힘

***

지리가 전쟁에 얼마나 큰 영향을 미치는지 보여주는 예를 하나 소개하겠습니다.[195] 기원전 206년 중국 초한전쟁에서 한 고조 유방劉邦의 휘하 장수로 활약했던 한신韓信은 3만에서 5만 명 정도의 병력을 이끌고 20만 대군을 거느린 조나라를 하루아침에 정벌했습니다. 정형 전투라 불리는 이 전투로 유방은 서초의 패왕 항우項羽와 맞설 수 있는 발판을 다지게 되지요. 『사기』를 저술한 사마천을 비롯한 중국의 지식인들은 한신이 배수진을 쳐서 휘하 장병들이 죽음을 각오하고 싸우게 함으로써 압도적인

열세를 극복하고 극적인 승리를 거두었다고 설명합니다.[196,197]

그런데 부하들을 험지에 배치함으로써 결사의 투지를 끌어내낸다는 식의 전술은 무모하기 짝이 없어 보입니다. 더구나 정신력만으로 불리한 전황을 극복한다는 발상이 참패를 부른 경우도 적지 않지요. 예를 들어, 1944년 일본군이 영국으로부터 빼앗았던 버마(미얀마)에 주둔했던 일본군 제15군 사령관 무타구치 렌야牟田口廉也 중장은 험준한 아라칸산맥과 열대우림을 넘어 영국령 인도 북동부의 임팔Imphal을 침공했습니다. 충분한 준비 없이 그저 정신력만을 강조하며 무리하게 감행한 작전이었지요. 결국 수만 명에 달하는 병사가 병에 걸리거나 굶어서 죽었고, 전투는 패배하고 맙니다.[198] 임진왜란 당시 신립 장군 역시 탄금대 전투에서 배수진을 펼쳤지만 결국 패배했습니다. 그런데 어째서 한신은 그토록 무모하기 짝이 없는 배수진으로 압승을 거둘 수 있었을까요?

정형 전투에서 한신의 본진은 면만수綿蔓水를 등진 배수진 형태이기는 했지만, 그 위치는 해발고도 400~500미터의 산지였습니다. 한신이 적군을 유인한 전장공간(한신군 본진과 동투멘東土門 사이) 또한 해발 400미터 이상의 구릉성 산지였지요. 게다가 전장공간 북쪽에는 괘운산 등의 산지로 둘러싸인 샛길도 있었습니다. 한신의 배수진은 이러한 지형을 적극 활용한 작전이었습니다. 방어하기에 유리한 구릉성 산지에서 한신군이 적 병력을 묶어두는 동안 괘운산 샛길로 은밀히 이동한 별동대가 텅

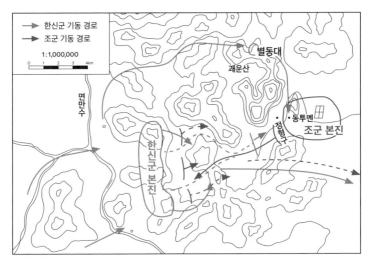

정형 전투가 일어난 전장공간과 전장에서의 군사 배치 및 기동.

빈 적의 본진을 점령했고, 갈 곳을 잃은 적군은 한순간에 무너
지고 말았습니다.

지리의 눈으로 보면 죽음을 불사한 배수진의 신화 대신 군사
지리에 통달한 한신의 뛰어난 전술이 보입니다. 한신의 배수진
은 단지 강물을 등졌을 뿐, 적군을 유인하고 그들의 본진을 기
습할 수 있는, 전술적으로 유리한 배수진이었습니다.

한신은 전장공간을 군사지리적으로 읽는 눈이 출중했기에,
전력의 차가 크게 나는 전투에서 기적에 가까운 압승을 거둘
수 있었습니다. 반면 조나라 군대는 병력 수가 압도적으로 우세
했음에도 배수진에 혹해 무리하게 본진을 비웠다가 자멸하고
말았지요. 이처럼 지리를 읽고 활용하는 군사지리적 안목과 역

량은 때로는 불리한 전황과 열세조차 극복할 수 있는 힘이 됩니다.

임진왜란에서 일본이 패배한 이유

***

정형 전투는 자연환경이 전투에 크게 영향을 미친 사례입니다. 지형과 같은 자연지리는 『손자병법』을 비롯한 고대의 병서에서부터 이미 중요하게 다루어왔습니다.

　그렇다면 인문지리는 어떠할까요? 인문지리 역시 군사적으로 중요하며, 전쟁의 과정과 결과에 많은 영향을 미칩니다. 임진왜란을 살펴보면 이를 확인할 수 있습니다. 임진왜란 초기에 조선은 왜군을 상대로 연전연패하며 영토 대부분을 상실했고, 선조는 전쟁이 발발한 지 고작 보름이 지난 시점에 한성을 버리고 압록강 남안까지 피란합니다. 조선의 운명에 암운이 드리운 듯했지만, 조선은 가까스로 왜군의 침략을 격퇴하지요.

　임진왜란의 결과에는 조선의 인문환경이 당대 일본과는 크게 달랐다는 사실이 중요한 영향을 미쳤습니다. 임진왜란 당시 일본은 전국시대戰國時代의 혼란과 분열을 이제 막 추스른 상태였습니다. 중세 일본은 11세기 후반부터 다이묘라 불리는 봉건 제후가 그들의 우두머리인 쇼군將軍을 받들되 자신의 영지를 작은 왕처럼 세습하며 통치하는 봉건제 사회였습니다. 전국시대에는 이런 봉건제 질서가 무너져 다이묘 자리를 빼앗은 군벌들이 각축전을 벌였지요.

전국시대에는 적대하는 다이묘를 제거하거나 그의 본거지를 힘으로 빼앗으면 그 다이묘의 영지와 백성을 고스란히 흡수할 수 있었습니다. 그래서 왜군은 조선도 마찬가지로 한성을 점령하면 곧 조선 전체를 정복할 수 있으리라 여겼지요.

하지만 조선은 일본과 달리 고도로 중앙집권화된 국가였고, 조선의 지방통치는 조정에서 임명한 지방관이 담당했지요. 게다가 조선의 통치 이념인 성리학은 충과 효를 절대시했고, 임금과 조정에 대한 충절은 목숨을 바쳐서라도 지켜야 할 최고의 가치이자 덕목이었습니다. 게다가 전국시대 일본의 다이묘들이 다스리던 땅과 달리, 조선은 일본과는 말도 풍습도 다른 땅이었지요.

임진왜란에서 수군을 지휘했던 왜장 도도 다카토라藤堂 高虎. 그는 출신은 한미했으나 전국시대에 뛰어난 군사적 재능을 발휘했고, 시기적절하게 모시던 주군을 바꿔가며 출세를 거듭했다. '일곱 번 주군을 바꾸지 아니한 자는 무사의 자격이 없다'는 말도 남긴 그의 출세 이야기는 강력한 중앙집권 사회였던 조선에서는 있을 수 없는 일이었다. 당시 조선과 일본의 인문환경의 차이를 짐작할 수 있다.

조선은 영토주권이 확고한 근대의 국민국가만큼은 아니더라도, 전국시대를 거친 당시 일본과는 인문지리적으로 확연하게 다른 땅이었습니다. 특히 국토의 통치 방식과 사람들이 국토를 바라보는 관점에 현격한 차이가 있었지요. 그랬기에 조선은 한성뿐만 아니라 국토 대부분이 왜군의 점령 아래 들어갔음에도 일본에 항복하기는커녕 충과 의를 앞세워 의병을 일으켜 왜군을 끊임없이 괴롭혔습니다.[199] 수많은 조선인은 왜군의 지배를 고분고분하게 받아들이지 않았고, 그 덕분에 전쟁 계획에 차질이 생긴 왜군은 전력을 가다듬은 조선군과 합세한 명나라 군대의 역습에 결국 패퇴하고 말았지요.

임진왜란의 사례에서 알 수 있듯, 인문지리도 자연지리 못지않게 중요한 군사적 의미를 지닙니다. 이는 현대전에서도 마찬가지입니다. 대부분의 국가에서 도시화가 고도로 이루어진 오늘날에는 시가전의 중요성이 커졌습니다. 실제로 1942년 11월부터 1943년 2월까지 일어난 스탈린그라드 전투에서 나치 독일군은 강력한 기갑부대와 공군으로 스탈린그라드(현재의 러시아 볼고그라드)를 초토화했지만, 소련군은 시가지의 건물과 시설 등에 은폐·엄폐해 시가전을 벌여 전력 소모를 강요한 끝에 나치 독일군의 공세를 격퇴하는 대승을 거뒀습니다. 도시환경을 군사지리적으로 이용함으로써 당시 세계 최강의 군대였던 나치 독일 전차부대의 무릎을 꿇게 만들었지요.

건물과 인프라가 고도로 밀집한 대도시에서 일어나는 시가전의 양상은 전통적인 야전과는 크게 다릅니다. 게다가 오늘날의 세계는 제2차 세계대전 시기와 비교해도 도시화율이 매우 높은 수준으로 증가했기 때문에 시가전은 그 중요성이 더욱 커졌습니다. 현대전과 미래전에서는 도시가 중요한 전장공간이 될 수밖에 없는데, 도시공간에서 야전의 전술과 작전을 시행했다가는 전력에 큰 손실을 볼 수밖에 없을 겁니다. 따라서 오늘날 세계 각국의 군대는 시가전에 적합한 무기와 장비, 군사 교리를 개발하는 데 많은 공을 들이고 있습니다.

1942년 겨울, 폐허가 된 스탈린그라드의 시가지에서 작전을 수행하는 소련군 저격병의 모습.

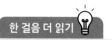

전쟁 중 엘리베이터에 갇힌 군인들?

2022년 3월 7일, 저격 임무를 수행하기 위해 고층 건물 옥상으로 가는 엘리베이터에 탑승한 러시아 군인들이 엘리베이터 안에 꼼짝없이 갇힌 사건이 일어났습니다. CCTV로 군인들이 침투한 것을 확인한 건물 관리자가 엘리베이터 전원을 차단해버렸기 때문입니다. 우스꽝스러운 해프닝 같아 보이는 이 사건에서 우리는 전장에서 인문환경이 어떤 영향을 미치는지 알 수 있습니다. 시가전에서는 저격수의 역할이 아주 크기 때문에 고층 건물에 저격수를 배치하는 일이 중요합니다. 하지만 오늘날의 도시공간은 CCTV 등의 감시장비가 발달해 훈련받은 정예 군인의 침투를 민간인 건물 관리자가 발견하는 웃지 못할 상황도 벌어진 것이지요. 첨단 기술의 발달로 도시환경은 계속 변하고 있고, 따라서 시가전의 양상도 달라지고 있습니다.

군사지리가 바꾸는 무기체계와 군사 교리

***

소련군 혹은 러시아군이라고 하면 흔히 길고 두꺼운 코트와 털모자, 무릎까지 올라오는 장화를 착용하고 거대한 송곳처럼 길고 뾰족한 총검이 꽂힌 소총을 든 군인의 모습을 떠올립니다. 러시아 군인의 이러한 차림새는 러시아 특유의 지리적 환경 때문이겠지요. 세계에서 가장 영토가 넓은 나라인 러시아는 추운 날씨로 유명합니다. 흑해 연안과 같이 비교적 기후가 온난한 지역도 있지만, 시베리아를 비롯한 대부분 지역이 겨울이 길고 혹한이 불어닥칩니다. 게다가 해빙기가 되면 겨우내 얼어붙은 땅이 녹으면서 깊고 질척거리는 진흙탕으로 변해버리는 라스푸티차rasputitsa 현상이 나타나기도 하지요. 그러다 보니 러시아 군인들은 추운 겨울을 버티기 위해 길고 두꺼운 외투와 털모자를 착용하고, 눈밭과 진흙탕을 행군하기 위해 장화를 신은 것입니다. 매우 두꺼운 방한복을 입어야 하는 환경에서 싸워야 했으니, 방한복을 뚫을 수 있도록 총검도 다른 나라보다 길게 발달할 수밖에 없었지요.

이야기가 나온 김에 러시아군 이야기를 조금 더 해보겠습니다. 러시아는 세계에서 가장 큰 규모의 공수부대를 운영하는 나라입니다. 공수부대가 주로 육군에 속해 있는 다른 나라와 달리, 러시아는 공수군이라고 해서 육군·해군·공군과 별개로 독립해 운용하는 별도의 편제가 있습니다. 4만 5,000명의 병력과, 공수작전을 지원하는 다수의 기갑 및 포병 전력까지 보유한 러시아 공수군은 명실상부한 세계 최강의 공수부대이자 러시아 제일의 정예군이지요. 1930년대 초반에 소련 군부는 공수부대를 세계에서 선구적으로 조직했고, 제2차 세계대전이 끝난 뒤에는 공수부대를 독립된 군종으로 재편했습니다. 이것이 오늘날 러시아 공수군으로 이어지고 있지요. 이처럼 러시아가 유난히 공수부대 육성과 유지에 심혈을 기울인 까닭 역시 러시아의 지리적 환경 때문입니다. 러시아는 워낙 영토가 거대해서 그 영토와 국경에 일일이 군대를 배치시켜 지키기란 어려운 일입니다. 그러므로 러시아는 영토의 어느 곳에든 최대한 신속하게 지상군 병력을 배치할 수 있는 공수부대에 집중하는 선택을 한 것이지요.

한편으로 무기체계와 군사 교리의 발달이 되레 군사지리에 영향을 미쳐 변화를 일으키기도 합니다. 미군이 2018년 발표한 뒤 계속해서 수정·보완하고 있는 미래전 대비 군사 교리인 '다영역 작전multi-domain operations'은 지상과 해상, 공중 등 전통적인 군사지리 공간에 더해서 가상공간과 우주까지도 아우릅니다. 과학기술의 발전과 이에 따른 전쟁 양상의 변화가 군사지리적 공간의 범위와 의미에도 변화를 불러온 것이지요.

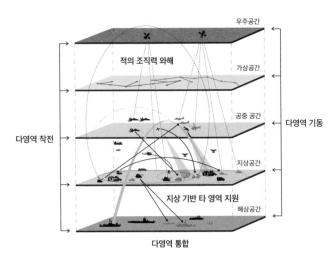

다영역 작전의 개념도. 해상공간, 지상공간, 공중공간은 물론, 사이버 공간과 우주공간까지 아우르고 있다.

최근에는 민주주의와 인권 의식이 성장하고, 다양성과 다각적 관점에 대한 학문적 관심이 증가하여 전쟁과 분쟁에 따르는 인권 유린, 성폭력, 난민 발생, 환경 파괴 등에 대한 연구도 이루어지고 있습니다.[200] 지리를 더 이상 전쟁을 효율적으로 수행하는 수단이 아니라, 전쟁의 참상을 고발하고 예방하는 데 활용하고자 하는 이러한 경향을 비판적·급진적 군사지리학이라고 합니다.

저는 지리적 관점에서 제2차 세계대전의 역사를 재조명하는 대학 교양수업을 3년가량 진행한 경험이 있습니다. 수업의 효과를 분석하는 연구를 해보니 수강생들이 지리의 눈을 바탕으로 전쟁사와 지리학을 좀 더 깊이 있게 이해했을 뿐만 아니라, 그러한 이해를 통해 전쟁의 비극과 평화의 중요성을 다시 한번 고찰하는 계기가 되었더군요.[201] 앞으로의 군사지리학 연구는 이 세계에 만연한 전쟁과 분쟁을 그치고, 평화를 널리 퍼뜨리고 유지하는 데 도움을 주는 방향으로 이루어지기를 희망합니다.

나가며

2024년 여름은 너무나 무덥고 고통스러웠습니다. 그저 무덥기만 한 여름이 아니었습니다. '기록적인 혹서'는 몇 년을 주기로 일어나는 일이지만, 2024년에는 낮 최고 기온이 30℃가 넘는 한여름 날씨가 추석이 지나도록 이어지다가 9월 20일쯤이 되어서야 가을다운 날씨가 시작되었습니다. 앞으로는 추석을 10월로 옮겨야 한다든가, 추석秋夕 대신 하석夏夕이라고 불러야 한다는 말이 나올 정도였지요. 앞으로 매년 9월 중순이 넘도록 불볕더위가 이어지는 이상기후가 계속될 것이라는 이야기도 나왔습니다.

걱정스러운 것은 이상기후만이 아닙니다. 우리나라에서는 수도권의 과도한 집값 상승과 비수도권 지역의 주택 미분양 문제가 연일 언론에 보도되고, 해외에서는 러시아-우크라이나 전쟁, 중국과 대만 사이의 갈등, 가자지구 문제 등 세계 안보와 평화를 위협하는 소식들이 그칠 기미를 보이지 않고 있습니다.

한가위 보름달처럼 즐거워야 할 2024년의 추석은 마냥 즐겁고 행복하지만은 않았습니다. 이러한 씁쓸한 상황은 역설적으로 오늘날을 살아가는 우리 인류에게 지리의 눈이 그 어느 때보다도 절실함을 보여줍니다. 이 책에서 살펴보았듯, 지표공간 위에서 일어나는 이 모든 문제는 지리와 연관이 있으니까요. 지리의 눈을 통해 우리는 세상의 문제들을 올바르게 바라보고 이해할 수 있습니다. 그리고 문제를 올바르게 이해하는 것이야말로 그 문제를 해결할 합리적 방안을 모색하고 실천하는 첫걸음입니다.

이 책은 지도학, 지리학사, 자연지리학, 인문지리학과 같은 지리학의 여러 하위 분야와 주요 내용을 다양한 사례를 중심으로 쉽게 이해할 수 있도록 정리했습니다. 이러한 구성을 통해서 지리는 학교에서나 배우는 과목이 아니라 지표공간에 발 딛고 다양한 지리적 환경과 상호작용하며 살아가는 우리 모두가 공부해야 할 소양임을 전하고자 했습니다. 모쪼록 이 책이 오늘날 인류가 직면한 다양한 문제를 해결하는 데 조금이라도 도움을 줄 수 있기를 바랍니다.

미주

1   정민수·김의정·이현서·홍성주·이동렬, 2023, 「지역간 인구이동과 지역경제」, 『BOK 이슈노트(한국은행 발간 연구보고서 간행물)』, 제2023-29호, 1-27쪽.

2   임은진, 2019, 「트럼프, 미 중서부 흑한에 "약간의 지구온난화 나쁘지 않아"」, 『연합뉴스』, 2019년 1월 21일 자 기사(https://www.yna.co.kr/view/AKR2019012110600 0009, 2024년 9월 10일 접속).

3   박정해, 2013, 「명당의 의미와 특징 분석」, 『국학연구』, 23, 662-68쪽.

4   이동민, 2023a, 『기후로 다시 읽는 세계사』, 갈매나무.

5   미즈오카 후지오 편저, 이동민 역, 2013, 『세계화와 로컬리티의 경제와 사회』, 논형, 59-65쪽.

6   미즈오카 후지오 편저, 이동민 역, 2013, 같은 책, 66-73쪽.

7   김경숙, 2021, 「'산시산수시수(山是山水是水)'에 대한 출전과 의미 고찰」, 『선학』, 58, 35-57쪽.

8   이동민, 2023b, 『발밑의 세계사』, 위즈덤하우스, 7-9쪽.

9   아자 가트 저, 오숙은·이재만 역, 2017, 『문명과 전쟁』, 교유서가, 232-386쪽.

10 로마제국은 395년 동서로 분열하는데, 기후변화의 직격탄을 받았던 서로마제국은 476년 멸망했고, 동로마제국은 그보다 1천 년 가까이 더 이어지다가 1453년 멸망했다. 이동민, 2023a, 『기후로 다시 읽는 세계사』, 갈매나무, 120-32쪽.

11 제프리 삭스 저, 이종인 역, 2022, 『지리 기술 제도』, 21세기북스, 54-64쪽.

12 이동민, 2023a, 앞의 책, 196-209쪽.

13 이 학회의 명칭은 원래 'Association of American Geographers'였으나, 2016년 1월 학회의 국제적 성격을 강화한다는 취지 아래 지금의 학회명으로 개칭했다.(출처: 미국지리학회 2016년 1월호 소식지(https://www.aag.org/new-year-new-name-new-proposal/), 2023년 12월 20일 접속)

14 Natoli, S. J. 1994. *Guidelines for Geographic Education* and the fundamental five

themes in geography. *Journal of Geography,* 93(1), pp. 2-4.

15 송언근, 2009, 『지리하기와 지리교육』, 교육과학사, 330-45쪽.

16 Heffron, S. G., and Downs, R. M. 2012. *Geography for Life: National Geography Standards* (Second Edition). Washington, DC: National Council for Geographic Education. pp. 7-13.

17 Lambert, D., and Balderstone, D. 2010. *Learning to Teach Geography in the Secondary School* (Second Edition). Abingdon, UK: Routledge. pp. 13-15.

18 Haubrich, H., Reinfried, S., and Schleicher, Y. 2007. Lucerene Declaration on geographic education for sustainable development. *Geographiedidaktische Forschungen,* 42, pp. 243-46.

19 Heffron, S. G., and Downs, R. M. 2012. *Ibid.* pp. 13-14.

20 권정화, 2010, 「지리 교육의 미래를 위한 구도 설정」, 『대한지리학회지』, 45(6), 716-18쪽.

21 이동민, 2023a, 앞의 책, 212-19쪽.

22 한반도의 면적은 22만 제곱킬로미터가 조금 넘는 수준이지만, 오대호 전체의 면적은 24만 5천 제곱킬로미터에 달하고, 카스피해의 면적은 무려 37만 1천 제곱킬로미터에 이른다.

23 페르디난트 폰 리히트호펜의 이야기는 다음 문헌을 참고해 작성했음을 밝힌다. 권정화, 2020, 『지리사상사 강의노트』, 한울; Wu, S. 2014. The search for coal in the age of empires: Ferdinan von Richthofen's odyssey in China, 1860-1920. *American Journal of Ophthalmology,* 119(2), 339-363.

24 송언근, 「대구 시가지 발달의 시·공간적 특징과 지형의 관계: 1736년~1945년을 대상으로」, 『한국지리학회』, 10(3), 401-413.

25 테리 G. 조든-비치코프·벨라 비치코바 조든 저, 김종규 역, 2007. 『유럽: 문화지역의 형성과정과 지역구조』, 시그마프레스, 38쪽.

26 박대문·김대현·양성기·윤홍주, 2014, 「Landsat-7 ETM+ 영상을 이용한 제주 주변 해역의 해저용출수 분포 지역 추정 연구」 『한국전자통신학회논문지』, 9(7), 811쪽.

27 권혁재, 2005, 『자연지리학(제2판)』, 법문사, 402-03쪽.

28 Saldanha, L. . The discovery of deep-sea Atlantic fauna. In *Oceanographic History: The Pacific and Beyond,* Eds. K. R. Benson, and P. F. Rehbock, pp. 235-247. Seattle, WA: University of Washington Press, pp. 240-41.

29 기상청, 2023, 「기후분석정보」, 2023년 5월호, 1쪽.

30 Bender, R., Tobias, P. V., and Bender, N. 2012. The savannah hypotheses: Origin, reception and impact on paleoanthropology. *History and Philosophy of the Life Sciences*, 34(1-2). pp. 168-71.

31 Moura, J., Ferreira Júnior, W. S., Silva, T. C., and Albuquerque, U. P. 2018. The influence of the evolutionary past on the mind: An analysis of the preference for landscapes in the human species. *Frontiers in Psychology*, 9, pp. 9-11..

32 이동민, 2023a, 앞의 책, 58-70.

33 재레드 다이아몬드 저, 김진준 역, 2012, 『총, 균, 쇠』, 문학사상사, 18쪽.

34 Horejs, B., Milic´, B., Ostmann, F., Thanheiser, U., Weninger, B., and Galik, A. 2015. The Aegean in the early 7th millennium BC: Maritime networks and colonization. *Journal of World Prehistory*, 28, pp. 293-324.

35 정인철, 2018, 「여행기와 지리서로서의 헤로도토스의 『역사』」, 『문화역사지리』, 30(2), 39-42쪽.

36 Tim Creswell 저, 박경환·류연택·심승희·정현주·서태동 역, 2015, 『지리사상사』, 시그마프레스, 24-26쪽.

37 Proust, D. 2009. The harmony of the spheres from Pythagoras to Voyager. *Proceedings of the International Astronomical Union Symposium*, 260, pp. 358-59.

38 Tim Creswell 저, 박경환 외 역, 2015, 앞의 책, 26쪽.

39 정인철, 2006, 「프톨레마이오스의 지도투영법의 원리」, 『한국지도학회지』, 6(1), 12-15쪽.

40 정병삼, 2013, 「혜초가 본 인도와 중앙아시아」, 『동국사학』, 49, 41-64쪽.

41 정병삼, 2013, 같은 책, 48-50쪽.

42 이석우, 2022, 「서유기(西遊記)와 실크로드」, 『국토』, 484(2022년 2월호), 79쪽.

43 Egerton, F. N. 2003. A history of the eclological sciences, part 9. Albertus Magnus: a scholastic naturist. *Bulletin of Ecological Society of America*, 84(2), p. 87.

44 주경철, 2009, 『대항해시대』, 서울대학교출판문화원, 141-44쪽.

45 권정화, 2020, 앞의 책, 37쪽.

46 Wuff, A. 2015. Alexander von Humboldt: The eccentric explorer was 'the most famous man in the world after Napoleon.' *Independent*, 21 October 2015. https://www.independent.co.uk/news/people/profiles/alexander-von-humboldt-the-eccen-

tric-explorer-was-the-most-famous-man-in-the-world-after-napoleon-a670334
6.html(2024년 7월 22일 접속).

47 1784년 개교해 범애주의 교육철학을 바탕으로 전인교육을 추구하며, 리터 외에도 현대 체육교육의 선구자인 요한 구츠무츠Johann Guts-Muths를 비롯한 수많은 명사를 배출한 이 학교는 오늘날에도 여전히 운영되며 명문 기숙학교로 평가받는다.

48 권정화, 2020, 앞의 책, 39-43쪽.

49 권정화, 2020, 같은 책, 52쪽.

50 Benes, T. 2021. *Ibid.* p. 378.

51 다만 리터는 영향력 있는 독일인 지리학자를 키워내지는 못했다. 따라서 그의 문하생 가운데 독일 근대 지리학의 발전에 의미 있게 이바지한 인물은 찾아보기 어렵다. 권정화, 2020, 앞의 책, 59-61쪽.

52 프로이센 전쟁대학은 장교를 양성하는 사관학교가 아니라 능력을 인정받은 중견급 장교를 프로이센군 최정예 요원인 장군참모로 선발하는 이른바 엘리트 교육기관이었다. 프로이센군 장교단 중에서도 능력과 경력이 출중한 소수만을 입학생으로 선발했으며, 그중에서도 소수만이 졸업할 수 있었다. 프로이센군에서 장성급 장교 등 고위직으로 진급하려면 전쟁대학을 수료하고 장군참모단의 일원이 되는 것이 필수였다. Benes, T. 2021. *Ibid.* pp. 386-87.

53 권정화, 2020, 앞의 책, 57쪽.

54 Arnold, B. 1997. Introduction: German political identity in the Middle Ages. *In Medieval Germany 500–1300: European History in Perspective*, Ed. B. Arnold, pp. 1-12. London: Palgrave. pp. 3-9.

55 마자르인은 오늘날의 헝가리인이다. 헝가리의 공식 명칭은 '마자르인의 나라'라는 뜻의 머저로르사그Magyarország이다. '헝가리'라는 국명의 어원에 대해서는 몇 가지 가설이 있는데, 중세 유럽인이 헝가리인의 유래를 오노구르족, 훈족 등의 다른 유목민과 혼동한 데서 비롯했다는 설이 있다. 중·동부 유럽에서 침략과 약탈을 이어가던 마자르인은 오토 1세에게 패배한 뒤 결국 오늘날의 헝가리 일대에 정착했고, 이후 가톨릭 신앙을 받아들이면서 유럽 세계의 일원으로 편입되었다.

56 권정화, 2020, 앞의 책, 86-87쪽.

57 지정학geopolitics이라는 용어를 처음으로 사용한 지리학자는 쉘렌이다. Abrahamsson, C. 2013. On the genealogy of Lebensraum. *Geographica Helvetica, 68*, pp. 39-41.

58 권정화, 2020, 같은 책, 103-06쪽.

59 마리우스 B. 잰슨 저, 손일·이동민 역, 2014, 『사카모토 료마와 메이지 유신』, 푸른
    길, 119쪽.

60 전상숙, 2012, 「유교 지식인의 근대 인식과 서구 사회과학의 이해: 개국 전후 김윤
    식의 개화 인식과 서양학문 수용론을 중심으로」, 『사회이론』, 42, 281-95쪽.

61 권정화, 2018, 『지리교육학 강의노트』, 푸른길, 32-34쪽.

62 권정화, 2020, 같은 책, 169-74쪽.

63 권정화, 2020, 같은 책, 189쪽.

64 Schaefer, F. K. 1953. Exceptionalism in geography: A methodological examination.
    Annals of the Association of American Geographers, 43, pp. 226-245.

65 권정화, 2020, 앞의 책, 183-85쪽.

66 Barnes, T. J. 2016. The odd couple: Richard Hartshorne and William Bunge. *The
    Canadian Geographer*, 60(4), pp. 460-63.

67 권정화, 2020, 앞의 책, 192쪽.

68 Castree, N. 2005. Is geography a science? In *Questioning Geography: Fundamental
    Debates*, Eds. N. Castree, A. Rogers, and D. Sherman, pp. 57-79. Malden, MA:
    Blackwell. pp. 61-62.

69 이푸 투안 저, 구동회·심승희 역, 2007, 『공간과 장소』, 대윤, 305-15쪽.

70 최병두, 2011, 「데이비드 하비의 지리학과 신자유주의 세계화의 공간들」, 『한국학
    논집』, 42, 15-17쪽.

71 권정화, 2020, 앞의 책, 230-33쪽.

72 최병두, 2011, 앞의 책, 19쪽.

73 Jones, M. 2022. For a 'new new regional geography': Plastic regions and
    more-than-relational regionality. *Geografiska Annaler: Series B, Human Geography*,
    104(1), pp. 46-54.

74 이동민, 2022, 「대러시아 관계에 있어 우크라이나의 지정학적 분열에 대한 다중스
    케일적 접근: 드니프로강은 어떻게 우크라이나를 지정학적으로 분단했는가?」, 『문
    화역사지리』, 34(3), 72-84쪽.

75 Dicken, P. 2004. Geographers and 'globalization': (Yet) another missed boat?
    Transactions of the institute of British Geographers, 29(1), pp. 6-9.

76 Schindler, S., DiCarlo, J., and Paudel, D. 2022. The new cold war and the rise of
    the 21st-century infrastructure state. *Transactions of the Institute of British geographers*,

47(2), 331-335.

77 이동민, 2023a, 앞의 책, 244-50쪽.

78 엄밀히 말해서 지동설, 즉 지구가 태양을 공전한다는 학설 자체는 이미 고대 그리스에도 제기된 바 있다. 하지만 고대의 지동설은 시대적 한계로 학문적 체계가 온전히 정립되지 못했다. 무엇보다 코페르니쿠스의 지동설은 중세에서 근대 초기까지 유럽인의 세계관과 우주관을 지배했던 프톨레마이오스의 천동설을 반박하고 인류사에 중대한 전환점을 가져왔다는 점에 의의가 있다. Grosu, E. 2019, The heliocentrism of the ancient: Between geometry and physics. *Hermenia,* 23, pp. 57-60.

79 영단어 representation을 '표현' '표상' 등으로 번역할 수도 있다. 하지만 국내 지리학계에서는 지도 등의 지리적 매체와 자료의 핵심은 심미적·예술적·주관적인 표현이나 표상이 아니라 실제 지표공간을 최대한 사실적으로 재현하는 데 있다는 점에서 representation을 대개 '재현'이라고 번역한다.

80 손일, 2014, 『네모에 담은 지구: 메르카토르 1569년 세계지도의 인문학』, 푸른길, 180쪽.

81 손일, 2014, 앞의 책, 179-80쪽.

82 손일, 2014, 같은 책, 51-56쪽.

83 정인철, 2006, 앞의 논문, 같은 쪽.

84 손일, 2014, 앞의 책, 212-48쪽.

85 Wolodtschenko, A., and Forner, T. 2007. Prehistoric and early historic maps in Europe:Conception of cd-atlas. *e-Perimetron,* 2(2), p. 115.

86 흔히 '세종실록 지리지'라고 알려진 이 자료는 세종 재위기의 『실록』에 포함된 「지리지」다.

87 미국의 지리정보기술 개발업체인 ESRI에서 개발한 ArcGIS를 비롯한 전문가용 GIS는 뛰어난 성능을 지녔지만, 그만큼 해당 분야의 학위와 자격을 취득하고 일정 수준 이상의 교육을 받은 전문가들이나 제대로 쓸 수 있을 정도로 사용하기가 어렵다. 그뿐만 아니라 애플리케이션의 가격 또한 한화로 수천만 원에 이른다.

88 현원복, 1992, 「여행자 장소 알려주는 GPS」, 『경향신문』, 1992년 3월 9일 자, 18면.

89 박호명·백태경, 2009, 「원격탐사와 GIS를 이용한 부산광역시 도시화지역의 확산과정과 토지이용 특성에 관한 연구」, 『한국지리정보학회지』, 12(1), 23-33쪽.

90 전영한, 2023, 「6·25 참전용사 후손 등 '휴전선 155마일 대장정 출발」, 동아

일보 8월 2일 자, https://www.donga.com/news/People/article/all/20230802/120521720/1.

91 우태희, 2003, 「안보현장 견학 통해 군인정신 일깨우다」, 국방일보 2023년 10월 17일 자, https://kookbang.dema.mil.kr/newsWeb/20231018/2/ATCE_CTGR_0050010000/view.do.

92 김창환, 2007, 「DMZ의 공간적 범위에 관한 연구」, 『한국지역지리학회지』, 13(4), 454-460.

93 김창환, 2019, 「비무장지대 및 군사분계선의 길이에 관한 연구」, 『한국지리정보학회지』, 22(1), 19-27쪽.

94 Jung, Y.-T., Park, S.-E. and Kim, H.-C. 2023. Observation of spatial and temporal patterns of seasonal ground deformation in central Yakutia using time series InSAR data in the freezing season. *Remote Sensing of Environment*, 293, 113615.

95 Hutsul, T., Khobzei, M., Tkach, V., Krulikovskyi, O., Moisiuk, O., Ivashko, V., and Samila, A. 2024. Review of approaches to the use of unmanned aerial vehicles, remote sensing and geographic information systems in humanitarian demining: Ukrainian case. *Heliyon*, 10, pp. 4-12.

96 폴 녹스·스티븐 핀치 저, 박경환·류연택·정현주·이용균 역, 2014, 『도시사회지리학의 이해』(제6판), 시그마프레스, 192-268쪽.

97 데이비드 하비 저, 최병두·이상율·박규택·이보영 역, 2001, 『희망의 공간』, 한울, 114-125쪽.

98 이종하·박성훈, 2010, 「산업집적 외부성에 관한 연구」, 『GRI 연구논총』, 12(2), 150쪽.

99 황진태·박배균, 2014, 「구미공단 형성의 다중스케일적 과정에 대한 연구: 1969-73년 구미공단 제1단지 조성과정을 사례로」, 『한국경제지리학회지』, 17(1), 3-4쪽.

100 임석회, 2000, 「폰 튀넨의 고립국 이론」, 『국토』, 2000, 41-42쪽.

101 형기주, 1997, 「알프레드 베버의 공업입지론」, 『국토』, 187, 88쪽.

102 형기주, 1997, 같은 논문, 90-92쪽.

103 미즈오카 후지오 편저, 이동민 역, 2013, 『세계화와 로컬리티의 경제와 사회』, 논형, 208쪽.

104 미즈오카 후지오 편저, 이동민 역, 2013, 『세계화와 로컬리티의 경제와 사회』, 논형, 207-8쪽.

105 이소진, 2024, 「"최저임금 2만원 너무해" 지구 반대편 직원 고용한 美 식당」, 『아시아경제』, 2024년 4월 20일 자 기사(https://www.asiae.co.kr/article/2024 042014294046812, 2024년 7월 25일 접속).

106 Frawley, T. H., E. M. Finkbeiner, and L. B. Crowder. 2019. Environmental and institutional degradation in the globalized economy:lessons from small-scale fisheries in the Gulf of California. *Ecology and Society* 24(1), 7. https://doi.org/10.5751/ES-10693-240107. pp. 1-3.

107 스튜어트 L. 하트 저, 정상호 역, 2011, 『새로운 자본주의가 온다』, 럭스미디어, 44-58쪽.

108 Gonzales-Vincente, R. 2020. The liberal peace fallacy: Violent neoliberalism and the temporal and spatial traps of state-based approaches to peace. *Territory, Politics, Governance,* 8(1), pp. 104-11.

109 Meret, S., and Scrinzi, F. 2024. The far-Right, anti-gender politics and neoliberal globalization. In *The Palgrave Handbook of Gender and Citizenship*, Eds. B. Slim and P. Stoltz, pp. 403-423. Cham, Switcherland: Springer.

110 Therainian, M. 1996, The end of university? *The Information Society,* 12(4), pp. 441-43.

111 Engel, J. S. 2015. Global clusters of innovation: Lessons from Silicon Valley. California *Management Review,* 57(2), pp. 42-43.

112 미즈오카 후지오 편저, 이동민 역, 2013, 앞의 책, 195-96쪽.

113 오늘날에는 전문직 종사자들이 대개 높은 경제적·사회적 지위를 누리지만, 전근대에는 특권층이 전문직을 맡는 경우가 적었다. 조선시대에는 의원醫員과 역관譯官, 즉 의사와 통역사는 양반이 아닌 중인 신분이었고, 근대 유럽에서도 변호사는 대개 귀족이 아닌 교육 수준이 높은 평민이 하던 직업이었다.

114 이런 단어들은 오늘날에는 독립된 단어로 사용되기보다는 함부르크Hamburg, 셰르부르Cherbourg, 볼고그라드Волгоград와 같이 도시 지명에 접미사처럼 붙여 쓰는 경우가 많다.

115 Frey, W. H., and Zimmer, Z. 2001. Defining the City. In *Handbook of Urban Studies*, Ed. R. Paddison, pp. 14-35. London: Sage. p. 14.

116 Kaplan, D. H., Holloway, S. R., and Wheeler, J. O. 저, 김학훈·이상율·김감영·정희선 역, 2016, 『도시지리학』(제3판), 시그마프레스, 59쪽.

117 Quinault, R. 2001. From national to world metropolis: Governing London, 1750 - 1850. *The London Journal*, 26(1), pp. 39-42.

118 Young, R. F. 2009. Interdisciplinary foundations of urban ecology. *Urban Ecosyst*, 12, p. 324.

119 Burgess, E. W. 2005. "The Growth of the City: An Introduction to a Research Project": from Robert Park *et al.*, The City (1925). In *The Urban Geography Reader*, Eds. N. Fyfe and J. Kenny, pp. 19-27. London: Routledge.

120 Cesaretti, R., Lobo, J., Bettencourt, L. M. A., Ortman, S. G., and Smith, M. E. 2016. Population-area relationship for Medieval European cities. *PloS one*, 11(10), e0162678. p, 11.

121 김철수, 2008, 『현대도시계획』, 기문당. 14쪽.

122 북위 60도가 넘는 캐나다 북부 지역은 추운 기후 때문에 면적은 매우 넓지만, 인구가 대단히 적고 인구밀도도 희박하다. 이와 같은 지리적 특성 때문에 캐나다 정부는 해당 지역에 주province가 아닌 준주territory(주에 비해 자치권이 제한적인 행정구역)를 두고 있다. 각 준주는 면적이 한반도의 2~9배에 달하는 광대한 땅이지만, 준주별 인구는 5만 명도 되지 않는다.

123 Frey, W. H., and Zimmer, Z. 2001. *Ibid*. pp. 26-27.

124 Gottmann, J. 1957. Megalopolis of urbanization of the northeastern seaboard. *Economic Geography*, 33(3), pp. 189-93.

125 테리 G. 조든-비치코프·벨라 비치코바 조든 저, 김종규 역, 2007, 앞의 책, 352쪽.

126 테리 G. 조든-비치코프·벨라 비치코바 조든 저, 김종규 역, 2007, 같은 책, 같은 쪽.

127 McGrath, B., and Shane, D. G. 2012. Metropolis, megalopolis and metacity. In *The Sage Handbook of Architectural Theory*, Eds. C. G. Crysler, S. Cairns, and H. Heynen, pp. 641-657. London: Sage. p. 648.

128 손상락·이성용, 2005, 「공원녹지에 대한 도시주민의 의식분석과 정책에의 활용방안: 마산·창원 연담도시권을 사례로」, 『서울도시연구』, 6(4), 23-24쪽.

129 이수기, 2020, 「수도권 3기 신도시와 광역도시계획의 과제」, 『Urban Planners』, 7(4), 10쪽.

130 김재영·김상봉, 「정책갈등프레임워크(PCF)모형에 의한 부울경 메가시티 갈등 구조 분석: 경남도내 지역격차를 중심으로」, 『도시행정학보』, 37(1), 13-28쪽.

131 프리드먼의 세계도시 이론은 1980년대에 나왔기 때문에 오늘날 세계 경제의 현

실에는 맞지 않는 부분도 있다. Friedmann, J. 1986, The world city hypothesis. *Development and Change*, 17, pp.

132 이재열·박경환, 2021, 「글로벌도시와 국가: 탈국가화와 글로벌도시 담론 비평」, 『한국도시지리학회지』, 24(1), 4쪽.

133 Kaplan, D. H., Holloway, S. R., and Wheeler, J. O. 저, 김학훈·이상율·김감영·정희선 역, 2016, 앞의 책, 97-98쪽.

134 앙리 르페브르 저, 곽나연 역, 2021, 『도시에 대한 권리』, 이숲, 57-58쪽.

135 앙리 르페브르 저, 곽나연 역, 2021, 같은 책, 191-215쪽.

136 권동희, 2021, 『한국지리 이야기』, 한울, 164-66쪽.

137 권동희, 2021, 같은 책, 164쪽.

138 장종진, 2022, 「고구려의 한반도 중부지역 지배와 部曲에 대한 시론」, 『한국고대사탐구』, 41, 251-64쪽.

139 정요근, 2016, 「고려시대 鄕, 部曲의 성격 재검토: 下三道의 향·부곡 주요 밀집 분포 지역에 대한 분석을 중심으로」, 『사학연구』, 124, 46-47쪽.

140 일본은 12세기 말 이후 왕실과 궁정 귀족인 구게公家가 실권을 잃었다. 그리고 무사들의 우두머리인 쇼군이 막부를 열어 일본의 실권을 장악하고, 막부에 충성하는 유력 무사들을 다이묘로 봉해 지방통치를 맡기는 봉건제 막부 정치가 이어졌다. 메이지유신으로 일본의 근대화가 시작된 1868년까지 일본 왕실은 교토에 머물렀지만, 왕실이 유명무실해진 탓에 교토는 제대로 된 수도 기능을 하지 못했고, 막부가 설치된 곳이 실질적인 수도 기능을 했다. 임진왜란이 끝난 직후 도쿠가와 이에야스徳川家康가 세운 에도 막부는 에도를 근거지로 삼았으며, 에도 막부가 일본을 다스리던 시대를 에도시대라고 부른다.

141 홍명진, 2017, 「일본 역사지리정보시스템(HGIS)의 연구현황과 활용에 관한 연구: 일본 근세 시대 지역공간 복원방법을 사례로」, 『대한지리학회지』, 52(6), 850쪽.

142 성 아래(城下)에 있는 마을(町)이라는 뜻입니다.

143 정영문, 2020, 「「한양가」에 나타난 한양의 놀이문화 고찰」, 『한국문학과 예술』, 35, 328-39쪽.

144 폴 녹스·스티븐 핀치 저, 박경환·류연택·정현주·이용균 역, 2014, 앞의 책, 82-84쪽.

145 김정은, 2019, 「'젠트리피케이션'에 홍석천도 당했다… "14년 운영 식당 폐업"」, 『매일경제』, 2019년 12월 6일 자 기사, https://www.mk.co.kr/news/society/9096474

(2024년 8월 16일 접속).

146 이기웅, 2015, 「젠트리피케이션 효과:홍대지역 문화유민의 흐름과 대안적 장소의 형성」, 『도시연구: 역사 · 사회 · 문화』, 14, 46쪽.

147 Tyner, J. A. 2003. Geography, ground-level reality, and the epistemololgy of Malcom X. *Journal of Geography*, 102(4),

148 폴 녹스·스티븐 핀치 저, 박경환 등 역, 2014, 앞의 책, 5-6쪽.

149 김연기 저, 2006, 「'난곡 재개발 열매' 누가 챙겼나 원주민 재정착률 8.8%의 '그늘'」, 『오마이뉴스』, 2006년 10월 17일 자 기사, https://www.ohmynews.com/NWS_Web/View/at_pg.aspx?CNTN_CD=A0000367220.(2024년 8월 19일 접속)

150 도난영·최막중, 2006, 「순환재개발 공공임대주택 재정착 및 이주 세입가구의 특성과 주거만족도 비교분석: 서울 난곡지역 사례」, 『국토계획』, 41(5), 85-91쪽.

151 조문영, 2023, 「생성 중인 공공: 서울역 쪽방촌 공공주택사업의 배치」, 『비교문화연구』, 29(2), 286-291쪽.

152 정석, 2013, 『나는 튀는 도시보다 참한 도시가 좋다』, 효형출판, 82-85쪽.

153 제인 제이콥스 저, 유강은 역, 2014, 『미국 대도시의 죽음과 삶』, 그린비, 529-82쪽.

154 여관현, 2017, 「마을만들기의 추진단계별 로컬거버넌스 형성에 관한 연구: 성북구 장수마을 사례를 중심으로」, 『지방정부연구』, 21(1),

155 오민주, 2023, 「쩍쩍 갈라지고 벗겨지고… 무관심 속 '흉물'된 벽화마을」, 『경기일보』, 2023년 11월 14일자 기사, https://www.kyeonggi.com/article/20231113580159.(2024년 8월 20일 접속)

156 강은경, 2023, 「'박원순 지우기' 마무리 수순? 도시재생 상징 창신동 '봉제역사관' 폐관」, 『비즈한국』, 2023년 2월 21일 자 기사(https://www.bizhankook.com/bk/article/25240, 2024년 8월 20일 접속).

157 서영표, 2021, 「부동산 불평등과 양극화 사회: 불로소득 추구 '기회'의 평등화」, 『마르크스주의 연구』, 18(3), 13-14쪽.

158 레이첼 페인·마이클 바크·던컨 풀러·제이미 고프·로버트 맥팔레인·그레이엄 모울 저, 이원호·안영진 역, 2008, 『사회지리학의 이해』, 푸른길, 164-67쪽.

159 레이첼 페인 등 저, 이원호·안영진 역, 2008, 같은 책, 174-75쪽.

160 폴 녹스·스티븐 핀치 저, 박경환 등 역, 2014, 앞의 책, 280-283쪽.

161 McInerney, K. 2023. Reclaiming space: Enacting citizenship through embodied protest during the British suffragette movement. *Gender. Place & Culture*. DOI:

10.1080/0966369X.2023.2249260. pp. 7-9.

162 연광정은 1111년 처음 세워진 평양 대동강 변의 정자로 평안도의 여덟 군데 절경인 관서팔경關西八景에 속하며, 북한의 국보 제16호이기도 하다. 조선의 여러 선비와 문인이 이곳의 절경을 찬미한 문학작품을 여럿 남겼다. 이동민, 2020, 「김사량의 소설 『물오리섬』에 대한 문학지리적 연구」, 『문화역사지리』, 32(1), 198-99쪽.

163 이동민, 2020, 같은 논문, 192-94쪽.

164 재레드 다이아몬드 저, 김진준 역, 2012, 앞의 책, 384-403쪽.

165 재레드 다이아몬드 저, 김진준 역, 2012, 같은 책, 197-257쪽.

166 재레드 다이아몬드 저, 김진준 역, 2012, 같은 책, 261-81쪽.

167 류제헌, 2013, 「문화지리학의 접근 방법」, 한국문화역사지리학회, 『현대 문화지리의 이해』, 푸른길, 32-35쪽.

168 김주희·이자원, 2014, 「초고층 건물의 입지 변화에 대한 연구」, 『국토지리학회지』, 48(1), 122쪽.

169 Cosgrove, D. 1982. The myth and the stones of Venice: An historicla geography of a symbolic landscape. *Journal of Historical Geography,* 8(2), pp. 145-69.

170 Duncan, J. S., and Lambert, D. 2008. Landscapes of Home. In *A Companion to Cultural Geography,* eds. J. S. Duncan, N. C. Johnson, and R. H. Schein, pp. 382-403. Malden, MA: Blackwell. pp. 383-87.

171 Mitchell, D. 2008. Historical materialism and Marxism. In *A Companion to Cultural Geography,* eds. J. S. Duncan, N. C. Johnson, and R. H. Schein, pp. 51-65. Malden, MA: Blackwell. pp. 52-63.

172 Huntington, E. 1917. Climate change and agricultural exhaustion as elements in the fall of Rome. *The Quarterly Journal of Economics,* 31(2), pp. 173-208.

173 Pederson, N., Hessl, A. E., Baatarbileg, N., Anchukaitis, K. J., and di Cosimo, N. 2014. Pluvials, droughts, the Mongol Empire, and modern Mongolia. *Proceedings of the National Academy of Sciences,* 111(12), pp. 4375-79.

174 Sheppard, E. 2011. Geography, nature, and the question of development. Dialogues in Human Geography, 1(1), pp. 46-75.

175 재레드 다이아몬드 저, 김진준 역, 2012, 앞의 책, 261-80쪽.

176 홀로도모르는 우크라이나 전역에 걸쳐 일어났지만, 그 피해는 농업지대인 서부에 집중되었고, 그로 인한 동부의 인명피해는 서부의 절반 수준에 불과했다. Penter,

T. 2018. *From a local Erfahrungsgeschichte of Holodomor to a global history of famines.* Contemporary European History, 27(3), p. 446-47.

177 이동민, 2022, 「대러시아 관계에 있어 우크라이나의 지정학적 분열에 대한 다중스케일적 접근: 드니프로강은 어떻게 우크라이나를 지정학적으로 분단했는가?」, 『문화역사지리』, 34(3), 76-84쪽.

178 한지혜, 2024, 「홍준표 "군사력 韓 5위, 北 36위…北 핵엔 가슴 좋아" 경고」, 『중앙일보』, 2024년 1월 20일 자 기사(https://www.joongang.co.kr/article/25223340, 2024년 7월 3일 접속).

179 이 책은 우리나라에서는 『심장지대』라는 제목으로 번역 출간되었으며, 국문 번역본은 「지리학으로 본 역사의 추축」까지 부록으로 수록하고 있다. 해퍼드 존 매킨더 저, 임정관·최용환 역, 2022, 『심장지대』, 글항아리.

180 해퍼드 존 매킨더 저, 임정관·최용환 역, 2022, 같은 책, 120-48쪽.

181 해퍼드 존 매킨더 저, 임정관·최용환 역, 2022, 같은 책, 145-50쪽.

182 해퍼드 존 매킨더 저, 임정관·최용환 역, 2022, 같은 책, 320쪽.

183 해퍼드 존 매킨더 저, 임정관·최용환 역, 같은 책, 194쪽.

184 권정화, 2020, 앞의 책, 128-29쪽.

185 Harper, T. 2017. Toward an Asian Eurasia: Mackinder's heartland theory and the return of China to Eurasia. *Cambridge Journal of Eurasian Studies,* 1(1), #CRZX-UW, https://doi.org/10.22261/CRZXUW. pp. 2-27.

186 지상현, 2013, 「반도의 숙명: 환경결정론적 지정학에 대한 비판적 검증」, 『국토지리학회지』, 46(3), 292-94쪽.

187 Moiso, M. 2015. Geopolitics/critical geopolitics. In *Political Geography,* eds. J. Agnew, V. Mamadough, A. J. Secor, and J. Sharp, pp. 220-34. Hoboken, NJ: Wiley.

188 지상현, 2013, 앞의 논문, 293쪽.

189 Agnew, J. 2013. The origins of critical geopolitics. In *The Ashgate Research Companion to Critical Geopolitics,* ed. K. Dodds, pp. 19-30. London: Routledge. p. 20.

190 Moiso, M. 2015. *Ibid.* p. 223.

191 지상현, 2013, 앞의 논문, 297-99쪽.

192 Collins, J. M. 1998. *Military Geography for Professionals and the Public.* Washington, DC: National Defense University Press. p. 4.

193 Goodman, J., and Razi, W. 2016. Afghanistan: Military occupation and ethnocracy. *Cosmopolitan Civil Societies: An Interdisciplinary Journal*, 8(3), 169-182.

194 이동민, 2023b, 앞의 책, 10쪽.

195 여기서 제시한 정형 전투 사례는 다음 논문의 내용을 요약한 것임을 밝혀둔다. 이동민, 2022, 「중국 초한전쟁기(기원전 206년-기원전 202년) 정형 전투(井陘之戰)에 대한 군사지리적 재해석」, 『한국지리학회지』, 11(1), 121-135.

196 사마천 저, 최익순 역, 2014, 『사기열전』(中), 백산서당, 127-28쪽.

197 사마광 저, 권중달 역, 2009, 『자치통감 2: 전한시대 Ⅰ』, 삼화, 90쪽.

198 Hughes, R. G., and Hanna, S. 2021. Journeys back along the roads to Mandalay, Imphal and Kohima: Recent contributions to the history of the Burma theatre in the Second World War. *Intelligence and National Security*, 37(1), pp. 127-36.

199 이동민, 2023b, 앞의 책, 293쪽.

200 황성한·김만규, 2015, 「응용지리학으로서의 군사지리학 역할 제고에 관한 연구」, 『대한지리학회지』, 50(1), 115-16쪽.

201 이동민, 2021, 「지리 기반 융합형 교양교육 프로그램의 의의에 관한 연구: 「지도와 지리학으로 읽는 제2차 세계대전사」 강좌를 사례로」, 『한국지리환경교육학회지』, 29(4), 55-61. 물론 해당 강좌는 좁은 의미의 군사지리학을 다루었다기보다는 문화역사지리학, 지형학 등 지리학 전반의 다양한 분야를 전쟁사에 적용한 강좌였다.

이미지 저작권자

※퍼블릭 도메인 이미지와 저자가 직접 촬영한 사진은 여기에 따로 표기하지 않았습니다.

29쪽 세계지형도
Wikimedia Commons(CC BY-SA 4.0)

34쪽 김좌근 고택
Wikimedia Commons(CC BY-SA 4.0)

39쪽 베네치아 조감도
Wikimedia Commons(public domain)

52쪽 울산바위
Tom Page, Flickr(CC BY-SA 2.0)

53쪽 페르디난트 폰 리히트호펜
Wikimedia Commons(public domain)

58쪽 제주도 중문 대포해안 주상절리
Wikimedia Commons(CC BY-SA 3.0)

61쪽 충북 단양군 영춘면 하안단구
네이버 블로그 '권동희의 사진지리여행', https://blog.naver.com/kwontor55/222545576140

63쪽 추암 촛대바위
강원특별자치도 동해시(공공누리)

66쪽 뉴질랜드 와카티푸호수
Wikimedia Commons(CC BY-SA 3.0)

73쪽 쾨펜 기후구분에 따른 세계 기후 분포도
World Maps of Köppen-Geiger climate classification, https://koeppen-geiger.vu-wien.ac.at/present.htm

167쪽 체코 파블로프 메머드 상아 지도
Wikimedia Commons(CC BY-SA 4.0)

169쪽 카탈루냐 지도첩
Wikimedia Commons(public domain)

173쪽 제이콥 커밍스의 세계지도
Wikimedia Commons(CC BY 4.0)

199쪽 구미 공업단지
한국민족문화대백과사전

209쪽 뉴욕 증권거래소
Wikimedia Commons(CC BY-SA 3.0)

215쪽 글로벌 항공교통 네트워크 지도
Wikimedia Commons(CC BY-SA 4.0)

218쪽 유럽연합 유로존 지도
Map by Evan Centanni, from blank map by Ssolbergj(CC BY-SA)

221쪽 월스트리트 시위
Wikimedia Commons(CC BY-SA 2.0)

222쪽 그렌펠타워 화재
Wikimedia Commons(CC BY 4.0)

224쪽 모로코 마라케시 맥도날드
Wikimedia Commons(CC BY 2.0)

229쪽 실리콘밸리
Patrick Nouhailler, flickr(CC BY-SA 2.0)

249쪽 종로구 일대 점이지대 - 블로그 사진 사용 문의 중
손장혁, 티스토리 블로그 '요한의 사진이야기', https://cognos57.tistory.com/15976555

255쪽(위) 란트스타트홀란드 내 공간 분류
Gil, J., and Read, S. 2012. Measurable sustainable accessibility potential using the mobility

infrastructure's network configuration. Proceedings: Eighth International Space Syntax Symposium, #8414, p. 3.

255쪽(아래) 란트스타트홀란트의 녹색 심장부
Wikimedia Commons(CC BY-SA 3.0)

257쪽 인도 뭄바이의 슬럼가 다라비
Wikimedia Commons(Free Art License 1.3)

258쪽 로스엔젤레스의 스프롤 현상
Wikimedia Commons(CC0 1.0)

263쪽 세계도시의 위계와 체제
Friedmann, J. 1986. The world city hypothesis. Development and Change, 17, p.74.

264쪽 영국 런던의 CBD
Wikimedia Commons(CC BY-SA 2.0)

265쪽 세계도시 네트워크 체계
Antić, M. 2020. Development of urban tourism within the urbanization and globalization framework. Bulletin of the Serbian Geographical Society, 100(2), p. 90.

266쪽 프랑스 파리의 가로망
Wikimedia Commons(CC BY-SA 4.0)

272쪽 슬로시티 청산도
Wikimedia Commons(CC BY-SA 2.0 KR)

282쪽 미국 뉴욕시 범죄율과 가구중위소득
Median Household Income, Neighborhood Data Portal, Pratt Center NYPD Complaint Data Current (Year To Date), Police Department, NYC Open Data Neighborhood Tabulation Areas (NTA), NYC Open Data

283쪽(위) 뉴욕시 맨해튼
subherwal, flickr(CC BY 2.0)

283쪽(아래) 뉴욕시 브롱크스
Wikimedia Commons(CC BY-SA 4.0)

285쪽 브라질 리우데자네이루의 파벨라
Wikimedia Commons(CC BY-SA 4.0)

288쪽 사회지리적 공간 형성 과정
Murdie, R. A. 1969 Factorial Ecology of Metropolitan Toronto, 1951-1961. Research
Paper No. 116, Department of Geography, University of Chicago, Chicago. p. 8.

300쪽 통영 동피랑마을
Wikimedia Commons(CC BY-SA 2.0)

305쪽 여성 참정권 운동의 뉴욕 거리 행진
Wikimedia Commons(CC BY 4.0)

316쪽 러시아 모스크바의 붉은광장
Wikimedia Commons(CC BY 4.0)

322쪽 경북 안동 병산서원
Wikimedia Commons(CC BY-SA 4.0)

324쪽 종묘
Wikimedia Commons(CC BY-SA 4.0)

349쪽 하트랜드와 림랜드 지도
Wikimedia Commons(CC BY-SA 4.0)

359쪽 한신의 배수진 지도
이동민, 2022, 「중국 초한전쟁기(기원전 206년-기원전 202년) 정형 전투(井陘之戰)에 대
한 군사지리적 재해석」, 『한국지리학회지』, 11(1), 127쪽.

드디어 시리즈 04

드디어 만나는
지리학 수업

1판 1쇄 발행 2025년 3월 7일
1판 2쇄 발행 2025년 4월 25일

지은이 이동민
발행인 박명곤 **CEO** 박지성 **CFO** 김영은
기획편집1팀 채대광, 백환희, 이상지
기획편집2팀 박일귀, 이은빈, 강민형, 박고은
기획편집3팀 이승미, 김윤아, 이지은
디자인팀 구경표, 유채민, 윤신혜, 임지선
마케팅팀 임우열, 김은지, 전상미, 이호, 최고은

펴낸곳 (주)현대지성
출판등록 제406-2014-000124호
전화 070-7791-2136 **팩스** 0303-3444-2136
주소 서울시 강서구 마곡중앙6로 40, 장흥빌딩 10층
홈페이지 www.hdjisung.com **이메일** support@hdjisung.com
제작처 영신사

ⓒ 이동민 2025

"Curious and Creative people make Inspiring Contents"
현대지성은 여러분의 의견 하나하나를 소중히 받고 있습니다.
원고 투고, 오탈자 제보, 제휴 제안은 support@hdjisung.com으로 보내주세요.

현대지성 홈페이지

이 책을 만든 사람들
기획·편집 강민형 **디자인** 임지선